JN045542

六訂版

もめない相続
困らない相続税

事例で学ぶ
幸せへのパスポート

税理士 **坪多晶子** Tsubota Akiko ・ 弁護士 **坪多聡美** Tsubota Satomi 共著

清文社

はじめに

　長年改正のなかった民法が判例の変更や今の時代の実情に合わせて改正されています。自筆証書遺言の財産目録の緩和措置、遺留分制度に関する見直し、相続人以外の者の特別寄与料制度、配偶者居住権制度が施行され、法務局における自筆遺言証書の保管制度も始まっており、これらの利用を考えている人が増えています。

　さらに、所有者不明土地等の民事基本法制の改正等により、不明共有者がいる場合の対応等についての改正民法及び相続土地国庫帰属法はすでに施行されています。影響が大きい相続登記の申請義務化は令和6年4月1日に、住所等変更登記の申請義務化は令和8年4月1日に施行されることになり、世間の注目を浴びています。

　また、数年来税制調査会で検討が重ねられてきた「資産移転の時期の選択により中立的な税制」の構築に具体的な道筋が付けられ、いよいよ令和6年1月1日以後の贈与から、相続時精算課税制度に相続時に持ち戻す必要のない110万円の基礎控除枠が設けられるとともに、暦年課税における相続前贈与の加算期間が経過措置はあるものの、3年から7年に延長されます。今までの家族への暦年課税による贈与は、相続税の節税効果は非常に薄くなります。なお、この改正は本格的な改正を見据えた第一歩と考えられ、相続税の節税対策としての贈与について、対象者、対象物、時期等を考慮した知恵が必要とされる時代が到来したといえるでしょう。

　戦前の家督相続の時代と異なり、改正されたとはいえ民法では共

同相続が原則であり、財産を次世代に引き継ぐには「遺産分け」と税制改正で強化された「相続税・贈与税」という大きな2つの問題がそびえ立っているのです。今や、もめる相続や負担の重い相続税についてのさまざまな問題点を解決して、財産をどう承継させるか、企業をどう発展させるかは、人生の仕上げとして真剣に取り組まなければならない最大の課題ともいえます。

　この課題を解決していただくため、相続争いでもめ、相続税の納税で困った人々の相談に応じてきた税理士と弁護士が、税法や民法・会社法等の広範囲の知識を駆使しながら、相談者の幸せのために心を砕いて考え抜いた解決方法を、多くの人が実践できるように、本書を改訂出版させていただくことになりました。

　本書は3章から構成されており、第1章では改正された民法と相続税・贈与税の知識をわかりやすくまとめ、第2章ではもめない相続と困らない相続税のための知識と解決方法をQ&A形式で説明しております。第3章では財産の渡し方や納税資金の確保方法、賢い会社承継など、具体的な相談事例を題材に、税理士と弁護士が難問に直面した相談者が相続でもめないよう、相続税で困らないように考えながら、現在と将来の悩みを解決していく筋立てです。

　相続と相続税という異なる専門分野を有する2人の著者が贈る本書が、皆様の幸せへのパスポートとなり、読者の皆様はもちろんのこと、まわりの方々全員が幸せな人生を送っていただくために、少しでもお役に立てれば幸いです。

　令和5年9月　　　　　　　　　　　税理士　坪多　晶子
　　　　　　　　　　　　　　　　　弁護士　坪多　聡美

目次

第1章 相続にかかわる法律と税金の基礎知識

第 2 章 もめない相続 困らない 相続税のためのQ＆A

第1節 もめない相続のためのQ＆A

第2節　困らない相続税のためのQ＆A

第 **3** 章 ## 具体的な事例に 対する対応・解決策

凡例

相　法………相続税法
所　法………所得税法
措　法………租税特別措置法
相　令………相続税法施行令
措　令………租税特別措置法施行令
相　規………相続税法施行規則
相基通………相続税法基本通達
評基通………財産評価基本通達
法基通………法人税基本通達
所基通………所得税基本通達

※本書の内容は、令和5年8月1日現在の法令・通達等によっています。

装丁：東　雅之　　イラスト：倉本恵子

相続にかかわる法律と税金の基礎知識

1 法定相続分のあらまし

（民法887、889、890、900）

　亡くなられた人について相続が開始し、遺言等がない場合、被相続人の親族等が相続人となり、法定相続分に従って財産等を承継することになります。

1　相続とは

　個人が死亡した場合、その亡くなられた人（以下「被相続人」といいます。）の財産をどうするのか、誰に帰属させるのかという問題が発生します。そのため民法では相続という制度を定めており、被相続人の財産（相続財産）の帰属等について様々な規定を置いています。

2　法定相続分とは

　法定相続分とは、被相続人が遺言等によって相続分の指定をしたり、遺贈を行わなかった場合の相続分のことで、法律によって定められています。法定相続分は、誰が相続人であるかによってその割合が違っています。

⑴　配偶者

　配偶者は常に相続人となりますが、その相続分は配偶者以外に誰が相続人であるかによって異なります。

　被相続人に子（代襲相続人である孫を含みます。）がいる場合の配偶者の法定相続分は2分の1となり、子がおらず直系尊属（被相続人の父母や祖父母）がいる場合の配偶者の相続分は3分の2となり、被相続人に子も直系尊属もおらず兄弟姉妹だけがいる場合は配偶者の法定相続分は4分の3となります。また、被相続人にこれら

2

配偶者以外の血族相続人がいない場合は、全ての相続財産を配偶者が相続することとなります。

(2) 血族相続人

血族相続人とは、配偶者以外で被相続人との血のつながりによって相続人となる立場の者をいいます。血族相続人には優先順位があり、前の順位の相続人が存在する時は、後の順位の者は相続人にはなりません。

① 第1順位　子

被相続人の子は、常に相続人となります。子が被相続人より先に亡くなっている場合は、子の子、つまり被相続人から見れば孫や、場合によってはひ孫が子の代わりに相続人となります（代襲相続）。相続人となる「子」には、他家との間で養子縁組をした子も含まれますので、注意してください。

子の法定相続分は、配偶者がいる場合は2分の1であり、配偶者がいない場合は全ての相続財産を相続します。

子が複数いる場合は、それぞれの相続分は等しいものとされていますので、「子の相続分全体」を、子の数で頭割りにして計算することになります。以前は、"嫡出でない子の相続分は嫡出子の相続分の半分である"と定められていました。しかし、この規定は違憲であるとの最高裁の決定（平成25年9月4日）が出され、これによって民法が改正されたため、現在は嫡出子と非嫡出子の相続分は等しいものとされています。

② 第2順位　直系尊属

被相続人の両親や祖父母といった直系尊属は、被相続人の子がいない場合、相続人となります。被相続人が養子となる養子縁組をしている場合は、養親と実親の相続権に違いはありません。直系尊属

は、親等の最も近い者だけが相続人となります。父母の内一人でも存命の場合は、仮に祖父母が存命でも祖父母が相続人となることはありません。

　直系尊属の法定相続分は、配偶者がいる場合は3分の1であり、配偶者がいない場合は全ての相続財産を相続します。

　親等の最も近い直系尊属が複数いる場合は、それぞれの相続分は等しいものとされています。したがって、父母の両方が存命の場合の相続分は各自2分の1ずつ、父母がすでに亡く祖父母の内3名が存命の場合の相続分は各自3分の1ずつとなります。

③　第3順位　兄弟姉妹

　被相続人の兄弟姉妹は、被相続人の子や直系尊属がいない場合、相続人となります。兄弟姉妹が被相続人より先に亡くなっている場合は、兄弟姉妹の子、つまり被相続人から見れば甥や姪がその代わりに相続人となります（代襲相続）。兄弟姉妹の場合は、子の場合と違って再代襲の規定がないため、甥や姪の子までが相続人となることはないので、注意してください。

　兄弟姉妹の法定相続分は、配偶者がいる場合は4分の1であり、配偶者がいない場合は全ての相続財産を相続します。

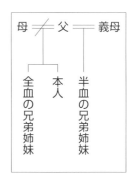

　兄弟姉妹が複数いる場合は、それぞれの相続分は等しいものとされ、頭割りで相続分を計算します。ただし、父母の双方を同じくする兄弟姉妹に対して、先妻の子と後妻の子のような父母の一方だけを同じくする兄弟姉妹（「半血の兄弟姉妹」といいます。）の相続分は2分の1となります。

◆ **配偶者がいる場合の法定相続分**

	配偶者の相続分	血族相続人の相続分
① 子がいる場合	$\frac{1}{2}$	$\frac{1}{2}$
② 子がおらず、直系尊属がいる場合	$\frac{2}{3}$	$\frac{1}{3}$
③ 子も直系尊属もおらず、兄弟姉妹がいる場合	$\frac{3}{4}$	$\frac{1}{4}$

※ 複数の血族相続人がいる場合は、立場が同じもの同士の間では相続分が等しいものとして頭数によって計算する。

3 法定相続分の意味とは

　被相続人は、遺言によって、その意思に従って自由に相続分を定めることができます（指定相続分）。ただし、後述する「遺留分」を侵害する場合は遺留分侵害額請求を受ける可能性はあります。法定相続分は、あくまでも指定相続分がない場合に適用される相続分であり、絶対的なものではありません。

　また、法定相続分が適用される場合でも、相続が発生した時点の全財産を、完全に法定相続分の割合のみによって分割されるわけではありません。具体的相続分を計算するには、後述する特別受益や寄与分についても考慮する必要があるのです。

　もっとも、法定相続分が遺産分割協議や審判等の場合の重要な基準であることは間違いありませんから、誰が相続人になるのか、相続分はどう計算するのかという点について基礎的な理解をしておく必要があります。

2 特別受益の仕組みと計算方法

（民法903、904の3）

　相続人が、被相続人から、遺言や生前贈与によって財産を承継した場合、それが「相続分の前渡し」としての性質があれば、「特別受益」として相続財産に持ち戻して具体的な相続分を計算します。

1　具体的相続分とは

　法定相続分については、❶で説明しました。しかし実際には、相続人の中には、被相続人の生前に何千万円ももらっている人や、反対に被相続人にずっと経済的な援助をしてきた人等、様々な事情があります。このような場合にも、単に法定相続分の規定に従って割り算をしたのでは極めて不公平だと感じてしまいます。

　そのような場合に、法律は、特別受益や寄与分という考え方を取り入れ、個別の事情を反映して各自の相続分を修正できる可能性を認めています。これを「具体的相続分」といいます。

　具体的相続分の計算方法は、被相続人から受けた利益である特別受益については相続財産の額に戻して、被相続人に与えた利益である寄与分については相続財産から除外して、各自の相続分を計算します。

　例えば、被相続人の亡くなった時点の相続財産の額が2,000万円、相続人は長女と次女の二人だけである場合に、長女に1,000万円の特別受益があり、次女に600万円の寄与分がある事例で考えてみましょう。

① 　特別受益と寄与分を考慮した具体的相続財産の額

2,000万円＋1,000万円－600万円＝2,400万円
　　遺産　　　　特別受益　　寄与分

② 長女の具体的相続分

$$\left(2{,}400万円 \times \frac{1}{2}\right) - 1{,}000万円 = 200万円$$

③ 次女の具体的相続分

$$\left(2{,}400万円 \times \frac{1}{2}\right) + 600万円 = 1{,}800万円$$

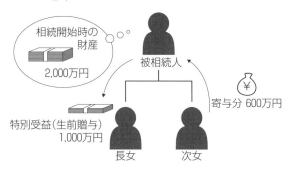

つまり、特別受益と寄与分を考慮して具体的相続分を求めると、被相続人の死亡時の財産2,000万円は、長女が200万円、次女が1,800万円ということになるのです。

特別受益や寄与分が決まった後の計算よりも、実際にその受けた利益や与えた貢献が法的に特別受益等にあたるのかどうかの争いが非常に多く、大変困難な問題であるといえるでしょう。

2 特別受益とは

(1) 特別受益の意義

特別受益とは、相続人の中に被相続人から特別の利益を受けた者がいる場合の不公平を調整するために設けられた制度です。特別受益に当たる場合は、その受益については「相続分の前渡し」としての性質を持つものとみなされ、受益者はすでに遺産の一部を先に受け取ったものとして具体的相続分が計算されるのです。

⑵　特別受益の定義

　民法では、次のものが特別受益であると定められています。

　①　遺贈

　②　ア　婚姻、養子縁組のための贈与

　　　イ　生計の資本としての贈与

　これらのうち、①の遺贈は、被相続人が作成した遺言によって得るものであるため特段の問題はありません。しかし、②の生前贈与については、いったい何が「生計の資本」に当たるのか客観的に明らかではなく、しばしば紛争の原因になってしまっています。

　特別受益は、その名のとおり相続人にとって「特別な」利益を受けた場合でなければなりません。贈与と一口にいっても、いわゆるお年玉やお小遣いまで古い話を微に入り細にわたって追及するための制度ではないのです。何が特別であるかは、被相続人の資産や収入、家庭事情によっても異なります。多少の金額の違いはあっても、すべての子の結婚の際に挙式費用等を負担している場合は、多く出してもらった相続人に特別受益があるとはいいにくいでしょう。一方、まとまった事業資金等の贈与を受けた者がいる場合は、特別受益であるという認定を受けやすくなるといえます。

　また、特別受益には期間の制限がないため、何十年にもわたる古い話が主張されることがあります。しかしこのような古い話には証拠がないことが多く、父母のどちらから受けた受益かもはっきりしないまま、単に不公平であるという感情のぶつけ合いになってしまうこともあります。実際に家庭裁判所で特別受益が争われるのは、個別の手続がないため、遺産分割調停等の場面になりますが、司法統計では1割程度しか特別受益の主張が認められた例はないようです。相手が認めているのであればともかく、争いがある場合には、

金銭の動き等について預貯金の履歴等の客観的な証拠がない限りは
なかなか認められないものだと考えた方がよいでしょう。

3　特別受益の持戻免除とは

　もっとも、特定の相続人への生前贈与等が特別受益に当たるとし
ても、被相続人がその持ち戻しを免除することができます。これは、
被相続人が、遺言等で「●●に対する□□の贈与は相続分の前渡し
ではないから、戻して計算しなくていいよ。」という意思を表示し
ている場合、被相続人の意思が優先され、特別受益としての計算を
行わなくていいことになっています。これを「特別受益の持戻免
除」といいますが、生前贈与が原因でもめごとを作りたくない場合
には、有効な方法といえます。平成30年の相続法改正では、この点
についても夫婦間贈与の規定が創設されましたので、次の**3**で詳
しくみていきます。

　この持戻免除は必ずしも遺言で行う必要はありません。実際の裁
判例でも、被相続人の生前の言動等から「黙示の持戻免除の意思表
示」として書面にしなくとも被相続人が持戻免除をしたと認定した
例も存在します。しかし、黙示の意思表示の認定はそう簡単なもの
ではありませんし、被相続人の明確な意思が示されていない場合に
は、相続人の間で紛争が起こる可能性が高くなります。できれば、
持戻免除の意思表示は、遺言書や少なくとも書面で明確に示し、被
相続人の死後の揉め事の原因にならないようにしておきたいものです。

　もっとも、持戻免除は遺留分侵害額請求の際には意味がなく、原
則として相続開始10年以内の生前贈与の額を特別受益として全て持
ち戻して遺留分額の計算を行うことになりますから、あとで揉めな
いためには遺留分額を侵害していないかということにも気を付けて

おくとよいでしょう。

4 特別受益に期間制限ができた

　特別受益等による修正について、令和5年4月1日から施行された改正民法により、相続開始後10年間に限り考慮するという期間制限がされることになりました（民法第904条の3）。これは、相続開始から10年経過した後に未分割の遺産を分割する場合には、原則として特別受益等による修正は受けられず、単に法定相続分割合で按分するという制度です。法定相続については、相続から10年が経過していないかについて、具体的相続分を計算する際には注意が必要になります。なお、施行時にすでに相続開始している場合には経過規定があり、施行時から5年（令和10年4月1日）と相続開始から10年経過時のいずれか遅い方の日が基準となります。

　もっとも、上記の取り扱いはあくまでも家庭裁判所での審判分割の際のものです。全相続人が同意して遺産分割協議または調停を行う場合には、従来と同様法定相続分割合に縛られず、自由に分割を行うことができます。相続人間で揉めてしまって全員での合意ができないときの規定ですので、10年以内に遺産分割がまとまりそうもない場合で、特別受益等による修正を希望する相続人は、10年以内に家庭裁判所へ申立を行うようにしましょう。

3 配偶者保護のための諸制度

(民法903、1028、1030、1037)

令和元年及び2年に施行された相続法改正によって、居住権や配偶者贈与への対応など様々な配偶者保護のための制度ができています。現在の配偶者保護制度を認識しておく必要があります。

1 配偶者の居住権制度が創設

(1) 配偶者短期居住権

改正前の相続法では相続が発生した場合に、遺言等がされていなければ遺産分割が完了するまでは不動産等の相続財産は相続人全員の共有財産となります。そのため、相続人間の関係が良好でない場合には、遺産分割完了までに特定の相続人のみが相続財産である自宅等に居住していた場合、その間の使用料等を共有者であった他の相続人に支払うべきであるという主張がされることもあり得ました。

これらの困った問題に対処するため、配偶者の短期居住権という制度が相続法改正により創設されました。短期居住権とは、被相続人の所有していた建物に無償で居住していた配偶者に対し、何の手続等を行う必要もなく、遺産分割完了までの間は引き続いてその建物を無償で使用でき、遺産分割の際にこの家賃相当等の使用利益を考慮しないとする権利です。この制度ができたことにより、一般的には当然と考えられていた遺産分割完了までの配偶者の継続居住の利益を精算しなくてよいことが明確にされました。

(2) 配偶者の終身等の長期の居住権

配偶者の短期居住権に対し、「配偶者居住権」(「長期居住権」と呼称します。)という制度が令和2年4月1日から施行されています。相続財産の大半を居住用の不動産が占めている場合には、配偶

11

者が遺産分割でその不動産を取得してしまうと、他の相続人の相続分との関係で、居住用不動産以外には金融資産を受け取ることができなかったり、極端な例では他の相続人に配偶者から代償金を支払わなければならない事態も考えられます。このような場合には遺された配偶者の生活が困ってしまうことも考えられるため、配偶者の長期居住権という制度を設けて対処したのです。

　配偶者の長期居住権とは、配偶者以外の相続人が配偶者の居住していた建物を取得した場合に、配偶者に終身又は一定期間の建物の使用が認められ、これを登記することもできる権利です。建物を所有権と居住権に分けることにより、純粋な所有権の時価に比べてそれぞれの権利の価値は低くなります。この長期居住権を遺産分割等の際に配偶者が相続財産として取得することで、配偶者は居住を継続した上で、不動産より時価が低くなった分、相続分として預貯金等を受け取ることも可能になります。この長期居住権を法で定めることにより、配偶者の取得する相続財産に占める居住用財産の割合を抑えることができるため、代償金を支払わなければならない可能性が低下し、居住用不動産以外の預貯金等の財産を受け取ることのできる可能性が上がることになります。

　この配偶者の長期居住権の設定方法は①遺言による遺贈等の被相続人の生前の意思表示、②相続人全員の合意のある遺産分割協議等、③裁判所の決定がありますが、反対する相続人がいる際には②や③の方法での設定は基本的には不可能です。相続人らの意向にかかわらず配偶者のために長期居住権を設定したい方は、事前に遺言等を行っておくことが極めて重要です。

　なお、配偶者の長期居住権の相続税の評価方法については、第2章第2節❸を参照してください。

2 配偶者間の居住用不動産贈与に対する特別な取扱い

　税制における配偶者の優遇措置として、婚姻期間が20年以上の夫婦の間で、居住用不動産又はその取得のための金銭の贈与が行われた場合、基礎控除110万円のほかに最高2,000万円まで控除（配偶者控除）できる「贈与税の配偶者控除の特例」があります。実際にこの特例を用いた配偶者間の居住用不動産の贈与の例が多くあります。

　この配偶者への居住用不動産の贈与であっても、改正前の相続法では、「配偶者の特別受益」となりました。特別受益の法的な取扱いとして、相続の際に配偶者がその贈与を遺産の前渡しを受けたものとして、相続時の取得分の計算上は贈与分を減らして遺産分割を行いました。つまり改正前の相続法では、居住用不動産の非課税贈与をしても、遺産分割時の配偶者の取得分は増えなかったのです。

　配偶者保護の観点から、この点についても平成30年に相続法改正が行われました。改正後の相続法では、婚姻期間20年以上の夫婦間の居住用不動産の贈与については、その居住用不動産については「持戻しの免除の意思表示」があったものと推定する規定を置いています。この規定は令和元年7月1日以降の贈与に適用されます。これにより、被相続人の別段の意思表示がなければ、すでに贈与により取得していた居住用不動産分を相続分の前渡しとして遺産分割の際に考慮しなくてよいようになりました。この改正内容は、税法の婚姻期間20年以上の配偶者への居住用不動産の贈与への保護という制度の優遇措置の趣旨を民法にも採り入れたといってよいでしょう。

　ただし、持戻し免除の推定対象となる配偶者への居住用不動産の生前贈与であっても、遺留分算定の際には免除は関係がなく、持ち戻して遺留分侵害額を計算することになりますのでご注意ください。

4 寄与分及び特別寄与料のあらましと仕組み

(民法904の2、1050)

> 相続人が、被相続人の生前に、相続財産の維持や増加に貢献した場合はそれが「寄与分」として認められることがあります。なお、寄与分がある場合には、相続開始時の財産から寄与分を引いた額が相続財産とみなされ、寄与者はその相続財産についての相続分と、寄与した財産を合わせて取得することができます。

1 寄与分制度の成り立ちとは

　特別受益の制度によって利益を受けた相続人の相続分を調整する規定はあるのに、相続財産の増加等に尽力した相続人の貢献を調整できないのは不公平であるという点を解消するため、昭和55年の民法改正によって導入された制度が寄与分です。実際に寄与分の存在や額を定めるには、相続人全員の協議に拠る必要があります。仮に相続人間で協議が整わなければ、家庭裁判所に「寄与分を定める処分」として、調停又は審判を申し立てる必要があります。

2 寄与分の要件とは

⑴ 寄与分の定義

　寄与分が認められるためには、相続人中で、①被相続人の事業に関する労務の提供や財産上の給付、被相続人の療養看護等による方法で、②特別の寄与を行い、③その寄与によって被相続人の財産を維持又は増加させる必要があります。

⑵ 実際の寄与分

　「療養看護」等を行った相続人が、自分が寄与分を有していると考えていることは非常によく見られます。しかし、寄与分には「特別な寄与」であることと、これによって「財産を維持又は増加したこと」

が必要であり、これらのハードルは決して低いものではありません。

特別な寄与について考えれば、相続人の行った行為が「通常の寄与」ではなく、特別に顕著なものであることを立証しなければなりません。しかし、家族に対し手を差し伸べることは社会通念上、通常期待される範囲の行為といえるでしょうし、夫婦・親子・兄弟姉妹といった関係では扶養義務があるため、単に面倒をみたという程度では、「特別な寄与」とまでは主張できないでしょう。令和元年施行の相続法改正で新設された相続人以外の親族についての特別寄与料の制度については第2章第1節**11**で詳しくみていきます。

また、寄与による財産の維持・増加についても、実際にその寄与によっていくらの利益を被相続人が受けたのかを証明することは通常容易ではなく、金銭換算しにくい寄与を算定することは困難です。

実際、家庭裁判所の司法統計でも、寄与分を認めた審判例は申立ての1割以下で、寄与分の主張が認められる例は限られています。

3　寄与分の期間制限とは

本節**2**の4（10頁）でみたように、寄与分による具体的相続分の修正についても、令和5年4月1日から期間制限が付されています。これは、相続開始から10年経過した後に未分割の遺産を分割する場合には、原則として寄与分等による修正は受けられず、単に法定相続分割合で按分するという制度です。

4　遺言と寄与分等との関係

寄与分は容易に認められるものではありません。寄与分は、相続人の貢献への相続発生後の修正手段に過ぎず、必ずしも認められるとは限らない家庭裁判所の認定に頼ることなく、生前に寄与に感謝して贈与したり、遺言を作成したりすることが一番の対策でしょう。

5 遺産分割の仕組み

（民法258の2、902の2、907、909の2）

令和元年施行の相続法改正によって、遺産分割における預貯金の取扱いや仮払い制度の創設等大きな変化がありました。遺言がない場合の相続登記や預貯金の名義変更等には遺産分割をする必要がありますので、遺産分割での取扱いについては要注意です。

1 預貯金に関する相続法改正の影響

⑴ 遺産分割協議や審判でのこれまでの預貯金の取扱いの経緯

遺産分割の際には不動産等と同様に、預貯金等も適宜相続人ごとに割り振って取得させる方法や、計算上の差額を預貯金の取得額で調整する方法が広く行われています。以前は、預貯金等の金銭債権は可分債権として当然に各相続人に分割して相続されるという最高裁判例があったため、裁判所における遺産分割審判の際には、預貯金を相続財産として取り分を調整することはできませんでした。

もっとも、このような硬直的な運用では到底遺産を合理的に分割することはできないため、審判以外の協議・調停といった遺産分割の手続においては、相続人全員の合意のもとに預貯金等も遺産分割の対象とする方法が広く行われています。さらに、平成28年12月にはこの預貯金が遺産分割の対象とならないという取扱いを変更し、預貯金を遺産分割の対象とすると判例変更した最高裁決定が出され、現在では遺産分割審判であっても預貯金を含めた遺産分割を行うことができます。令和元年施行の相続法改正により、預貯金等が遺産分割の対象であることを前提とした規定が明文化されています。

⑵ 金融機関における預貯金の単独での引出しが不可能に

また、⑴の判例変更までは、「預貯金は相続開始時に相続人に当

然に分割して承継される」という最高裁判例があったため、裁判等を行えば金融機関から各人の法定相続分までの引出しを受けられました。

　相続人の中に行方不明の方がいる場合等には、裁判での法定相続分払戻し請求は特に有効な方法でしたが、判例変更以降はこのような法定相続分での引出しを行うことがまったくできなくなっています。

(3) 預貯金の仮払い制度の創設

　このような状況から生じる相続人の生活上の不利益を一部解消するために、令和元年施行の相続法改正では預貯金の一部について単独の相続人による仮払い制度が創設されました。この仮払い制度で引き出せる金額の上限は、金融機関ごとに当該預貯金の残高の3分の1に請求を行う相続人の法定相続分をかけた金額、又は150万円のいずれか低い方の金額までとされています。いずれにせよ法定相続分までの引出しを行うことはできなくなったのですから、連絡の取れない推定相続人がいる方や、遺産分割が非常に難航しそうな方は遺言等で預貯金の取得者を決めておくことが極めて重要です。

相続された預貯金債権の仮払い制度導入のメリット

遺産分割における公平性を図りつつ、相続人の資金需要に対応できるよう、2つの仮払い制度を設けることとする。
　(1) 預貯金債権に限り、家庭裁判所の仮分割の仮処分の要件を緩和する。
　(2) 預貯金債権の一定割合（150万円を上限とする）については、家庭裁判所の判断を経なくても金融機関の窓口における支払を受けられるようにする。

(1) 保全処分の要件緩和
　仮払いの必要性があると認められる場合には、他の共同相続人の利益を害しない限り、家庭裁判所の判断で仮払いが認められるようにする（家事事件手続法の改正）

(2) 家庭裁判所の判断を経ずに払戻しが得られる制度の創設
　遺産に属する預貯金債権のうち、一定額については、単独での払戻しを認めるようにする。
（相続開始時の預貯金債権の額（口座基準））×1/3×（当該払戻しを行う共同相続人の法定相続分）＝単独で払戻しをすることができる額
　　　　　（例）預金600万円→長男100万円払戻し可

（法務省資料を参考に作成）

2　遺産分割の仕組み

⑴　遺言等のない法定相続の場合

　民法では、被相続人が亡くなった瞬間に相続が発生すると定められています。遺言等のない法定相続の場合は、具体的な取得者が定まっていないため相続の発生時点では、法定相続人が法定相続分で法定共有をしている状態になります。その後遺産の具体的な取得や分配等を決めるための遺産分割手続が行われ、そこで定まった取得分に従って相続開始時に遡って遺産分割の内容で相続が行われたものと扱われるのです。

　遺産分割は原則として話し合いで行われ、相続人全員で合意できればその内容で成立します。一般的な親族での話し合いであれば「遺産分割協議」、裁判所が間に入る形の話し合いであれば「遺産分割調停」、相続人全員の意向の一致がなく裁判所が独自の判断で遺産分割を行う手続であれば「遺産分割審判」になります。遺産分割調停等については、本書第2章第1節**12**、**13**をご確認ください。

　遺産分割協議や調停であれば、相続人全員が合意すればどのような分割でも行うことができますが、遺産分割審判ではそうはいきません。審判を行う裁判官は、法定相続分等の法の決まりを遵守した分割を命ずることになります。当然相続税の負担額等は一切考慮されませんので、審判ともなると非常に不利益が大きい結果になることも多く、特に後継者にとっては法定相続分どおりにされては、事業や家業の維持ができず大変困ったことになってしまいます。

⑵　遺言等のある場合

　相続開始時に、全相続財産についての被相続人の作成した法的に有効な遺言が存在すれば、遺産分割自体を行う必要がなく、相続人全員の意思がまとまらなくとも、遺言の内容を単純に実現できます。

遺言の内容が遺産の一部だけ（自宅についてのみの遺言等）の場合は、遺言に記載されていない財産については遺産分割の必要があります。「財産全てについての分割方法が定められた有効な遺言があれば、遺産分割手続は必要ない」と理解してください。

3 相続による共有物の分割が調わない場合の対応

　相続人のうち連絡をとることができない者がいる場合等では、特殊な法的手続（不在者財産管理人選任等）まで行って分割をしようということは少なく、実質的に不動産を含む多くの相続財産が塩漬け状態になっていることが多いのです。そのため令和5年4月1日に施行された改正民法では、相続開始から10年以上が経過している場合、相続により共有状態になっている不動産については、全体の遺産についての遺産分割ではなく、その不動産だけを売却等するための共有物分割の手続を設けました。この場合には、行方不明者の財産権を侵害しないために、その者の共有持分に対して取得すべき対価については、供託等をする必要があることが定められています。

　法改正で新しい道が開けましたが、行方不明の相続人がいる場合の遺産分割が非常に困難であることは依然として変わっていません。推定相続人のうち連絡が取れない人がいるような場合は、遺された家族のためにも有効な遺言を作成する必要性が極めて高いため、ぜひ専門家に相談して遺言の作成を行うことを検討してください。

6 遺言のあらましと仕組み

（民法968、969、970、1004、1005）

　遺言は、被相続人のみが行うことのできる、法定相続分を変更できる唯一の手段です。要件等が厳しく決まっているため、内容だけでなく方式についても十分注意する必要があります。

1　遺言とは

　遺言は、被相続人が生前に行った自己の相続財産の処分等に関する意思表示です。人は自分の財産の処分については自由に決められるのが原則ですから、遺言がある場合は、法定相続分ではなく、遺言者の意思が尊重されることになります。

　また、遺言には法律的な意味があるだけではなく、亡くなった被相続人の生前の想いを相続人たちに伝えることによって、被相続人の気持ちを汲んでもらって相続紛争を少しでも防止するという効果が期待できることもあります。

2　遺言と遺産分割とは

　もっとも、遺言が存在する場合でも、全ての相続人と受遺者（遺言によって財産を遺贈された人）等が合意をすれば、遺言とは異なる方法の遺産分割等を行うことができます。しかし、たった一人でも分割方法について納得がいかず合意しなければ、結局は遺言に従うしかなくなってしまうのです。

　相続人間で意見が合致しないような場合こそ、遺言が必要とされる場面です。遺言がない場合にいくら家庭裁判所で争っても、法定相続分を変えることはできません。法定相続分を変更できるのは、生前の被相続人だけなのですから、遺言の作成は極めて重要です。

3　遺言の種類とは

　遺言には大きく分けて、普通方式の遺言と、事故等の緊急時のみ作成できる特別方式の遺言があります。緊急時等のみ作成できる特別の方式による遺言は、死亡の危機や船舶遭難、伝染病隔離等の極めて例外的な場合に限られますから、ここでは普通方式の遺言について説明します。

⑴　自筆証書遺言

　一般的に遺言といわれて真っ先に想像するのが、この自筆証書遺言でしょう。自筆証書遺言では、遺言者本人が遺言本文の全文、日付、氏名の全てを自身で手書きし、捺印することが必要です。特に証人等もいらない遺言のため、遺言者本人だけで作成することができ、もっとも手軽に作成できる遺言です。遺言のうち目録については印字等での作成が可能ですが、すべての頁に署名・押印を行う必要があります。

　加除修正をする場合については変更箇所に印を押し、指示をする必要もあり、思わぬところで形式要件に違反して無効になってしまうこともありますので作成には特に注意が必要です。

　また、法務局に保管されていない自筆証書遺言は原本1通のみが存在する遺言ですから、誤って破棄されたり、いざ相続が発生した時に発見されないといったことのないように、保管についても気を配る必要があります。

⑵　公正証書遺言

　公正証書遺言は、公証人が法律で定められた方式に従って作成する遺言です。公正証書遺言の作成に当たっては、証人2人以上の立合いや、「遺言者が遺言の趣旨を公証人に口で伝える（口授する）こと」といった要件があるため、自筆証書遺言に比べると必要な事

項が多い、特に厳格な様式の遺言です。

　公証人には遺言を行った財産の額に応じた遺言作成の手数料を支払う必要がありますが、入院中等で公証役場に行くことのできない遺言者のためには出張してもらうことも可能なため、意識ははっきりしているが長文を自身で手書きすることができない人等にも利用可能な方式です。また、専門家である公証人が作成するため、自筆証書遺言とは異なり、形式的な要件等が原因で無効となる恐れはありません。

　公正証書遺言の場合は、後で説明する検認の手続が不要であり、原本は公証役場で保管されるため紛失の危険はないなどのメリットがあります。また、平成元年以降に作成された公正証書遺言は、遺言者の死後には全国の公証役場で検索をかけることができる点も、発見が容易になるポイントです。

(3)　秘密証書遺言

　秘密証書遺言は、自筆証書遺言と公正証書遺言の中間的な性質を有する遺言ともいえるでしょう。作成方法は、遺言者が遺言を作成して署名捺印を行い、これを封筒に入れて遺言書に捺印したものと同じ印鑑を使って封印して、この封筒を公証人と証人2人の前に提出して、公証人に認証してもらいます。

　秘密証書遺言は、署名以外の部分は自身で手書きする必要はありませんから、パソコン等で作成することも可能です。秘密証書遺言の原本は1通しか存在しませんから、破棄や未発見のリスク等が存在するため、保管方法等については気を配る必要があります。

(4)　遺言能力

　いずれの方法で遺言を作成する場合も、作成時の遺言者には自らの意思で遺言という意思表示を行うことのできる意思判断能力、す

なわち遺言能力が必要であることに変わりはありません。

　特に高齢の遺言者の場合等では、相続開始後に相続人間で遺言能力について争われることもありますので、作成時に意思能力があることを客観的に証明できるようにしておくとよいでしょう。

4　検認手続とは

　公正証書遺言と次項で説明する法務局保管の自筆証書遺言以外の遺言は、相続開始後に、家庭裁判所において検認の手続をとらなければなりません。仮に封印（文字通り、封に押印のあること）のしてある遺言書を検認手続以外で開封すれば、5万円以内の過料の制裁を受ける対象になってしまいます。

　検認手続では、家庭裁判所から相続人全員に対して検認期日を知らせ、全ての相続人が遺言書の存在と内容等を知る機会が与えられています。また、裁判所が検認時点の遺言書の形状や署名等の状態を公的に確認することで、その後の遺言書の偽造や変造を防止する機能もあります。

　検認は、あくまでも遺言書の外形を確認するための手続であり、検認されたからといってその遺言書の有効や無効を証明するものではありません。ただし、遺言書に基づいて不動産登記や預貯金の解約等を行う場合には、検認手続を行ったことを証明する検認証明書の提出を求められますので、必ず検認手続を行うようにしてください。

7 簡便で使いやすい自筆証書遺言

（民法968、法務局における遺言書の保管等に関する法律）

　平成30年の相続法改正によって、自筆証書遺言について大きな改正が行われました。目録の印字作成や法務局での保管制度の新設等、重要な改正点をしっかり把握し、便利で安全になった自筆証書遺言を賢く活用しましょう。

1　自筆証書遺言の要件緩和

⑴　改正前の相続法での取扱い

　自筆証書遺言は、改正前の相続法においては、遺言全文、署名、日付の全てを自分で手書きしたうえで押印する必要があり、目録等に至るまで自分の手で書かなければ無効となってしまうものでした。実際に、目録をタイプライターで作成したために無効になったという古い最高裁判例や、最近出されたものでは押印の代わりに「花押」を記載したために無効になった最高裁判例も存在します。

　これでは意思判断能力はあるけれども長文を手書きすることが難しい高齢者等の方にとって、自筆証書遺言を作成することが大変困難になっていました。そこで平成30年の相続法改正により、この現状を改善する見直しが行われました。

⑵　改正後の相続法での取扱い

　現在の相続法では、自筆証書遺言の内容である本文自体は全文を手書きする必要がありますが、目録等は印字した紙面の１枚ずつ（目録が両面になっている場合は各面ともに）に署名・押印をすれば有効です。

　ここでいう「目録」には、遺言者自身や依頼を受けた専門家が文書作成ソフト等で作成したものを印刷するほか、不動産の登記簿全

部事項証明書や預金通帳の中表紙のコピー等に番号を付して一枚ごとに署名・押印し、この番号を遺言書本文と対応させる方法等もあります。別紙目録等を印刷で作成できれば、詳細な内容の自筆証書遺言を作成することが容易になるため、これからの自筆証書遺言の作成が非常に便利になる画期的な改正といえます。具体的な遺言書の例は、以下を参照してください。

●改正後の遺言書作成例

1．遺言書本文（全て自筆）

遺　言　書

1　私は、私の所有する別紙目録第1記載の不動産を、
　長男 北川 一郎（昭和〇年〇月〇日生）に相続させる。

2　私は、私の所有する別紙目録第2記載の預貯金を、
　次男 北川 二郎（昭和〇年〇月〇日生）に相続させる。

3　私は、上記1及び2の財産以外の預貯金、有価証券その他一切
　の財産を、
　妻 北川 花子（昭和〇年〇月〇日生）に相続させる。

4　私は、この遺言の遺言執行者として、次の者を指定する。
　住　所　〇〇県〇〇市〇〇町〇丁目〇番地〇
　職　業　弁護士
　氏　名　西岡 美波
　生年月日　昭和〇年〇月〇日

令和5年4月5日

住所 〇〇県〇〇市〇〇町〇番地〇

北川　甲一郎

２．別紙目録（署名部分以外は自筆でなく印字でもよい）

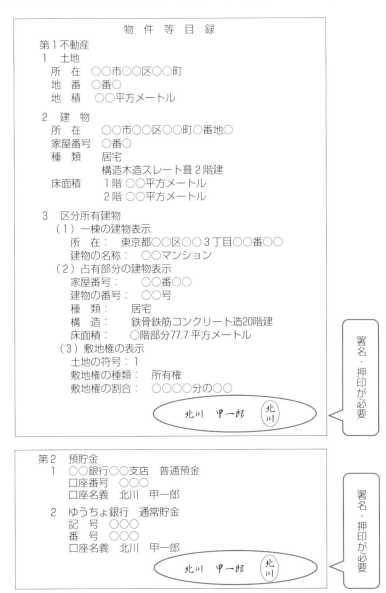

物　件　等　目　録

第１不動産
1　土地
　所　在　○○市○○区○○町
　地　番　○番○
　地　積　○○平方メートル

2　建物
　所　在　　○○市○○区○○町○番地○
　家屋番号　○番○
　種　類　　居宅
　　　　　　構造木造スレート葺２階建
　床面積　　１階　○○平方メートル
　　　　　　２階　○○平方メートル

3　区分所有建物
　（1）一棟の建物表示
　　　所　在：　東京都○○区○○３丁目○○番○○
　　　建物の名称：　○○マンション
　（2）占有部分の建物表示
　　　家屋番号：　　○○番○○
　　　建物の番号：　○○号
　　　種　類：　　居宅
　　　構　造：　　鉄骨鉄筋コンクリート造20階建
　　　床面積：　　○階部分77.7平方メートル
　（3）敷地権の表示
　　　土地の符号：１
　　　敷地権の種類：　所有権
　　　敷地権の割合：　○○○○分の○○

北川　甲一郎　㊞

署名・押印が必要

第２　預貯金
1　○○銀行○○支店　普通預金
　口座番号　○○○
　口座名義　北川　甲一郎

2　ゆうちょ銀行　通常貯金
　記　号　○○○
　番　号　○○○
　口座名義　北川　甲一郎

北川　甲一郎　㊞

署名・押印が必要

8 安心できる法務局保管制度の活用

（法務局における遺言書の保管等に関する法律）

　自筆証書遺言の法務局保管制度を利用すれば、紛失等のおそれがなくなるだけでなく、全国の法務局で検認手続が不要の証明書を何通も発行してもらうこともでき、大変便利なため、ぜひ活用しましょう。

1　法務局での保管制度の開始

　従来の自筆証書遺言では、手書き要件の厳しさや修正の厳格性から無効になるリスクが存在するだけでなく、原本の保管に関する問題もありました。自筆証書遺言は原本が1通しか存在しない遺言であり、公正証書遺言とは違って保管についての規定が一切ありませんでした。このため遺言が誤って破棄されたり、発見されないままになってしまい、結果としてせっかく作成した遺言の内容が実現できない可能性も相当程度ありました。

　この問題に対処するため、「法務局における遺言書の保管等に関する法律（以下、「遺言書保管法」といいます）」が制定され、封をしていない自筆証書遺言を法務局で保管する制度が整備されました。自筆証書遺言の作成後、本人が法務局にこの遺言書を持参したうえで手数料を支払い、本人確認を受けた後法務局でこれを原本とともにデータ化もして保管するというものです。遺言者本人はいつでもこの遺言の内容を確認したり新たな遺言を預け直すこともでき、相続人や受遺者は遺言者の死亡後に保管しているデータ化された遺言事項を証明する書面の交付を請求できます。この制度を利用する場合には、法務局で本人確認がされているため、その自筆証書遺言がそもそも全くの偽造であるという紛争は避けられるでしょう。また

遺言書自体の紛失も起こらないため、自筆証書遺言が非常に使い勝手の良いものになりました。

　さらに法務局に保管された自筆証書遺言については、家庭裁判所での検認手続を除外される（遺言書保管法第11条）ため、法務局での保管制度を用いた自筆証書遺言については、確実性の面では公正証書遺言に近づいたともいえ、非常に便利で安全な遺言の方法となるでしょう。

2　保管制度利用上の注意点

　法務局保管制度を利用するためには、遺言本文や目録の余白の大きさ、Ａ４サイズの用紙の片面のみに記載すること、通し頁番号を付けること、等の法務局の要件を満たしたものでなければいけません。特に本文の余白はうっかりで超過することもあるため、法務局のホームページ上で公開されている自筆証書遺言用の罫線紙を印刷して用いるとよいでしょう。詳細な注意点は次ページ以下でご確認ください。

　また、保管申請書も作成の上、遺言者の住所地・本籍地・所有する不動産の所在地のいずれかの法務局に保管のための予約をとった上で、必ず本人が遺言書と身分証明書とともに保管に出向く必要があります。健康上の理由等で自宅や病院から出ることのできない方は、公正証書遺言や秘密証書遺言で公証人に出張してもらう方法を検討せざるを得ないでしょう。

◆ 遺言書の様式例

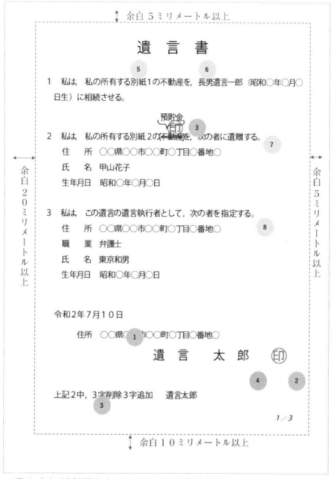

※書き直しが必要となりますので、余白部分には一切何も書かないでください。

（出典：法務省「自筆証書遺言書保管制度」）

※財産目録以外は全て自書する必要があります。

1　作成日付は、遺言書を作成した年月日を具体的に記載する必要があります。「○年○月吉日」などの記載は不可です。

2　署名＋押印が必要です。押印は、認印でも問題ありませんが、スタンプ印は避けてください。

3　内容の変更・追加がある場合は、その場所が分かるように明示して、変更・追加の旨を付記して署名し、変更した場所に押印をする必要があります。
　　※変更・追加等がある場合には、書き直すことをおすすめします。署名及び押印が必要です。押印は、認印でも問題ありませんが、スタンプ印は避けてください。

4　遺言者の氏名は、住民票や戸籍の記載どおりに記載してください。ペンネーム等の公的書類から確認できない記載では、お預かりすることができません。

※　用紙は、Ａ４サイズで、文字の判読を妨げるような地紋、彩色等のないものを使ってください。
　　余白を必ず確保し、ページ数や変更・追加の記載を含めて、余白部分には何も記載しないでください。
　　片面のみを使用し、裏面には何も記載しないでください。
　　長期間保存しますので、ボールペン等の容易に消えない筆記具を使ってください。

5　財産の特定のためには、遺言書に財産目録を添付いただいた方が確実です。

6　推定相続人（相続が開始した場合に相続人となるべき者）には「相続させる」又は「遺贈する」と記載します。
　　※推定相続人に対して、財産を「相続させる」旨の遺言をする場合は、遺言書の保管申請書の【受遺者等・遺言執行者等欄】に記載する必要はありません。
　　※推定相続人に対して、財産を「遺贈する」場合は、遺言書の保管申請書の【受遺者等・遺言執行者等欄】に受遺者として、その氏名等を記載してください。

7　推定相続人以外の者には「相続させる」ではなく「遺贈する」と記載します。
　　※推定相続人以外の者に対して、財産を「遺贈する」場合は、遺言書の保管申請書の【受遺者等・遺言執行者等欄】受遺者として、その氏名等を記載してください。

8　※遺言執行者については、遺言書の保管申請書の【受遺者等・遺言執行者等欄】にその氏名等を記載してください。

◆ 自書によらない財産目録の例

※書き直しが必要となりますので、余白部分には一切何も書かないでください。

（出典：法務省「自筆証書遺言書保管制度」）

※ 不動産の場合、所在、地番・家屋番号等により、当該物件が特定できれば、登記事項証明書の一部分や、コピーを財産目録として添付しても差し支えありません。

※ 別紙１は、登記情報提供サービス別ウィンドウで開くを利用して作成した例です。

① 財産目録は、自書する必要はありませんが、その場合は、記載のある全てのページに署名及び押印が必要です。

② 各ページには本文と財産目録を合わせて、通し番号でページ数を記載してください。"１／２、２／２"のように、総ページ数の分かるよう記載してください。

※ 用紙は、Ａ４サイズで、文字の判読を妨げるような地紋、彩色等のないものを使ってください。
長期間保存しますので、財産目録としてコピー等を添付する場合、感熱紙等は避け、印字が薄かったり、不鮮明である場合は、印刷・コピーをやり直すことをお勧めします。
片面のみを使用して作成してください。裏面には何も記載しないでください。

◆ 通帳のコピーを財産目録として添付する例

（出典：法務省「自筆証書遺言書保管制度」）

- ※ 通帳のコピーを財産目録として添付するときは、銀行名、支店名、口座名義、口座番号等が分かるページをコピーしてください。
- ① 財産目録は、自書する必要はありませんが、その場合は、記載のある全てのページに署名及び押印が必要です。
- ② 各ページには本文と財産目録を合わせて、通し番号でページ数を記載してください。"1／2、2／2"のように、総ページ数の分かるよう記載してください。
- ※ 用紙は、A4サイズで、文字の判読を妨げるような地紋、彩色等のないものを使ってください。
  長期間保存しますので、財産目録としてコピー等を添付する場合、感熱紙等は避け、印字が薄かったり、不鮮明である場合は、印刷・コピーをやり直すことをお勧めします。
  片面のみを使用して作成してください。裏面には何も記載しないでください。

3 保管制度利用の費用

保管申請時や各種証明書発行時等には下表の手数料がかかります。

◆ 自筆証書遺言書保管制度の手続に必要な手数料

手続名	手数料額	手続のできる方
遺言書の保管の申請	申請1件（遺言書1通）につき、3,900円	遺言者
遺言書の閲覧の請求（モニターによる）	1回につき、1,400円	遺言者／関係相続人等
遺言書の閲覧の請求（原本）	1回につき、1,700円	遺言者／関係相続人等
遺言書情報証明書の交付請求	1回につき、1,400円	関係相続人等
遺言書保管事実証明書の交付請求	1回につき、800円	関係相続人等
申請書等・撤回書等の閲覧の請求	申請書等1件又は撤回書等1件につき、1,700円	遺言者／関係相続人等

※遺言者による遺言書の保管の申請の撤回や、遺言者の住所等の変更の届出については、手数料は不要です。

9 遺留分のあらましと仕組み

(民法1042、1043、1044、1046、所基通33-1の6)

　兄弟姉妹以外の法定相続人は、遺留分権利者です。したがっ
て、遺留分を侵害する遺贈や相続分の指定、生前贈与等に対して
は、遺留分侵害額請求を行うことにより、遺留分の限度で代償金
等を取得することができます。

1　遺留分算定の基礎となる財産とは

　兄弟姉妹以外の法定相続人には、被相続人の意思によっても奪う
ことのできない相続分が認められており、これを「遺留分」といい
ます。遺留分を計算するためには、まず算定の基礎となる財産を被相
続人の積極財産、消極財産や生前にした贈与等から計算し、これに対
して相続人ごとに法律で定められた遺留分の割合をかけて求めます。
　遺留分の基礎となる財産は、以下の式によって計算します。

$$\boxed{相続開始時の積極財産} + \boxed{贈与した財産の価額} - \boxed{債務の全額}$$

　各項目について個別に説明しますと、まず、相続開始時の積極財
産には、相続開始時に存在した不動産や預貯金等のプラス財産のほ
かに遺贈や死因贈与契約によって処分が決まっている財産が含まれ
ます。次に贈与には以下のものが該当し、遺留分の基礎財産に含ま
れます。

① 相続人に対する贈与（原則10年以内のもの。なお、遺留分を侵害すること を知ってした贈与であれば、期間の制限はない）
② 相続人以外の者に対する贈与 　ⅰ　相続開始前1年間にした贈与 　ⅱ　当事者双方が遺留分権利者を害することを知ってした相続開始1年 以上前にした贈与（年数制限はない）

遺留分額の計算は、遺贈等遺言に書かれた内容だけでなく、被相続人が生前に行った贈与によっても影響を受けることとなります。特に相続人に対する贈与は、生計の資本等に該当するとされて特別受益とされる場合も珍しくありませんから、令和元年の改正法施行前では年数の制限なく主張されることもありました。現在は、この年数が原則相続開始前10年間に限られることになったため、何十年も前の贈与について争う必要がなくなりました。

　ただし、全財産や全財産の過半数の贈与を行っていた場合等には、「遺留分を侵害することを知ってした贈与」として年数制限なく持戻しの対象となる可能性があるため注意が必要です。

　また、被相続人による特別受益の持戻免除の意思表示も、遺留分の基礎財産を算出するにあたっては適用されません。

2　実際に請求できる遺留分の額の計算

　1で求めた遺留分算定基礎財産に、遺留分を請求する相続人（遺留分権利者）の遺留分割合を掛け算して、その遺留分権利者の遺留分額が算出されます。もっとも遺留分権利者は、この遺留分の全額について、受遺者等の遺留分を支払うべき者（遺留分義務者）から支払を受けられるわけではなく、遺留分額から次の表の金額を引き、遺留分権利者が相続により承継することになった債務の額を足した残額を請求することとなっています。

①	遺留分権利者（自身）の受ける遺贈の価額
②	被相続人から遺留分権利者が受けた特別受益にあたる贈与の価額（年数制限なし）
③	遺言の対象となっていない等で、遺留分権利者が遺産分割に参加する財産から取得することのできる、遺留分権利者の具体的法定相続分

よって、遺留分権利者が実際に受け取ることのできる遺留分の計算は以下の式のとおりとなります。

遺留分算定基礎財産×遺留分権利者の遺留分割合

↑ 1 で計算したもの

－前記の表の①～③の合計＋遺留分権利者の承継する債務の額

これは、将来の相続紛争を防止するために生前に遺留分を想定してまとまった額の生前贈与をしていたにもかかわらず、これが10年経過で全く無意味となってしまうことは、遺留分紛争を減少させようとした法改正の趣旨に反するため、控除に際しては年数制限なく控除させることにしたものです。一見不公平に見えますが、立法時の法制審議会でもこの点については議論がされた上での結論になっています。

3 生前贈与等の特定とは

不動産等の生前贈与を受けたのであれば、登記等からその生前贈与された財産がどのようなものかが客観的に明らかになります。これに対し現預金等での生前贈与が行われた場合、実際の金銭の流れがわからないことも多く、金額自体もはっきりしないこともあるため、贈与があったことを証明すること自体が困難になりがちです。

被相続人の口座から出金された金額と同じような日に入金されている場合や、被相続人から相続人に振込があったような場合には生前贈与と認定されるでしょう。しかし、一度口座から引き出されて現金になってしまったものは使途が特定できないため、遺留分における「贈与」であるとは断言できないこともあります。

4　遺留分割合とは

　兄弟姉妹以外の法定相続人には遺留分が認められており、その割合については法律で決まっています。

　その遺留分の割合は、父母等の直系尊属のみが相続人の場合は相続財産の３分の１、それ以外の場合は２分の１となります。兄弟姉妹やその代襲相続人（甥や姪）には遺留分が存在しませんから、兄弟姉妹は被相続人の行った生前贈与や遺贈について、遺留分侵害額請求を行うことができないのです。

　具体的な遺留分割合をケースごとに分類すると、下の表のとおりになります。

◆ 遺留分割合

	配偶者の遺留分	血族相続人全体の遺留分
① 配偶者のみが相続人である場合	$\frac{1}{2}$	なし
② 子のみが相続人である場合	なし	$\frac{1}{2}$
③ 直系尊属のみが相続人である場合	なし	$\frac{1}{3}$
④ 兄弟姉妹のみが相続人である場合	なし	なし
⑤ 配偶者と子が相続人である場合	$\frac{1}{4}$	$\frac{1}{4}$
⑥ 配偶者と直系尊属が相続人である場合	$\frac{1}{3}$	$\frac{1}{6}$
⑦ 配偶者と兄弟姉妹が相続人である場合	$\frac{1}{2}$	なし

※　複数の血族相続人がいる場合は、立場が同じもの同士の間では遺留分が等しいものとして頭数によって計算する。

5 遺留分侵害額請求の方法とは

遺留分侵害額請求は、遺留分権利者が、相続が開始したことと遺留分を侵害する贈与や遺贈があったことの両方を知った時から1年以内に行わなければ時効によって消滅します。また、相続開始から10年が経過すれば、事情の如何を問わず遺留分侵害額請求権を行使することができません。

遺留分侵害額請求には、このような厳しい時間的な制約が存在しますから、期間内に権利を行使したことを後から確実に証明できるようしておくことが重要です。配達証明付き内容証明郵便によって相手方である受贈者や受遺者に通知を送っておけば、後から通知をしたか否かでもめることがないため安心できます。

6 遺留分侵害に関する法改正

⑴ 相続法改正前の「遺留分減殺請求」制度

改正前の相続法における遺留分制度は、遺留分減殺請求権を行使されれば当然に各遺贈等の対象財産に遺留分割合に応じた権利が生じることとされていました。例えばいくつもの不動産が特定の相続人に遺贈又は生前贈与され、これに対して他の相続人が遺留分減殺請求を行う場合は、減殺請求をする相続人は、遺留分権利者として全ての贈与不動産について、受贈者の了解なく一方的に「遺留分登記」を行うことが可能でした。この制度の例外としては、遺留分減殺請求を受けた者（受遺者等）が現物ではなく金銭で遺留分減殺請求に応じること（価額賠償）を希望した場合には、遺留分減殺請求権が現物に対する権利ではなく金銭の請求権に転換することとされていました。もっとも、受遺者等が価額賠償の申出を行う前に遺留分権利者側から遺留分登記等を行うことも可能でしたので、登記関

係が原因で紛争が大きくなるケースも多く見られました。

⑵ 「遺留分減殺請求」から「遺留分侵害額請求」へ

令和元年施行の相続法改正により、遺留分権利者等からの不必要な遺留分登記がされるという問題に対処するため、遺留分の原則と例外を逆転させ、遺留分減殺請求権が「遺留分侵害額請求権」と名称変更されました。これにより遺留分は原則として金銭による代償請求とされ、受遺者等と遺留分権利者で別段の合意があった場合にのみ現物財産に権利を生じさせることになり、取扱いが大きく変わったのです。

原則が金銭請求ですから、遺留分権利者から一方的に遺留分登記をされる可能性もなくなり、価額賠償の申出が行われることが多かった実状に即した法改正といえるでしょう。

⑶ 現物で遺留分侵害額を払うと譲渡所得税がかかる

税制においては、遺留分侵害額の請求の規定による遺留分侵害額に相当する金銭の支払い請求があった場合において、金銭の支払い代えて、その債務の全部又は一部の履行として資産の移転があったときは、その履行をした者は、原則として、その履行があった時においてその履行により消滅した債務の額に相当する価額によりその資産を譲渡したこととされます。

つまり、現物で遺留分侵害額を払うと、その現物を侵害額相当額で譲渡したものとみなされます。現物の取得価額が遺留分相当額より低い場合には譲渡益が生じ、譲渡所得税がかかることになります。なお、相続によりその現物を取得した場合には、被相続人の取得価額を引き継ぐことになりますのでご注意ください。

10 不動産登記法等改正のあらましと仕組み

所有者不明の土地の増加による社会的問題解消のため、民法や不動産登記法等の改正が行われ、所有者不明になる大きな原因とされる相続登記等を放置することがないよう、相続登記や住所変更登記が罰則付きで義務化されます。

1 所有者不明土地問題のあらまし

2017年の所有者不明土地問題研究会（一般財団法人国土計画協会）によれば「2016年（平成28年）時点の所有者不明土地面積は、地籍調査を活用した推計で約410万 ha あり、九州（土地面積：約367万 ha）以上に存在する」という報告がされ、報道機関においても取り上げられました。こういった問題の主な原因は、相続に際して適切な手続がとられないために死亡した人の名義のままの不動産が増え、長期間が経過してからでは追跡もできないこととみられています。所有者不明の不動産では、不動産の売却や貸し借りなどの取引や利用ができません。また、倒壊等の危険や衛生上の問題をもたらす空家といった管理不全の不動産や、区画整理や道路拡張のための法的手続をとることができないといった問題もあります。

2 所有者不明土地関連法が成立

そこで、民法や不動産登記法の改正を含めた所有者不明土地関連法案が令和3年4月21日に成立し、同月28日に公布されました。この一連の法案では、相続登記等の義務化や民法における共有や相続、財産管理制度の見直し、土地を手放すための新制度の創設といった内容からなります。

一番早く施行される民法改正は令和 5 年 4 月 1 日から、相続土地国庫帰属法は令和 5 年 4 月27日からすでに施行されています。今後、不動産登記法のうち相続登記の義務化が令和 6 年 4 月 1 日から施行され、そして住所変更登記等の義務化は令和 8 年 4 月 1 日から施行されます。

3　相続登記の義務化

(1)　相続登記義務化のあらまし

　そもそも登記とは「どのような不動産か」「誰がその不動産の所有権などの権利を持っているか」ということを公示するための制度であり、不動産の所在等を明らかにする表示登記は法的に強制とされています。一方、所有権等の権利登記は、第三者にも自身が権利者であることを証明するためのものであるため、法的には権利を主張したい者を守るための制度であることから任意となっています。

　このため、相続時の登記を登記手数料の支払いや手間を惜しむ等の理由で、取得者が任意の相続登記を行わないことが珍しくありません。単に需要がなく売却の目処のない不動産であるという理由のこともあれば、遺産分割協議で取得者を決めることができずに放置されてしまっているような例もあります。

　これらの問題を解決するために、前記のとおり不動産登記法を含めた一連の改正がされ、不動産所有権の登記名義人が死亡しその相続（遺贈を含む）により不動産の所有権を取得した者は、相続の開始があったことを知り、かつ、その所有権を取得したことを知った日から 3 年以内に、所有権の移転登記を申請することが義務付けられました。この改正は、令和 6 年 4 月 1 日から施行されます。

　単に義務であるとしただけでは登記を行わない者が出ることも懸

念されたため、正当な理由なく3年以内に登記をしなければ10万円以下の過料（罰金）が科されるという厳しい規定がおかれました。複数の不動産で相続登記を怠ると非常に多額の過料となるおそれもあり、確実に相続登記を行う必要があります。

(2) 相続登記義務化の経過措置

この相続登記の義務化は、過去の相続で相続登記がされていない不動産も対象となり、施行日以前の相続についての登記の期限は、施行日から3年とされています。よって、過去の相続であって相続登記をまだ行っていない不動産がないかを確認する必要があります。

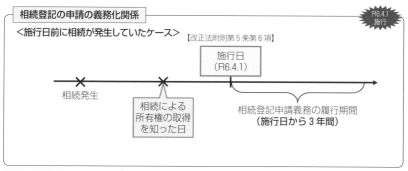

（出典：法務省「令和3年民法・不動産登記法改正、相続土地国庫帰属法のポイント」）

4 相続人申告登記の創設

土地の相続登記に期限が設けられますが、遺産分割が紛糾すれば、相続登記の3年以内の期限内に分割方法が決まらない可能性も考えられます。そのため、相続人が申請義務を簡易に履行できるようにするために、相続登記が義務化される令和6年4月1日から相続人申告登記制度という新制度が設けられます。

この制度は、①所有権の登記名義人（被相続人）について相続が開始した旨、②自らが相続人である旨を、申請義務の履行期間である3年以内に登記官に申し出ることで、申請義務を履行したものと

みなされるもので、申出を受けた登記官は、所要の審査をした上で、申出をした相続人の氏名・住所等を職権で登記に付記します。なお、この登記官が職権で行う付記登記については、権利登記ではないため登録免許税が非課税とされる一方で、権利を示す登記ではないため、この相続人申告登記に基づく売却などはできません。また、その後において遺産分割等が確定した場合には、分割等の日から3年以内に所有権の移転登記を申請しなければなりません。

相続人申告登記は、相続人が複数いる場合でも特定の相続人が単独で申し出ることが可能で、法定相続人の範囲及び法定相続分の割合の確定も不要となっています。添付書類としては、申出をする相続人が所有権の登記名義人の相続人であることがわかる自身の戸籍謄本等を提出するだけでよいので、非常に簡便なものです。

ただし、申請をして登記簿に氏名・住所が記録された相続人のみが義務を履行したことになります。相続人のうち一人だけが申請しても、全相続人の義務が履行された扱いにはならず注意が必要です。

◆ **相続登記の申請の義務化と相続人申告登記について**

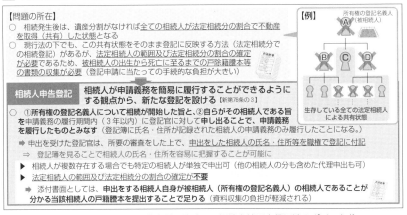

（出典：法務省「令和3年民法・不動産登記法改正、相続土地国庫帰属法のポイント」）

5 不動産情報の税務署への共有

　同じく不動産登記法の改正により、登記名義人の死亡事実を符合によって表示する制度が新たに設けられました。法務局から市町村への通知事項が追加され、死亡時におけるすべての不動産の一元化が図られることになります。当然に、税務署にも死亡者のすべての不動産情報がeLTAXで通知されることになり、補足漏れがなくなるものとされています。

固定資産税に係る登記所から市町村への通知事項の拡大

○ 所有権移転等の不動産登記が行われた場合、登記所から市町村に登記情報が通知される。

○ 不動産登記法の改正により、登記名義人の死亡の事実を符号によって表示する制度が新たに
　設けられること等に伴い、登記所から市町村への通知事項を追加するなど、所要の措置を講ずる。

※　同法の改正により、登記に記録されている者がDV被害者等である場合、登記事項証明書等には「住所に代わる事項」を記載
　する措置が講じられる。これに伴い、市町村が固定資産税の証明書を発行する際にも、登記住所ではなく「住所に代わる事項」
　を記載することとするなど、所要の措置を講ずる。

※　原則、改正不動産登記法の施行に合わせて施行。

■通知事項の拡大イメージ

登記所

不動産登記を行った場合、
市町村に対して登記の情報を通知

<現在の通知事項>
・　登記名義人の氏名・住所
・　所在地、地番、地目、地積
・　構造、床面積等

eLTAX

市町村

<今後追加する通知事項>
・　登記名義人の死亡の符号
・　外国居住者の国内連絡先
・　会社法人等番号
・　DV被害者等の住所に代わる事項等

（出典：自民党税制調査会資料）

6 住所等変更登記の義務化

⑴ 住所等変更登記の義務化のあらまし

　不動産所有権の登記名義人が住所や氏名・名称等を変更した場合には、住所等の変更日から2年以内に、その変更登記を申請することが義務付けられました。なお、正当な理由なく2年以内に登記をしなければ5万円以下の過料が科されますので、ご注意ください。

　この住所変更登記関係は令和8年4月1日から施行されます。転勤等で引っ越しの多い人の場合は煩雑となりますが、住民票の住所変更同様、登記住所の変更も忘れないよう注意しましょう。

⑵ 住所等変更登記義務化の経過措置

　この住所や氏名等の変更登記の義務化は、施行日前にすでに住所等の変更を行っている者も対象となります。施行日以前の住所等の変更についての登記の期限は、施行日から2年とされています。多くの土地を所有している地主等は住所を変更するだけでも、住所変更登記に非常に手間がかかるので、抜けのないよう事前に準備を進めておくことが重要でしょう。

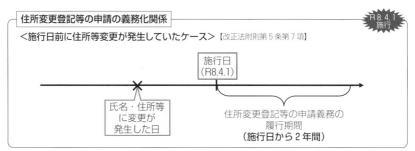

（出典：法務省「令和3年民法・不動産登記法改正、相続土地国庫帰属法のポイント」）

　また、手続きの簡素化・合理化を図る観点から、登記官が住基ネット等から取得した情報に基づき、職権で変更登記をする新たな方法も導入されるため、今後の実務でも注目されるところです。

第2節 あなたの相続税はこう計算する

1 相続税のあらまし

(相法 3、12、13、15、19)

相続税は、個人が亡くなられた人（被相続人）から、相続や遺贈によって財産を取得した場合に、その取得した財産に課される税金です。

1 相続税のかかる財産とは

相続税のかかる財産には、被相続人の死亡の日に所有していた現金・銀行預金・株式・公社債・土地・建物・事業用財産・家庭用財産・ゴルフ会員権など一切の財産が含まれます。これらの土地、建物、有価証券、預貯金などの全ての財産は時価で評価するとされています。しかし、財産の正確な時価を納税者が計算することは難しいため、国税庁が財産評価基本通達などにより、その財産の種類ごとに評価の方式を定めています。

2 相続財産とみなされるものとは

被相続人固有の財産でなく、以下のような受取人固有の財産であっても、経済的実質は相続又は遺贈により取得したのと同様であるとして、相続財産とみなされ相続税がかかります。

①	被相続人の死亡に伴って支払われる死亡保険金、損害保険金等のうち、被相続人が負担した保険料に対応する部分の金額
②	死亡に伴い支払われる死亡退職金、功労金、退職給付金など
③	生命保険契約に関する権利（被相続人が保険料を負担し、被相続人以外の人が契約者となっている生命保険契約で、相続開始の時において、まだ保険給付事由が発生していないもの）
④	被相続人が掛金や保険料を負担していた定期金（年金）等
⑤	被相続人の遺言により債務免除を受けた場合などの経済的利益
⑥	贈与税の納税猶予の特例を受けていた農地等や非上場株式等

3 相続税のかからない財産とは

次のような財産には、国民感情と社会福祉の観点から、相続税は課税されないこととされています。

①	墓地、墓碑、仏壇、仏具などの祭祀具
②	相続人が受け取った生命保険金等のうち、一定の金額 （非課税限度額＝500万円×法定相続人の数）
③	相続人が支給を受けた退職手当金等のうち、一定の金額 （非課税限度額＝500万円×法定相続人の数）
④	心身障害者共済制度に基づく給付金の受給権
⑤	宗教、慈善、学術その他公益を目的とする事業を行う一定の人が取得した財産で、その公益を目的とする事業の用に供することが確実なもの
⑥	相続税の申告書の提出期限までに、国、特定の公益法人、認定特定非営利活動法人（NPO法人）等に寄附した一定の財産

4 相続財産から控除できる債務とは

(1) 控除できる借入金等

被相続人が負担しなければならない債務等は、課税される相続財産の価額から差し引くことができます。この債務には、借入金や未払金などのほか、被相続人が納めなければならなかった国税・地方税や固定資産税などで、まだ納めていなかったものが含まれます。

ただし、確定していない未払費用等の債務は含まれません。また、保証債務等も民法上は相続人が相続するのですが、確定していないため相続税法上は債務控除することはできませんので、ご注意ください。

(2) 控除できる葬式費用等

被相続人の葬式に際して相続人が負担した費用は、相続財産の価額から差し引かれます。葬式費用とは次のものをいいますので、領収書等の証明できる書類をしっかり保存しておいてください。

①	葬式もしくは葬送等に際し、埋葬、火葬、遺骨の回送その他に要した費用
②	葬式等で支払った葬儀社、タクシー会社などへの支払い
③	お通夜に要した費用など通常葬式に伴うものと認められるもの
④	死体の捜索又は死体もしくは遺骨の運搬に要した費用

　ただし、墓地等の購入費や香典返戻費用や初七日等の法要に要した費用などは、葬式の当日に支払ったとしても葬式費用として取り扱われません。

5　相続財産に加算する贈与財産とは

　相続又は遺贈により財産を取得した相続人等が相続開始前3～7年以内に被相続人から贈与された財産は、贈与税の110万円の基礎控除の範囲内のものを含め、原則として相続財産に加算します（第1章第2節**3**参照）。また、加算した贈与財産につき、すでに支払った贈与税があれば自分の払うべき相続税額から差し引かれますが、控除し切れない額は切捨てとなります。

　相続時精算課税制度の適用を受けた贈与財産については、相続時に相続開始時の価額ではなく、贈与時の価額で、相続税の課税価格に加算され、相続税がかかることになります。なお、令和6年1月以後の贈与からは毎年110万円の基礎控除を差し引き加算することになります（第1章第2節**4**参照）。すでに支払った贈与税があれば相続税額から差し引かれ、控除しきれない額は還付されます。

6　基礎控除額を超えると相続税が課税に

　相続税は、各人が相続した正味の遺産額が基礎控除額を超える場合に課税されます。

```
┌──────── 正味の遺産額 ────────┐
┌──────┐   ┌──────────────────────┐      ┌──────────────┐
│遺産総額│ － │債務・葬式費用・非課税財産│ ＞ │遺産に係る基礎控除額│
└──────┘   └──────────────────────┘      └──────────────┘
```

遺産に係る相続税の基礎控除額は次のように計算します。

3,000万円＋600万円×法定相続人の数＝基礎控除額

　例えば、相続人が配偶者と子2人の場合、法定相続人は3人となりますから、次の金額が、遺産に係る基礎控除額となります。

3,000万円＋600万円×3人＝4,800万円

　この場合、正味の遺産額が4,800万円以下ならば、相続税はかかりません。なお、算式における「法定相続人の数」とは、相続放棄をした人があっても、その放棄がないとした場合の相続人の数をいいます。

7　相続税の計算方法のあらまし

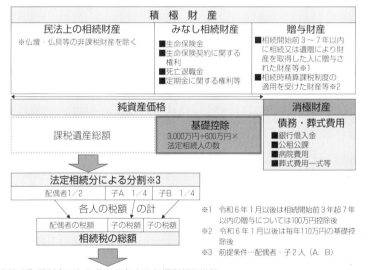

実際の取得割合であん分して各人の負担税額を計算

2 相続税の仕組みと計算方法

（相法13、15、16〜20の2）

相続税は、相続や遺贈により取得した財産の価額の合計等から基礎控除額を控除した課税遺産総額を法定相続人が法定相続したとして、相続税の総額を計算しあん分して課税されます。

1 相続税額はどのようにして計算する？

相続又は遺贈で財産を取得した人が納付しなければならない相続税額の計算方法を説明します。

(1) まずは各人の課税価格を計算する

まず、相続又は遺贈や相続時精算課税に係る贈与によって財産を取得した人ごとに、次のような順序により課税価格を計算します。

(2) 次に課税遺産総額を計算する

課税遺産総額は、上記(1)で計算した各人の課税価格の合計額から遺産に係る基礎控除額（3,000万円＋600万円×法定相続人の数）を差し引いて計算します。

課税価格の合計額 － 遺産に係る基礎控除額 ＝ 課税遺産総額

相続税の総額の計算に際しては、相続人等が遺産を実際にどのように分割したかに関係なく、上記により算出した課税遺産総額を法定相続人が法定相続分（第1章第1節**1**参照）に応じて取得したものと仮定し、各人ごとの取得金額を計算します。

次に、その各人ごとの取得金額にそれぞれ相続税の税率（下記図表参照）を掛けた金額を計算し、その各人ごとの金額を合計します。この合計した金額を相続税の総額といいます。

（参考）事例図では、配偶者と子2人を相続人としています。

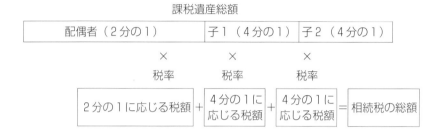

課税遺産総額

| 配偶者（2分の1） | 子1（4分の1） | 子2（4分の1） |

× 税率　× 税率　× 税率

2分の1に応じる税額 ＋ 4分の1に応じる税額 ＋ 4分の1に応じる税額 ＝ 相続税の総額

◆ 相続税の速算表

法定相続分に応ずる取得金額		税率及び控除額
1,000万円以下		10%
1,000万円超	3,000万円以下	15%−50万円
3,000万円超	5,000万円以下	20%−200万円
5,000万円超	1億円以下	30%−700万円
1億円超	2億円以下	40%−1,700万円
2億円超	3億円以下	45%−2,700万円
3億円超	6億円以下	50%−4,200万円
6億円超		55%−7,200万円

(3)　納付すべき相続税額を計算する

(2)で計算した相続税の総額を、課税価格の合計額に占める各人の課税価格の割合であん分して計算した金額が、各人ごとの納付すべき相続税額となります。

なお、相続又は遺贈や相続時精算課税に係る贈与によって財産を取得した人が、被相続人の一親等の血族（代襲して相続人となった孫等を含みます。）及び配偶者以外の人である場合には、その人の相続税額にその相続税額の2割に相当する金額が加算されます。

次に、各人ごとの相続税額から「贈与税額控除額」、「配偶者の税額軽減額」、「未成年者控除額」、「障害者控除額」、「外国税額控除額」、「相次相続控除額」などの税額控除の額を差し引いた金額が、各人の納付すべき相続税額となります。

なお、相続時精算課税制度を選択して納付した贈与税が納付すべき相続税額より過大であった場合においても、全額の還付を受けることができます。

2　具体的な相続税の計算事例

問：　「相続税がかかる財産」の価額の合計額が1億2,000万円、「債務・葬式費用」の合計額が2,000万円である場合の相続税額の計算方法を説明してください。
　　　なお、相続人は妻と子2人で「相続税がかかる財産」の分割及び「債務・葬式費用」の負担状況は次の表のとおりです。

相　続　人	妻	子	子	合計
相続税がかかる財産	1億円	1,000万円	1,000万円	1億2,000万円
債務・葬式費用	2,000万円	－	－	2,000万円

答：　次のとおり計算します。

【各人の課税価格の計算】
妻　　　　1億円　－　2,000万円　＝　8,000万円
子　　1,000万円　－　　　0万円　＝　1,000万円
子　　1,000万円　－　　　0万円　＝　1,000万円

> 各人ごとに相続税がかかる財産の価額から債務・葬式費用の金額を差し引いて計算します。

【課税価格の合計額の計算】
8,000万円　＋　1,000万円　＋　1,000万円　＝　1億円

> 各人の課税価格を合計した金額が「課税価格の合計額」となります。

【課税遺産総額の計算】
　　課税価格の合計額1億円から、遺産に係る基礎控除額4,800万円（3,000万円＋600万円×3人）を差し引いた金額、5,200万円が課税遺産総額となります。

　　1億円　－　4,800万円　＝　5,200万円

> 遺産に係る基礎控除額は、次により計算します。
> （3,000万円＋600万円×法定相続人の数）
> ※「法定相続人の数」については2ページ参照

【相続税の総額の計算】

課税遺産総額（5,200万円）

妻 $\left(\frac{1}{2}\right)$ 2,600万円	子 $\left(\frac{1}{4}\right)$ 1,300万円	子 $\left(\frac{1}{4}\right)$ 1,300万円

まず、課税遺産総額5,200万円を法定相続分（「法定相続人の数」に応じた相続分）であん分します。
次に、あん分したそれぞれの金額に税率を掛けて税額を計算します。

↓ （×税率）	↓ （×税率）	↓ （×税率）
340万円	145万円	145万円

> 具体的には前ページに記載されている「相続税の速算表」を使用して計算します。

計算したそれぞれの税額を合計した金額が相続税の総額となります。

↓ 相続税の総額　630万円

【各人の納付すべき相続税額の計算】
　　相続税の総額を課税価格の合計額に占める各人の課税価格の割合であん分します。

妻504万円	子63万円	子63万円

　　あん分した税額から、各種の税額控除の額を差し引きます。この事例では「配偶者の税額軽減」（次ページのロ参照）のみ適用があったとして計算します（配偶者の税額軽減額は504万円）。

（実際に納付する相続税）

妻　0円	子63万円	子63万円

（出典）国税庁ホームページ「相続税の申告のしかた」より

3 相続前贈与の加算期間の改正と経過規定

（相法19、相令 4 、改正法附則19①②③）

令和 6 年 1 月 1 日以後の贈与から、相続開始前贈与の相続財産への加算期間が 3 年から 7 年に延長されます。経過規定があり、令和13年 1 月 1 日以後の相続から 7 年加算に完全移行されます。延長 4 年分の贈与については100万円控除した額が加算されます。

1 相続開始前 3 年内の贈与加算を 7 年内加算に延長

富裕層が相続税の負担軽減のために、毎年相続人等へ、高額の財産の贈与を繰り返していることは租税平等原則に反するとして、「相続税と贈与税の一体化」が検討されていましたが、いよいよ令和 6 年 1 月 1 日以後の贈与から、相続開始前に行われた暦年課税による受贈財産を相続財産へ加算する期間が、相続開始の日前 3 年から 7 年に延長されることになりました。

つまり、相続又は遺贈により財産を取得した者が、相続の開始前 7 年以内に被相続人から贈与により財産を取得したことがある場合には、原則として、その贈与により取得した財産（加算対象贈与財産）の価額を相続税の課税価格に加算して相続税額の計算をすることになります。

なお、110万円の基礎控除分も加算されますが、改正前の 3 年から延長される 4 年間に受けた贈与については、少額の贈与に考慮して、期間延長された 4 年間の加算対象額から総額で100万円を控除した残額が、相続税の課税価格に加算されることになります。

改正された相続時精算課税と異なり、暦年課税の場合は 7 年間の基礎控除分も加算されますので、暦年課税による 7 年間の贈与は節税効果が非常に薄くなっています。

◆ 暦年課税の相続開始前加算期間を7年に延長

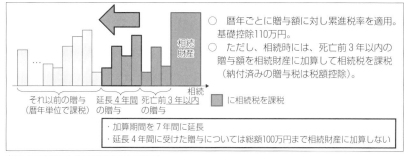

（自民党税制調査会資料を参考に作成）

2　加算対象者は相続等により財産を取得した人に限定

　「被相続人から相続又は遺贈によって財産を取得した者」についてのみ相続開始前7年以内に贈与を受けた財産が加算されますので、相続を放棄した者や、被相続人から遺贈等によって財産を取得しなかった孫や相続人の配偶者などが、相続開始前7年以内に被相続人から贈与を受けた財産については、従前どおり加算されません。

　加算期間が長くなったといっても、遺贈等により財産を取得しなかった者への相続開始前贈与は直前であっても効果が大きいままですから、活用すると大きな節税ができます。

3　加算される場合の経過措置

　この改正には経過規定が設けられています。令和9年1月1日までの相続については従来どおり3年以内加算のままですが、それ以後の相続から3年超の期間の贈与分が相続財産に加算されることになります。

　令和5年中に贈与を受けた分は3年以内加算の対象ですが、令和6年1月1日から亡くなった日までの贈与はすべて7年以内加算の対象となりますので、結果として、令和9（2027）年1月1日以後

は相続開始の日から加算される期間が徐々に延長され、令和13（2031）年1月1日以降は被相続人の相続開始の日から遡って7年間の贈与財産が相続税の課税価格に加算されることになります。例えば、次の資料図をご覧いただくと、経過措置がよくわかります。

◆ 相続前贈与の加算期間の延長に伴う経過措置

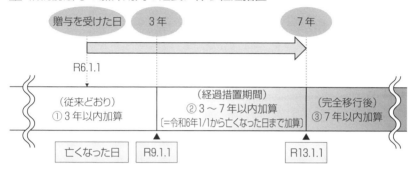

（自民党税制調査会資料を参考に作成）

4　贈与は年末まで待たず早めにする方が有利

　贈与税においては、1月1日から12月31日までに贈与を受けた財産の総額について翌年3月15日までに申告します。1月1日に贈与を受けても12月1日に贈与を受けても、その年の基礎控除額は110万円で贈与税額も同じです。しかし、相続税の課税価格への相続開始前7年以内の贈与財産の加算は相続開始の日からの期間で判定されますので、同じ年に贈与をするならできるだけ早い方が有利といえるでしょう。

4 相続時精算課税制度のあらまし

(相法21の9〜21の16)

> 相続時精算課税制度とは、子又は孫に対する贈与税の特例で2,500万円まで特別控除があり、贈与者の相続時にこの贈与財産が加算されて相続税額が計算されるものです。つまり、贈与税・相続税を通じて精算する課税が行われる制度です。
>
> なお、令和6年1月1日以後の贈与から相続財産に払戻しのない基礎控除110万円が創設されています。

1 相続時精算課税制度のあらまし

　贈与を受けた人は暦年課税に係る贈与税の申告を行うか、相続時精算課税制度の適用を受けて贈与税の申告を行うかを選択します。

　相続時精算課税制度を選択した場合は、その他の財産と区分して、贈与者各自からの贈与財産の価額の合計額をもとに計算した贈与税の申告を行い、納税します。相続時精算課税適用者の贈与税の計算については、令和6年1月1日以後の贈与から基礎控除110万円を控除後、特別控除額が2,500万円あり、この2,500万円を超えた場合には、その超えた部分の金額に対して20％の税率と定められています。

　その後、相続が発生した時に、基礎控除後の贈与財産の課税価額と相続により取得した財産とを合計した価額をもとに、相続税額を計算します。つまり、相続時精算課税制度を選択した人は、父母又は祖父母の相続時にそれまでの相続時精算課税の適用を受けた毎年の基礎控除後の贈与財産を合計し、相続財産と合わせて相続税額を計算するのです。

　なお、相続時精算課税適用者が、相続や遺贈によって財産を取得しない場合であっても、被相続人から取得した相続時精算課税適用

財産の基礎控除後の価額は相続又は遺贈により取得したものとみなされ、相続税がかかります。こうして計算した相続税額から、二重課税とならないように、すでに支払った贈与税額を控除します。もし相続税額から控除しきれない贈与税相当額があれば、還付を受けることができます。つまり制度の名前どおり、相続のときに、贈与税と相続税との間の精算を行うという仕組みです。

2　相続時精算課税制度適用対象者は子又は孫に限る

　非上場株式等についての納税猶予の適用を受ける場合を除き、相続時精算課税制度は満60歳以上である父母及び祖父母から、満18歳以上の推定相続人である子（代襲相続人も含まれ、養子も可。）及び孫に対する贈与に限り適用されます。人数に制限はなく、受贈者がそれぞれ別々に選択することもできますし、父母又は祖父母についてもそれぞれの贈与者ごとに選択することができます。

　暦年課税に係る贈与については、受贈者ごとにその年に受けた全ての人からの贈与財産を合計して贈与税を計算しますが、精算課税に係る贈与については、ここから切り離して贈与者ごとに計算し、その贈与者に相続が発生するまで合算して、贈与税を計算します。

3　申告が必要・加算する価額は贈与時の価額

　相続時精算課税制度の適用を受けようとする人は、贈与を受けた年の翌年2月1日から3月15日までの間に、相続時精算課税制度を選択する旨の届出書を、提出する必要があります。基礎控除を超える贈与の場合には贈与税の申告書を提出しなければなりません。

　一度この精算課税制度を選択すると、その贈与者からの贈与については相続発生時まで継続して適用され、暦年課税に係る贈与に戻

ることはできず、贈与の回数や財産の種類、１回の贈与金額、贈与
の期間などに制限はありません。また、令和６年１月以後は暦年課
税に係る贈与とは別に、毎年の110万円の基礎控除があり、この基
礎控除後、特別控除の2,500万円に達するまでは何度でも無税で贈
与できます。さらに、この基礎控除部分については相続財産に持ち
戻しされません。

　なお、相続財産は相続発生時の価額で計算しますが、合算される
贈与財産の価額は贈与された時の課税価格で加算します。ここがこ
の制度の大きなポイントです。結果として、贈与時点と比較して、
相続時に贈与財産が値上がりしていれば相続税負担は軽くなり、値
下がりしていれば相続税負担は重くなるからです。

◆ 相続時精算課税制度の税額計算の流れ

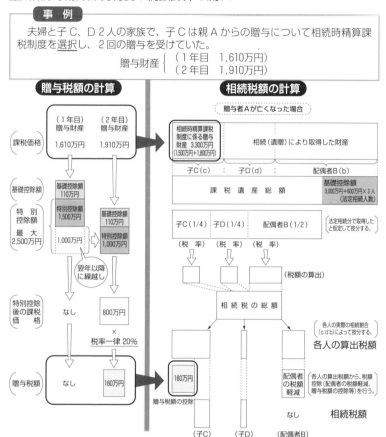

　相続税のかかる直系血族にとっては、110万円の基礎控除を超え
る場合、相続時精算課税制度を選択して贈与するかどうかは難しい
判断ですね。

4　贈与する人の立場で相手ごとに選択する

　贈与する側から見ると、3〜7年以内に相続が発生しないことを

前提とする場合、相続時の相続税負担を軽減する対策としては、原則として贈与については暦年課税を選択する方が有利です。また、直近の相続が予想される場合や基礎控除110万円の贈与のみをする場合には、毎年の基礎控除を控除できる精算課税制度が有利でしょう。ただし、相続発生まで3～7年を超えると予想される場合でも、将来値上がりする可能性の高い財産や着実に収入を生む財産を生前に早期に一括して移転するために、相続時精算課税制度を選択するのもよいでしょう。

　相続時精算課税制度は、贈与を受けた受贈者が別々に、贈与者を各人ごとに区別して選択できます。例えば、父、母、父方の祖父母、母方の祖父母それぞれからの贈与につき相続時精算課税制度を選択すると、基礎控除後、何と最高で2,500万円×6人＝1億5,000万円まで無税で贈与してもらうことができます。非上場株式等の納税猶予を除き（以下同じ）、それ以外の人からの贈与については精算課税制度の適用はありませんので、暦年課税での申告になります。

　そうすると、父、母、父方の祖父、母方の祖父、父方の祖母、母方の祖母からの贈与については、暦年課税制度の①特例贈与財産と②一般贈与財産、相続時精算課税制度の③一般贈与財産と④住宅取得等資金贈与、⑤住宅取得等資金贈与非課税措置、⑥教育資金一括贈与非課税措置、⑦結婚・子育て資金一括贈与非課税措置、という7つの贈与税の計算方法が考えられます。

　このように多種多様な贈与がありますので、贈与をする際にはどの特例が適用できるのか、どの制度を選択すればベストなのか、綿密な検討が必要でしょう。

5 相続税における財産評価の仕組み

(評基通11〜14、21、25〜27-2、37、47、89、129、169、179、203、214等)

　相続税法では、ごく一部の財産について特別な評価方法を定め、そのほかの財産は「時価による」としています。国税庁では財産評価基本通達によって個々の財産の具体的な評価方法を示し、一般に公表しています。

1　相続財産の評価の仕組み

　相続財産の価額は、原則として、相続開始の時の時価で評価します。しかし時価がいくらなのか、納税者には簡単にはわかりません。そこで、国税庁では全国共通の評価方法として「財産評価基本通達」を定めています。その通達による主な財産の評価のあらましは、次のとおりです。

　令和6年1月1日以後は、居住用区分所有財産（マンション）の評価について評価通達が改正されますのでご注意ください。

(1)　不動産の評価方法

①　宅地の評価方法

　宅地の評価方法として、路線価方式と倍率方式という2つの方法が定められています。

　路線価方式とは、路線価が定められている地域の評価方法です。路線価とは、各国税局により定められている路線（道路）に面する標準的な宅地の1㎡当たりの価額のことです。

　宅地の価額は、原則として、路線価をその宅地の形状等に応じた各種補正率（奥行価格補正率、側方路線影響加算率など）で補正した後、その宅地の面積を掛けて計算します。

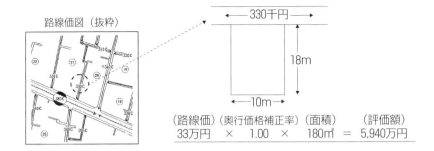

路線価図（抜粋）

330千円

18m

10m

（路線価）（奥行価格補正率）（面積）　　（評価額）
33万円　×　1.00　×　180㎡　＝　5,940万円

　倍率方式とは、路線価が定められていない地域の評価方法です。この場合の宅地の価額は、原則として、その宅地の固定資産税評価額に一定の倍率を掛けて計算するとされています。なお、倍率は国税局の定めた「評価倍率表」で確認します。

評価倍率表（抜粋）

（固定資産税評価額）（倍率）　　（評価額）
1,000万円　×　1.1　＝　1,100万円

固定資産税評価額に乗ずる倍率等						
宅地	田	畑	山林	原野	牧場	池沼
倍	倍	倍	倍	倍	倍	倍
路線	比準	比準	比準	比準		
1.1	純13	純22				
1.1	純11	純16	純19	純20		

(注)評価倍率表の「固定資産税評価額に乗ずる倍率等」の「宅地」欄に「路線」と表示されている地域については、路線価方式により評価を行います。

② 　借地権等の評価方法

　借地権等については、次のとおりに定められています。

　　・借地権…原則として、路線価方式又は倍率方式により評価した
　　　　　　　価額に借地権割合を掛けて計算します。

　　・定期借地権…原則として、相続開始の時において借地権者に帰
　　　　　　　　　属する経済的利益及びその存続期間を基として計
　　　　　　　　　算します。

③ 貸宅地の評価方法

・貸宅地…原則として、路線価方式又は倍率方式により評価した
価額から、借地権、定期借地権等の価額を差し引いて
計算します。

④ 田畑又は山林の評価方法

原則として、固定資産税評価額に一定の倍率を掛けて計算します。
ただし、市街地にある田畑又は山林については、原則として付近の
宅地の価額に比準して計算します。

⑤ 家屋の評価方法

原則として、固定資産税評価額により評価します。この固定資産
税評価額は市町村が決定するのですが、新築家屋の場合は取得価額
の概ね60%以下であることが多いようです。さらに、その家屋を賃
貸に供している場合には、借家権割合※を控除できます。

※ 現在の借家権割合は全国一律30%となっています

⑥ 賃貸建物等の敷地である土地の評価方法

借地権や借家権が考慮された貸家建付地として、次の算式により
評価します。

自用地価額×（1−借地権割合×借家権割合×賃貸割合）

(2) **居住用区分所有財産の評価**（令和6年1月1日以後の相続・贈
与等から）

① 一室の区分所有権に係る敷地利用権の価額
自用地価額 × 一定の補正率

② 一室の区分所有権の価額
自用家屋の価額 × 一定の補正率

③　一定の補正率

　　評価水準（1÷評価乖離率）が0.6未満の場合

　　補正率　＝　評価乖離率　×　0.6

⑶　上場株式の評価方法

　原則として、次の①から④までの価額のうち、最も低い価額によります。

①　相続の開始があった日の終値

②　相続の開始があった月の終値の月平均額

③　相続の開始があった月の前月の終値の月平均額

④　相続の開始があった月の前々月の終値の月平均額

⑷　取引相場のない株式・出資の評価方法

　原則として、その会社の規模の大小、株主の態様、資産の構成割合などに応じ次のような方式により評価します。具体的には「取引相場のない株式（出資）の評価明細書」を用いて評価します。

①　類似業種比準方式（原則として大会社）

②　純資産価額方式（原則として小会社）

③　①と②の併用方式（原則として中会社）

④　配当還元方式（原則として同族株主以外の株主）

⑸　預貯金の評価方法

　原則として、相続開始の日現在の預入残高と相続開始の日現在において解約するとした場合に支払を受けることができる既経過利子の額（源泉徴収されるべき税額に相当する額を差し引いた金額）との合計額により評価します。

　被相続人が出捐して管理・運用していた場合には、名義を問わず相続財産として課税対象となります。

(6)　事業用の機械や家庭用財産・自動車等の評価方法

　原則として、事業用の機械・器具、家庭用財産・自動車、書画・骨とう等については、類似品の売買価額や専門家の意見などを参考にして評価します。

(7)　保険事故が発生していない保険契約

　保険支払事由（死亡等）が発生していない保険契約は、原則として、相続開始の日現在において解約した場合の返戻金相当額により評価します。預貯金と同様、契約者のいかんを問わず、被相続人が保険料負担者である場合には、相続財産とみなされて相続税の課税対象となります。

6 相続税を計算するには相続財産の確定が重要

（相法11、13、14）

相続税の申告をするには「財産の確定」をしなければなりません。不動産、金融資産、みなし相続財産などの「プラスの財産」から、借入金や未払租税公課などの「マイナスの財産」の調査をきちんと行い、確定した財産をもとに相続税を計算します。

1 課税相続財産の範囲

国税通則法の改正により今や課税当局は、裁判において課税根拠を立証できるかどうかに着目して調査を行うようになってきました。相続財産については被相続人名義の財産だけでなく、被相続人が形成し管理・運用している家族名義の財産についても、「名義借財産」として相続税の課税対象となります。

相続税を計算するには、まず、被相続人自身が形成し管理している被相続人名義の財産と、被相続人自身が形成し管理しているけれども家族名義になっている財産を課税相続財産として確定します。次に、家族自身が贈与等により形成し自己管理・運用している家族名義財産は名義人固有の財産であることを証明できるよう、きちんと証拠を揃えていきます。

2 資料を取り寄せ調査し、財産を確定する

預貯金、不動産、株式・投資信託・債券及び非上場株式等を含めた有価証券、自動車、会員権、貴金属などのさまざまな財産につき、証明書や公的書類及び原始資料や届出書等の関連書類を集めます。

① 不動産の確定

不動産を把握するためには、まずは固定資産税台帳（名寄帳）や

登記事項証明書、公図、地積図等で確認を取りますが、これらが必ずしも現状と合致しているわけではありません。また、これらでは得られない情報がありますので、現地確認をする必要があります。

　固定資産税の課税明細書などを確認していると、すでに死亡している先代名義の不動産を発見することがあります。この場合、先代名義の不動産は誰のものなのかは慎重な検討が必要です。先代名義の不動産について、遺産分割協議などが調っていない場合には、先代の共同相続人による法定共有状態になっていますので、法定共有持分に相当する部分については相続財産として申告することになりますのでご注意ください。

　また、小規模宅地等についての課税価格計算の特例（第2章第2節**4 5**参照）の適用を受けることができるかどうかについての確認と、相続した宅地等に対して誰がこの特例の適用を受けるかなどについては、緻密に考慮し判断しなければなりません。

②　金融資産の確定

　預貯金や有価証券などの金融流動資産については、金融機関から相続開始日における残高証明を入手します。その金融機関との全ての取引に関する残高を確認する必要がありますので、預金残高の証明書だけでなく、全ての取引に関する残高証明書を金融機関に請求することになります。預金以外に借入金、出資金、投資信託、生命保険契約等の残高も、同様に証明書に記載されます。

　原則として、証券会社に口座を開設している加入者の情報は証券保管振替機構（以下「ほふり」）に登録されています。ほふりに相続人が登録済加入者情報の開示請求を行えば、有価証券の様々な情報がわかり、所有する株式の銘柄がわかれば、株主名義管理人に対し株式の残高証明書や異動明細書を依頼することができます。被相続人の住所に届くこの証明書により有価証券の残高を確定します。

最後に、誰のものかが問題となりやすいこれらの金融資産等については一覧表でまとめて、相続人一同できちんと確認します。なお、通帳は直近のものだけでなく古い分も必要となりますので、捨てずに保管しておいてください。なぜなら、金融機関は10年間の取引履歴を残すことが法的に義務付けられていますので、被相続人の預貯金の動きも10年間は調査できるからです。

③　国外財産の確認

　被相続人が仕事などで海外に居住していたような場合には、その国において預貯金などの金融資産が残されている事例もよくあります。相続人が知らない海外の金融資産があるかもしれませんので、きちんとした調査が必要です。

④　生命保険契約等の確認

　被相続人が保険料を負担していた死亡保険金についても相続税がかかりますので、死亡保険金を請求する前に保険契約者や保険金受取人が明らかになるよう保険証券のコピーをとっておきます。

　また、被相続人が保険料を負担していた、保険事故が発生していない生命保険契約や損害保険契約等についても相続税がかかりますので、解約返戻金等の算出につき保険会社に依頼します。特に注意すべきは保険契約者以外の人が保険料を負担していた場合です。保険契約者ではなく保険料負担者の相続財産とされますので、誰が保険料を負担していたかをきちんと確認します。

⑤　控除できる債務の確認

　相続財産から控除すべき債務は確実と認められるものに限られます。一般的に債務控除対象となるものは、被相続人が死亡の際に現存していた借入金等のほか、亡くなるまでの医療費等や、被相続人に係る所得税、固定資産税等の未払いの租税公課等となっています。

その他にお通夜やお葬式の費用も控除できますが、領収書がなくても、支払金額や支払事由、支払先の名前や住所等がわかり確実に支払ったと確認できれば戒名代、お葬式当日の僧侶へのお礼なども債務控除することができます。

3 贈与があったかどうかの確認

金融資産にせよ、不動産にせよ、名義のいかんを問わず被相続人の財産か、贈与してもらった家族固有の財産かは、相続財産の確定上、非常に重要な問題です。相続税調査において、課税当局との見解の相違によるトラブル事例が多発するのが家族に対する贈与です。

「贈与」とは民法上の契約であり、贈与者が明確な判断のもとに財産の引渡しを行い、受贈者がその贈与を受諾し自由に使うことができて、初めて贈与（片務諾成契約）が成立しているのです。

贈与の立証のポイントは財産の引渡し、贈与契約書及び贈与税の申告書です。その贈与契約書に贈与者と受贈者それぞれの自署・押印があり、さらに公証役場の確定日付があれば、時期についてもより確実になります。相続税調査の際には非常に強力な贈与事実の証明になります。生前にきちんと準備されていれば安心です。

4 相続財産の確定が申告業務のスタート

相続税の申告をするためには、まず、上記で説明した不動産、金融資産、国外財産、生命保険契約などの他、非上場株式、事業用財産、死亡退職金、貸付金、その他の未収財産といった「プラスの財産」から、借入金や租税公課等の未払い分などといった債務「マイナスの財産」の調査をきちんと行います。そして、相続財産を確定したうえで相続税の申告書を作成することになります。

第 **2** 章

もめない相続 困らない相続税
のためのQ&A

1 相続が複数回あった場合、相続人になるのは誰ですか？

（民法887、889、900、901）

Question

　私の母は三人姉妹の長女でしたが父と私と弟を残して10年前に亡くなりました。その後、3年前に祖父が亡くなり、今年次女の叔母も、夫と二人の息子を残して亡くなりました。現在、三女の叔母が祖父の遺産分割をしたいといっているのですが、どう分けたらよいかわからず困っています。どうすればいいのでしょうか？

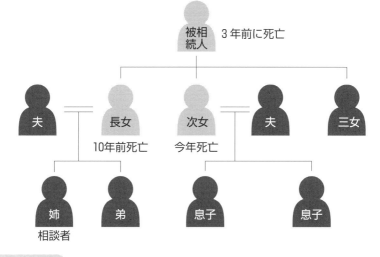

Answer

（POINT）

❶ 被相続人の生前に推定相続人が死亡した場合は代襲相続する

❷ 兄弟姉妹である場合は代襲相続は一代限りとなる

❸ 遺産分割前に相続人が死亡した場合、亡くなった人の相続人が承継する

1 代襲相続とは

(1) 子の代襲相続

　被相続人に子がいる場合、その子（ここでは、「被代襲者」といいます。）が相続人となるのが原則です。しかし、その被代襲者が被相続人より先に死亡してしまっている場合、被代襲者自身が相続人となることはできません。そのような場合に、被代襲者の子（被相続人から見ると孫）が被代襲者に代わって相続人となることができる制度が代襲相続です。

　もし被相続人の死亡時に、代襲相続人となるべき孫も先に死亡している場合は、孫の子（被相続人から見るとひ孫）が孫を再度代襲して相続人になることになります。ひ孫以下の直系卑属であっても、世代数の制限はなく代襲相続人となることが可能です。このような制度を、「再代襲」といいます。

　この代襲相続は、代襲相続人となるべき立場の者が被相続人の直系卑属である場合にしか認められていません。したがって、被代襲者の配偶者は被相続人の直系卑属ではありませんから、被代襲者が被相続人より先に亡くなっている場合には、配偶者は代襲相続人となることができないのです。本設例の長女の場合はこれに該当し、長女の二人の子が代襲相続人となります。

(2) 直系尊属の代襲相続

　直系尊属は被相続人に子がいない場合に相続人になりますが、代襲相続の規定の適用はありません。直系尊属は、代襲ではなく、親等の最も近い者だけが相続人となるためです。仮に亡くなった人の父が死亡しており父方の祖父母が存命でも、母が存命であれば母のみが相続人となるのです。

(3) 兄弟姉妹の代襲相続

兄弟姉妹にも代襲相続が認められています。ただし兄弟姉妹の場合は再代襲までは認められていませんので、代襲相続人となることができるのは被相続人の甥・姪までであり、甥や姪の子は代襲相続人となることはできません。

(4) 代襲相続人の相続分

代襲相続人は、被代襲者が相続するはずであった相続分を受け継ぎます。一人の被代襲者に対して代襲相続人が複数いる場合は、被代襲者の相続分を、各代襲相続人の相続分に従ってあん分することになります。

本設例の長女の場合、亡くなった長女の相続分は亡くなった祖父の相続財産の3分の1ですから、相談者と弟の代襲相続人としての相続分は各自6分の1ということになります。長女の夫は、被相続人の直系卑属ではないため、代襲相続人にはなりません。

2　代襲相続の注意点

代襲相続は、被相続人の生前に推定相続人が死亡している場合にのみ生じるものではありません。推定相続人が著しい非行や被相続人に対する虐待等を行ったとして相続人資格を奪う廃除や、遺言書を偽造した場合等の相続欠格の場合にも代襲相続は生じるのです。

廃除や欠格は、各推定相続人個人の問題を原因とするものですから、さらにその子の責任までは問われません。仮に著しい非行があった推定相続人の廃除を家庭裁判所に申し立て、これが認められたとしても、その推定相続人に子がいれば、その推定相続人の家系に対する相続分は変わらないという結論になります。

一方、相続が起こった後に相続人の内1名が家庭裁判所に対して

相続放棄をした場合は、最初から相続人でなかったということになり、代襲相続も当然生じません。

3 数次相続とは

(1) 数次相続の基本

　代襲相続とは異なり順次相続が起こったにもかかわらず、前の相続において遺産分割協議が行われていなかったため、結果として相続人の範囲が広がってしまう場合を、数次相続といいます。数次相続は、相続法の基本どおりのパターンであるため法律に特別の規定があるわけではありません。しかし、代襲相続との区別を明確にするために、特にこのように呼称されており、人によっては「再転相続」といういい方をする人もいます。

　本設例の次女の場合はこれに該当し、先に亡くなった被相続人（祖父）の相続分を次女が有したまま死亡していますので、次女の相続財産には祖父の相続財産に対する相続分が含まれます。このため次女の相続人が、祖父の相続における当事者になるのです。

(2) 数次相続における相続分

　数次相続における相続人は、亡くなった相続人が相続するはずであった相続分を、亡くなった人の相続における相続分に従って取得することになります。

　本設例においては、亡くなった次女の相続分は、亡くなった祖父の相続財産の3分の1ですから、次女の夫と二人の息子の三人が、次女の相続人として、被相続人である祖父の相続における相続権利者となります。各自の祖父の相続における相続分は次女の夫が6分の1、次女の息子二人が12分の1ずつになります。

2 父に隠し子がいるかどうかは、どうすればわかりますか？

（不動産登記規則247、戸籍法）

Question

　亡くなった父は昔から女性関係が派手で、親戚の間では「隠し子がいたのではないか」という噂もあります。父に隠し子（婚外子）がいるのであれば、相続分もあるので困っています。どのようにすればいるかどうかがわかるのでしょうか？

Answer

（POINT）

　❶　相続人を明らかにするためには戸籍を調査する必要がある

　❷　被相続人の出生から死亡までの連続した戸籍を集める

　❸　身分事項欄には婚外子も記載されている

1　相続人を調査する必要

　相続人は、配偶者や子、直系尊属や兄弟姉妹ですから、普通はよく知っている場合がほとんどです。しかし、自分が生まれる前に両親が再婚しており、前の配偶者との間に実子がいたようなケースも存在します。実際に不動産登記の変更や金融機関での預貯金の解約等を行う場合には、公的な書類によって相続人の全員を明らかにする必要があります。

2　相続人を調査する方法

⑴　戸籍による調査

　相続人を確定するためには戸籍を用います。日本の戸籍は正確性や連続性を重視して作成されているため、戸籍をそろえることに

よって容易に相続人が誰であるかを特定することができます。

⑵　配偶者の存在

　被相続人の最も新しい戸籍（現在戸籍）を見ることで、被相続人に配偶者がいるかいないかが判明します。

⑶　子の存在

　子の存在を確認するためには、被相続人の出生から死亡までの全ての戸籍を取得する必要があります。出生から死亡までの戸籍を期間の空白なく取得すれば、被相続人自身の身分行為等の全てが明らかになるからです。

　被相続人に嫡出子がいる場合、被相続人の属している戸籍に子の項目が増え、父母の記載がされます。多くの人が戸籍を見れば子がわかるといわれて想定するのはこのケースになるでしょう。養子の場合も、基本的には同様にわかります。

　では、被相続人に非嫡出子がいる場合はどのように記載されるのでしょうか？

　多くの場合、母親側の戸籍には嫡出子の場合と同様「子」として項目が増える記載がされますが、認知のみをした父親側の戸籍には、子としての項目は増えません。これは、一人の人が属することのできる戸籍は一つだけであることが理由です。しかし父親の戸籍だけを見ても、非嫡出子を認知したことが判明しないということはありません。子を認知した場合、身分事項欄にはその旨が記載されますので、しっかり確認すれば認知した非嫡出子がいるかいないかも、父親側の戸籍だけで確認することが可能です。もっとも、昔の戸籍は身分事項欄が細い欄に手書きの縦書きで記載されているため、読み飛ばしてしまうこともあり、注意が必要です。

⑷　直系尊属の存在

　被相続人の出生から死亡までの全ての戸籍を確認しても子がいない場合、次の順位の血族相続人を探すことになります。第2順位の血族相続人は直系尊属であり、もっとも近い親等のものの生存の記載があれば問題ありません。被相続人の年齢にもよりますが、多くの場合は両親の死亡が確認できれば、現在は直系尊属が存在しないと判断できる例が大半でしょう。もちろん、被相続人が幼児であるような場合は例外です。

⑸　兄弟姉妹の存在

　被相続人に子及び生存する直系尊属のいずれも存在しないことが判明した場合、戸籍調査はより煩雑になります。第3順位の血族相続人は被相続人の兄弟姉妹であるため、被相続人の兄弟姉妹全員の存在を戸籍で明らかにする必要があるからです。

　被相続人の兄弟姉妹ということは、被相続人の両親いずれかの子ということになります。そのため兄弟相続の場合は、全ての兄弟姉妹の存在を明らかにするために、被相続人の両親の出生から死亡までのすべての戸籍を集めなければなりません。被相続人の両親の戸籍から兄弟姉妹が明らかになれば、各兄弟姉妹が現在も生存していることを明らかにするため、各兄弟姉妹の現在の戸籍を取得する必要があります。仮に、すでに死亡している兄弟姉妹がいる場合は、その代襲相続人（その兄弟姉妹の子）を確定するために、すでに死亡した兄弟姉妹の出生から死亡までの連続した全ての戸籍をそろえることが必要になります。

3　戸籍の種類

　一口に「出生から死亡までの連続した戸籍」といういい方をしま

すが、戸籍にはさまざまな種類のものがあり、これをそろえるのも容易なことではありません。

　戸籍には以下のような種類があり、それぞれの戸籍を個別に取得する必要があります。

戸籍謄本 （戸籍全部事項証明書）	その戸籍に生存している人が1人でもいる場合の戸籍
改製原戸籍	戸籍の様式変更や電子化によって行政で改めて戸籍を作り直した場合のもともとの記載事項を明らかにする戸籍 新戸籍に切り替わる際には、その時点で有効な情報しか反映されないため、切替え以前の情報（切替え以前に配偶者がいたが離婚した、切替え以前に戸籍に子がいたが婚姻によって子が新戸籍を作って離脱した、等）はこの原戸籍によって明らかにする必要がある
除籍謄本	その戸籍に生存している人が1人もいない場合の戸籍

　このように戸籍をもれなく集めるのは手間がかかり、戸籍の見落としの危険性も高いため、弁護士や司法書士等の専門家に相談してみることをお勧めします。

4　法定相続情報証明制度の活用

　登記所（法務局）に戸除籍謄本等の束を提出し、併せて相続関係を一覧に表した図（法定相続情報一覧図）を提出すれば、登記官がその一覧図に認証文を付した写しを無料で交付してくれます（法定相続情報証明制度）。その後の不動産の相続登記や預貯金の名義変更や解約といった各種の相続手続には、法定相続情報一覧図の写しを利用することができます。法定相続情報証明制度を利用することによって、従来の相続手続のように戸除籍謄本等の束を何度も出し直す必要がなくなりますので、積極的に活用していきましょう。

ただし、相続税の申告等にも使用する場合には、法定相続情報一覧図に、相続人が被相続人の実子か養子かの別を必ず記載してください。ただ、２割加算の対象となる直系血族以外かどうかの判断は、法定相続情報のみではできませんのでご注意ください。

◆ 法定相続情報一覧図（記載例）

（1） 申請用

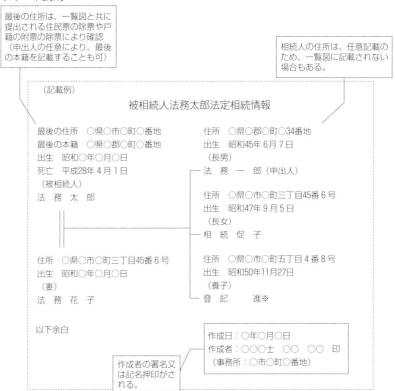

※養子の場合、相続税申告に用いるためには「子」ではなく、「養子」と明記する必要がある。
　なお、直系卑族（孫等）であるかの確認のため、戸籍謄本等を添付しなければならないこともある。

✓　上記のような図形式のほか、被相続人及び相続人を単に列挙する記載の場合もある。
✓　作成はＡ４の丈夫な白紙に。手書きも"明瞭に判読"できるものであれば可とする。
（出典：法務省民事局「～法定相続情報証明制度について～」）

（2）　法定相続情報証明書

（記載例）　　　　　　　　　　　法定相続情報番号　　〇〇〇〇－〇〇－〇〇〇〇〇

被相続人法務太郎法定相続情報

一覧図は、登記所において唯一の番号により保管・管理される。

最後の住所　〇県〇市〇町〇番地
最後の本籍　〇県〇市〇町〇番地
出生　昭和〇年〇月〇日
死亡　平成28年4月1日

（被相続人）
法　務　太　郎

住所　〇県〇郡〇町〇34番地
出生　昭和45年6月7日
（長男）
法　務　一　郎　（申出人）

住所　〇県〇市〇町三丁目45番6号
出生　昭和47年9月5日
（長女）
相　続　促　子

住所　〇県〇市〇町三丁目45番6号
出生　昭和〇年〇月〇日
（妻）
法　務　花　子

住所　〇県〇市〇町五丁目4番8号
出生　昭和50年11月27日
（養子）
登　記　　進

以下余白

作成日：〇年〇月〇日
作成者：〇〇〇士　〇〇　〇〇　印
　　（事務所：〇市〇町〇番地）

√ 法定相続情報一覧図の写しは、偽造防止措置の施された専用紙で作成される。

以下のとおり、申出日を含んだ認証文、一覧図の写しの発行日、登記所名等、登記官印、注意事項が印字される。

頁番号及び総頁数が振られる。相続人が多く、法定相続情報一覧図が2枚以上にわたる場合も想定

これは、令和〇年〇月〇日に申出のあった当局保管に係る法定相続情報一覧図の写しである。

令和〇年〇月〇日
〇〇法務局〇〇出張所

登記官　　　　　〇〇　〇〇　　職印

注）　本書面は、提出された戸除籍謄本等の記載に基づくものである。相続放棄に
　　関しては、本書面に記載されない。また、相続手続以外に利用することはできない。

整理番号　S00000　1／1

（出典：法務省民事局「〜法定相続情報証明制度について〜」を参考に作成）

3 養子縁組をした場合、相続はどうなるのでしょうか？

（民法809、887、相法15、16）

Question

　私はすでに結婚して長男もいましたが、子のいない叔父夫婦と養子縁組をしました。その後に長女にも恵まれましたが、実親の相続や、病気がちの私が叔父夫婦より先に亡くなった場合の相続についてはよくわからず悩んでいます。どう取り扱われるのでしょうか？

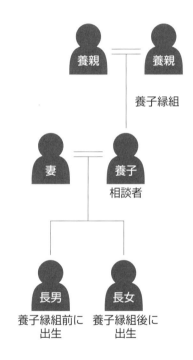

Answer

〈POINT〉

❶　養子と実親との親子関係が終了するわけではない

❷　養子縁組の前に生まれた養子の子は代襲相続人になれない

❸　相続税法の規定と異なり養子縁組に人数制限は存在しない

1　養親と養子における法律関係

　養子と養親は、実の親子関係と同様に法律上は親子としての権利義務を取得します。養子は実子と同様に、養親の第1順位の血族相続人であり、親子として扶養義務等も相互に生じます。

　よく勘違いされている方もおられるのですが、普通養子縁組を結んだからといって養子と実親との親子関係がなくなるわけではありません。養子は、実親と養親という両方の親を持つことになるのであり、養親・実親どちらの相続の場合も相続人となるのです。「次男は母方の家に養子に行ったので、父の相続の際には関係がない」ということをいう人もいますが、法律上は誤りですのでご注意ください。

2　養子縁組と代襲相続

　養子は、代襲相続の場面においては実子と全く同じ扱いを受けないことがあります。

　代襲相続は、被相続人の子や兄弟姉妹が相続人となる場合においてその子等の被代襲者（亡くなった相続人）が被相続人より先に死亡しているときに、被代襲者の子がかわりに相続人となる制度です。しかし、この場合に代襲相続人となることができるのは、「被代襲者の子であって、被相続人の直系卑属である者」に限られるのです。

では、被代襲者の子ではあるが被相続人の直系卑属ではないというのは、どのような場合なのでしょうか？　ここに養子縁組がかかわってくることになるのです。

　民法は、養子は養子縁組の日から養親の嫡出子の身分を取得すると定めています。このため、養子縁組の日より前に生まれていた養子の子は、養親から見ると直系卑属には当たらず、逆に養子縁組の日より後に生まれた養子の子は、養親から見ると直系卑属になるのです。血縁関係では養子の実の子である点は変わらずとも、その出生が養子縁組の前か後かということだけで、代襲相続人としての地位は大きく変わってしまいます。

　本設例において養親である叔父が亡くなり、養子である相談者が財産を相続して、その後相談者が亡くなれば、相談者の長男と長女が養子の財産を子として相続することになります。一方、養親より先に養子が亡くなれば、養親の相続人は代襲相続人である養子の長女のみとなり、養子の長男には養親の財産については一切の相続権がないことになるのです。

3　遺言の必要性

　法律上は、養子縁組の前に生まれた養子の子と縁組後に生まれた養子の子は違うといっても、実際に養子たち家族と生活する養親にとっては同じ孫であるという思いを抱く方が多いでしょう。養親が養子より先に亡くなる場合が多いためあまり問題にはなりませんが、事故等で仮に養子の方が養親より先に亡くなってしまうような場合には、同じ「孫」同士の間で著しい不公平が生じてしまうことになるのです。

　万が一の場合にも、「孫」の間で不公平があって、そのせいでも

めごとが起こらないことを願うのであれば、遺言で養子縁組前に生まれた養子の子にも平等に財産を遺贈しておくといった対策をとっておくことをお勧めします。

4　養子縁組には人数制限がある？

　よく「養子縁組は、実子がいる場合は一人しかできない」、「実子がいない場合も二人までしかできない」という認識を持っている人がいます。しかしこれは法律的には大きな間違いです。養子縁組は、養親となろうとする者と養子となろうとする者が合意すれば、何人とでも結ぶことが可能です。

　最初に挙げた養子の人数制限は、相続税法によって「相続人の数」として基礎控除や税額総額の計算の際に算入することができる相続人の数であって、絶対的な人数制限ではありません。養子縁組をしたいと思えば、民法上は何人でも養子に迎えることができるのです。

　ただし養子は子ですから、養子が増えれば増えるほど、養親の相続の際の相続人の人数が増え、子一人当たりの法定相続分や遺留分が減ることになりますから、養子縁組を行う際にはよく考えてみてください。

　なお、一親等の血族以外の者が遺贈等により財産を取得する等して相続税の納税義務者となる場合には2割加算の対象となりますのでご注意ください。

4 単独では有効な法律行為ができない相続人がいる
場合はどうすればよいでしょうか？

（民法 4 、5 、7 、8 、826、860、863）

Question

　父が亡くなったため、家族で遺産分割をしようと思っています。
母は重度の認知症で私たち子どものこともわからず、遺産分割に加
われず困っています。また、父の生前に相続税のことも考えて、私
の子（亡父から見ると孫）を父母の養子にしていました。この子は
まだ高校 2 年生の未成年です。母や子のために、私が代わりに意思
決定をすると何か支障はあるのでしょうか？

Answer

（POINT）

❶ 遺産分割協議を行うためには、全相続人に意思能力及び行為能力が必要

❷ 意思能力がない相続人には成年後見人を選任してもらう

❸ 18歳未満の未成年者の法律行為は親権者が法定代理人となる
が、利害が対立する場合、親権者は代理権を行使できない

❹ 遺言があれば遺産分割協議を行う必要がない

88

1　意思能力のない人と遺産分割協議

意思能力とは、自らの行おうとしている法律行為等についてその内容を十分に理解し判断できる能力のことをいい、事理弁識能力とほぼ等しいものとされています。この意思能力を欠いた人（意思能力のない人）のした法律行為は、無効とされています。

重度の認知症を患っている方の場合、意思能力を欠くものといわざるを得ません。遺産分割協議も法律行為である以上は、意思能力のない人が相続人中にいる場合に、そのままでは有効な遺産分割協議を行うことはできません。

2　遺産分割調停・審判

遺産分割協議はできないとしても、家庭裁判所における遺産分割調停や審判であれば、意思能力のない人がいる場合でも有効に成立する余地があるのでしょうか？

この点について、家事事件手続法においても民事訴訟法と同様、当事者として認められるためには意思能力を有さなければならないことになっています。このため、意思能力のない人に対しては、そのままでは有効な調停等を起こすこともできないことになるのです。

3　成年後見人

⑴　成年後見人の選任

常に事理弁識能力を欠く人に対しては、本人の利益を守るために家庭裁判所に対して成年後見人の選任を申し立てることができます。成年後見人は、成年被後見人に関する広い代理権を有するため、成年後見人を代理人として、遺産分割協議を成立させることや、遺産分割調停等を有効に係属させることができます。

成年後見人には弁護士等の専門職が選ばれることも、実際に介護等を行ってきた親族等が選ばれることもあります。

(2)　特別代理人の選任

　親族が成年後見人である場合において、成年被後見人と成年後見人が兄弟姉妹であることもありえます。そのような場合に、共通の親の相続が発生すれば、その被相続人の遺産分割協議においては成年被後見人と成年後見人は「同じ遺産を取り合う」間柄となってしまい、双方の利害が対立することもあります。このようなときにも成年後見人に権利を代理行使させれば、成年被後見人に不利な条項で遺産分割協議を成立させる危険性があるため、その代理権に制限を設けています。

　成年後見人の行動を監督する成年後見監督人がいれば、監督人に任せればよいのですが、いない場合にはその利益相反のある法律行為（共通の親の遺産分割協議）についてだけ、別途特別代理人を選任してもらい、その利益相反のある部分については特別代理人に本人代理権を委ねることになります。

　弁護士等の専門家を特別代理人にすると、報酬がかかり、事情の説明等にも時間がかかるため大変です。そのような場合には、無償で特別代理人を引き受けてくれる親族を特別代理人として推薦することがよく行われています。

　家庭裁判所は、このような専門職以外の者が特別代理人となる場合は、本人にとって不利益な遺産分割が行われないように、あらかじめ本人の法定相続分を守る内容の遺産分割協議書案をつけて特別代理人選任の申立てを行うように求めていますので、申立ての前に準備しておく必要があります。

⑶ 成年後見人の職務

　成年後見人又は特別代理人は、本人のために活動することを家庭裁判所から命じられた者です。当然本人の財産についても保存する必要があり、成年後見人がいる場合には、その相続人（成年被後見人）の法定相続分を取得することを主張しなければならないでしょう。少なくとも、成年被後見人が極端に不利になるような遺産分割の内容に合意することはありません。

　また、一度選任されれば、本人が事理弁識能力を回復しなければ、成年後見人を外すことはできません。成年後見人は1年に1回程度、家庭裁判所に本人の財産状況や収支等を報告し、本人の財産を減少させることのないよう尽力しなければならないのです。成年後見人が選任されれば、本人名義で投資や資産運用目的での金銭の借入れを行ったり、贈与等の財産を減少させる行為を行うことも許されなくなります。いわゆる相続税の節税対策行為も、そのほとんどを行うことができなくなるでしょう。

　成年後見人をつけるということは、一時的なものではなく、その後の本人の人生全般にかかわってくる重要な事態なのです。

⑷ 成年後見人の必要性

　本人が意思能力のない人である場合、その利益を守ったり、有効な法律行為を成立させるためには成年後見人の選任が必要です。ただし、成年後見人の選任には期限があるわけではありませんので、慌てて申立てを行わなくてもよいのです。

　もし、意思能力があるうちに自分の面倒を見てくれる後見人や何をしてもらいたいかを決めておきたい場合は、任意後見制度により事前に任意後見人を選んでおくことができます。ただし、実際に後見を開始するためには、任意後見監督人が選任されなければならな

いことにご注意ください。

4　未成年者の行為能力

　未成年者は、法律上は「制限行為能力者」であり、単独で完全に有効な法律行為を行うことができません。

　これは判断力の不十分な未成年者を保護するための措置であり、通常は親権者である親がその未成年者の法定代理人として、その未成年者のために代理で契約したり、意思表示を行うことになります。未成年者が養子である場合は、養親が親権者となります。

5　利益相反と特別代理人

　本設例における家族関係の場合、通常は養親である相談者の母（被相続人の妻）が、高校2年生の養子の親権者として、未成年者のために代理して法律行為を行うことになります。

　しかし、本設例のような相続の場合は、養親と養子は、被相続人の相続財産を取り合う関係になってしまうのです。このように親子の間で利害が対立する場合にも親権者が未成年者の権利を代理で行使できることとしてしまうと、親権者の一存で全相続財産を自由に分配でき、場合によっては親権者が全相続財産を独り占めしてしまう危険性があるのです。

　もちろん、そのようなことを考えない人も多いでしょうが、法律は最悪の事態を防止することを重視していますので、親権者と未成年者の利害が対立する場合には、親権者による権利の代理行使を許さないことにしています。これは3での成年被後見人等の場合と同様です。

　このような場合は、その利益相反のある法律行為（本設例におけ

る遺産分割協議）についてだけ、法定代理人とは別に利害関係のない第三者を「特別代理人」に選任してもらい、親権者と未成年者の特別代理人との間で遺産分割協議等を行うことになります。詳細は成年後見人の特別代理人についての記載をご参照ください。

6 遺言等による対策の必要性

　被相続人の死亡時に全相続財産に関する遺言が存在すれば、あえて遺産分割協議を行う必要はありません。遺言の執行を行って遺言書どおりの分配等を行うだけであれば、話し合いを行うわけではないので、全ての相続人に意思能力や行為能力がある必要がないからです。

　ただし、全ての相続人の遺留分は守られなければなりません。意思能力や行為能力のない人の遺留分をあえて侵害するような遺言書を作成すれば、結局はトラブルの原因となります。意思能力や行為能力のない人の遺留分を確保した遺言書の作成をお勧めします。

　今自分の相続が開始すれば、誰が相続人となるのか、その相続人は遺産分割協議をできる意思能力や行為能力があるのかという点についてきちんと確認をしたうえで、必要があれば遺言書によって事前に対策を取っておくことが重要となります。

5 音信不通の相続人がいます。 どうすればよいでしょうか？

（民法25〜30）

Question

　父の死後、母と姉と私で暮らしていましたが、姉は数年前に家出をし、いまだにどこにいるのかもわからず連絡もつきません。先月母が亡くなり遺産を相続したいのですが、銀行は私だけの手続はできないと拒むので困っています。どうすればいいのでしょうか？

Answer

（POINT）

❶ 相続人が行方不明でも無視して遺産分割はできない

❷ 共同相続人中に行方不明者がいる場合、家庭裁判所に申立てを行って不在者財産管理人を選任してもらう方法がある

❸ 推定相続人中に行方不明者がいる場合は遺言を作成しておく

1　相続人の所在を調査する

　相続人は、被相続人の全部の戸籍等の取寄せを行い、相続人が誰であるかを確定させる必要があります。そして、相続人の戸籍やその附票を取り寄せ、各相続人の住民票上の住所を調査することも可能です。戸籍の取寄せ等については一定の専門知識を要する面もありますので、不安であれば弁護士や司法書士等の専門家に相談してもよいでしょう。

　そのような調査をして、自分以外の相続人の住民票上の住所等が判明すれば、その住所に向けて連絡を取り、遺産分割協議の成立を目指すことになります。しかし、中には住民票の住所を全く動かさ

ないまま転居を行う人もいるため、戸籍等で調査を行ってもその相続人の所在がわからず連絡も取ることのできないケースも存在します。特に外国に居住している人の場合は、海外の住民登録等は日本には登録されていないため、住所の詳細が不明である状態になってしまいます。

2　不在者財産管理人

⑴　遺産分割協議を行うためには

　遺産分割協議を行うためには、相続人全員の合意を形成する必要があり、行方不明者がいる場合は「全員」の合意を行うことは不可能になってしまいます。その相続人が7年以上の生死不明であれば失踪宣告の制度を利用することも考えられますが、少しでも生存の可能性があるのであれば、あまりお勧めできません。

　したがって、相続人中に行方がわからなかったり、連絡が取れない人（不在者）がいる場合に遺産分割協議を行うためには、以下に説明する不在者財産管理人をおくことになります。

⑵　不在者財産管理人の選任

　不在者財産管理人とは、住所の不明な者で財産の管理人もいない場合に、その者のために財産を管理する者で、遺産分割等における行方不明者の代理権を有しています。不在者財産管理人を置くためには、利害関係人が家庭裁判所に選任を申し立てる必要があり、予納金として申立人が数十万円の納付を求められることもあります。

　不在者財産管理人の選任には一定の時間がかかりますし、選任された管理人は不在者の財産や予納金から報酬の支払いを受けることもできます。不在者の配偶者に連絡が取れる場合には、この配偶者を不在者財産管理人に推薦すれば選任してもらえることが多いよう

です。配偶者等にも連絡がつかない場合は、弁護士が管理人として選ばれることが通常です。

　不在者分の相続財産等が十分な額であれば納めた予納金は返ってきますが、不在者の財産がわずかしかなければ予納金は返ってきません。そのような場合でも、行方不明者と遺産分割協議をするためには、不在者財産管理人を選任してもらうしかないのです。

⑶　不在者財産管理人の職務

　不在者財産管理人は、不在者の財産を守るために裁判所から選任されます。したがって、遺産分割協議においてはその当該不在者の法定相続分を取得することを主張するでしょう。少なくとも、不在者が極端に不利になるような遺産分割の内容に合意することはありません。

　弁護士等の専門家以外を不在者財産管理人として選任した場合には、家庭裁判所は不在者財産管理人が遺産分割協議等をする際に、そのような協議の内容でいいか確認し、許可を出すことになっています。

　このように厳格な制度であるため、一度不在者財産管理人が選任されれば、一部の相続人が「跡を継ぐ」ために大半の相続財産を承継するといったような柔軟な遺産分割を行うことはほぼ不可能になってしまいます。

3　所在等不明共有者がいる場合の処分

　このように相続人のうち行方不明の者がいる場合に遺産分割を成立させるためには、不在者財産管理人の選任といった非常に難しい法的なハードルが立ち塞がっています。そのため、実際には行方不明の相続人がいて遺言がない場合には、遺産分割が行われないまま

放置されている「塩漬け状態」の相続財産が多数存在します。そのために管理もされないまま放置されている不動産の問題が大きな社会問題にもなっており、令和5年4月1日から民法等の改正が施行されました。

　この改正では、相続開始から10年以上が経過している場合、相続により共有状態になっている不動産については、全体の遺産についての遺産分割ではなく、その不動産だけを売却等するための共有物分割の手続をもうけました。この場合には、行方不明者の財産権を侵害しないため、その者の共有持分に対して取得すべき対価については、供託等をする必要があることが定められています。

　また、相続に限らず、共有者の中に所在等のわからない者（所在等不明共有者）がいる場合には、他の共有者は裁判所に請求することにより、所在不明者の持分を買い取ることができ（民法第262条の2）、また所在等不明共有者の持分を含めた共有者全員の権利を特定の第三者へ売却する（民法第262条の3）ことも可能になります。もっとも、所在等不明共有者の財産権を完全に侵害してしまうことは許されないため、これらの方法の場合も裁判所の決定した所在等不明共有者の持分に相当する金額を供託する必要があります。

4　遺言による対策

　もっとも、全財産に関する被相続人の遺言があれば、わざわざ遺産分割協議をする必要はなく、その遺言を執行すれば相続財産の処理は完了します。

　行方不明者の推定相続人がいる場合には、後で相続人に不在者財産管理人選任の申立てをするような苦労をさせないためにも、特に遺言によって全財産の処理を決めておく必要性が高いのです。

6 後妻の死亡後に直系に自宅を戻すにはどうすればよいでしょうか？

（民法1028〜1036、信託法91）

Question

　私には死別した前妻との間に長男がいますが、後妻と長男との養子縁組はしておらず、後妻との間には子がいません。私の死後は後妻に自宅等を遺そうと思っているのですが、その後は血のつながっていない後妻の親族ではなく、長男に自宅を戻してほしいので、困っています。どうすればよいのでしょうか？

Answer

(POINT)

❶ 自分の相続の次の相続までを遺言で指定することはできない

❷ 配偶者居住権を確保し、配偶者の死後は完全な所有権を直系に戻すことが可能

❸ 自分の相続の後まで自宅以外の財産のことも決めるためには、受益者連続型信託が必要

1　遺言の限界

　自分が亡くなった時の財産の取得者（後妻に全財産を遺す、等）だけではなく、その取得者が亡くなった後にもともと自分の財産だったものを取得する人まで決めておきたい（後妻が死んだ後は、その財産は長男に遺す、等）、という要望を持つ人は大勢います。このように遺言で財産の取得者を連続して決めておくことを「後継ぎ遺贈」と言うことがあるのですが、一般に現在の民法では後継ぎ遺贈は実現できないと言われています。

　遺言では、自分が亡くなった時の財産の承継先を指定することはできても、その後（二次相続以降）の指定はできないことが理由です。一次相続である者が相続した財産は、その取得者の財産として、誰に相続させるかはその者の自由ということになるのです。

　本設例のような場合に、妻に相続させた財産を妻の死後長男に取得させるためには、①妻と長男との間で養子縁組をしてもらい、長男を妻の相続人にする（もし妻に相談者の長男以外に、前夫等との間に子がいる場合は、その子との間で遺産分割協議等が必要）、又は②相談者の遺言とは別に、妻に「相談者から相続した財産については相談者の長男に遺贈する」という遺言を作成してもらう、という方法があります。しかし、相談者が妻や長男に養子縁組を強制はできませんし、遺言の作成を妻に強要することもできません。また妻はいつでも遺言を書き換えることが可能ですから、相談者の死亡後等に遺言を書き換える可能性もあるため、確実に相談者の希望が叶えられると断言することはできません。

2　配偶者居住権制度のあらまし

(1)　配偶者居住権により遺産分割を容易に

　相続財産の大半を居住用の建物が占めている場合（高級タワーマンションや自宅建物以外の財産が少ない被相続人等）には、配偶者が遺産分割でその建物を取得してしまうと、他の相続人の相続分との関係で、居住用建物以外には金融資産を受け取ることができなかったり、極端な例では他の相続人に配偶者から代償金を支払わざるを得ない事態も考えられます。このような場合には遺された配偶者の生活が困ってしまうことも考えられるため、令和2年4月1日施行の相続法改正により、「配偶者居住権」という制度が設けられ

ました。

　配偶者居住権とは、配偶者以外の相続人が配偶者の居住していた
建物を取得した場合に、配偶者に終身又は一定期間の建物の使用を
認める制度です。この権利を登記しておけば相続人から建物を譲り
受けた第三者にも居住権を主張することができます。建物を居住権
と負担のついた所有権に分けることにより、純粋な所有権の時価に
比べてそれぞれの権利の価値は低くなります。この配偶者居住権を
遺言や遺産分割等により配偶者が取得する財産とすることで、配偶
者は居住を継続した上で、不動産を単有するより時価が低くなった
分、相続分として預貯金等を受け取ることも可能です。

(2)　**本設例における配偶者居住権**

　配偶者居住権は、配偶者に終身等にわたって被相続人と同居して
いた自宅に住み続けることを可能にする権利であるため、相続性は
ありません。居住権を相続した配偶者の死によって配偶者居住権は
消滅しますので、建物や底地を相続した相続人は居住権の負担から
解放されることになります。

　本設例の場合には、相談者が「自宅に配偶者居住権を設定して妻
に遺贈し、自宅の敷地や建物自体は長男に相続させる」という遺言
を作成すれば、自宅については相談者の「まずは妻に終身居住させ、
妻の死後は長男に完全に所有させたい」という希望どおりの扱いを
実現することができます。ただし、配偶者居住権はあくまで「自宅
の建物」についてのみ設定できるものですから、自宅以外の収益物
件や預貯金等には適用することはできません。

　また、建物所有者の許可があれば、配偶者居住権を賃貸して収入
を得ることができます。また、配偶者居住権を所有者との合意で消
滅させる際に対価を受けとることも可能です。

3 信託による解決方法

(1) 信託制度の仕組み

後継ぎ遺贈自体は無効だとしても、同様の結果を実現できる制度として「信託」という方法があります。

信託制度では、財産所有者が委託者（財産を預ける人）となり、受託者に管理運用を任せ、その利益を受ける者を受益者として信託契約を締結します。引き継がせたい財産について信託契約を締結しておき、当初は財産所有者自身が受益者となり、その後の受益者の順番についても信託契約で設定しておくという方法です。その信託契約では、受益者である被相続人が死亡したときに、最初に財産を引き継がせたい人（妻）がその信託財産の受益者となることを定めます。

この信託契約を締結すると、委託者でもある最初の受益者が死亡した場合には、その信託契約を締結した財産は財産を引き継がせたい人が受益者となり、その財産から得られる利益を取得することができます。例えば、相続後は受益者となった妻は、この財産を自由に売却することこそできませんが、自宅に居住することも収益物件からの賃料を受け取ることもできます。これにより、受益者は委託者の財産を相続したのとほぼ同じ状態になるのです。

(2) 受益者連続型信託制度

さらに信託法では、最初の受益者が死亡するとその信託受益権が消滅するので、他の者が新たな受益権を取得する定めをすることができます。つまり、受益者が死亡すると、順次、他の者が受益権を取得していくことを定めることができるのです。

まず、相談者が最初に受益者となる信託契約を締結して、相談者の次は相談者の妻が受益権を取得するようにすれば、受益者である

妻は信託契約を締結した財産からの収入を受け取ったり自由に使用することができます。そして、2番目の受益者である妻が亡くなった後は、この受益権は妻の相続人が相続するのではなく、あらかじめ委託者（元の所有者である相談者）が指定していた者、この場合は相談者の長男が受益権を取得する旨を定めておけば、いったん第二受益者（妻）に帰属した委託者の財産が、第二受益者が死亡することにより、委託者が指定した第三受益者（長男）に移転することになるのです。この信託を「受益者連続型信託」といいます。

このように、受益者連続型信託とは、受益者の死亡により順次受益者が連続していき、信託契約から30年を経過した時点以降に新たに受益者になったものが死亡するまで、信託が継続するものです。「後継ぎ遺贈型信託」ともいわれ、遺言とは異なり、信託により財産を分散させることなく委託者の意思どおりに順次財産を承継させることができるのです。

自宅以外についても相談者の希望を叶えるためには、この受益者連続型信託を利用する必要があります。

7 夫が急死した場合の妻はどうすればよいでしょうか？

（民法903、1037、相法21の6）

Question

私の夫が緊急入院しました。子らは夫や私を苦手にしており、援助を頼むのになかなか顔を見せません。夫からは配偶者控除を使って自宅の一部の贈与を受けていますが、遺言等はないようです。夫の意識が戻らず亡くなった場合どうすればよいでしょうか？

Answer

（POINT）

❶ 遺言がない場合は法定相続となり、遺産分割協議等が必要

❷ 配偶者の短期居住権制度があるため、自宅への居住継続は可能

❸ 配偶者への居住用不動産の贈与等は、遺言がなくとも特別受益の持戻し免除の推定を受けられる

1 遺言がない場合は法定相続になる

遺言等のない場合は法定相続となります。法定相続においては、不動産や預貯金等の各相続財産について具体的な取得者が定まっていないため、法定相続人による遺産分割を行う必要があります。

相談者の場合はあまり仲の良くない子らとの合意が必要であるため、相続税の申告期限等を考慮した早めの遺産分割を成立させることは困難である可能性が高いでしょう。

2 配偶者の短期居住権制度

配偶者の短期居住権という制度により、被相続人の所有していた建物に無償で居住していた配偶者に対し、遺産分割完了までの間

（最低6か月間）は引き続いてその建物を無償で使用でき、遺産分割の際にこの家賃相当等の使用利益を考慮する必要がありません。

3　配偶者間の居住用不動産の贈与に関する持戻し免除の推定規定

　配偶者等の相続人への生前贈与や遺贈は、生計の資本にあたれば、原則として特別受益になります。特別受益の法的な取扱いとしては、相続の際に相続人がその贈与等を遺産の前渡しとして、相続時の取得分の計算上は贈与でもらった分を減らして遺産分割を行うことになっています。つまり配偶者に生前贈与をしても、原則として遺産分割時の配偶者の取得分を増やすことにはならないのです。

　一方、税務としては、婚姻期間が20年以上の夫婦の間で、居住用不動産又は居住用不動産を取得するための金銭の贈与が行われた場合、基礎控除額110万円のほかに最高2,000万円まで配偶者控除を適用できるという配偶者を優遇する特例が存在します。

　令和元年7月1日施行の相続法改正では、この税制上の特例と同様の配偶者保護の規定を民法に導入し、これが「配偶者間の居住用不動産の贈与に関する持戻し免除の推定規定」です。この推定規定により、婚姻期間20年以上の夫婦間の居住用不動産の贈与及び遺贈については、原則として「持戻しの免除の意思表示」があったものと推定されます。つまり、すでに配偶者が贈与により取得していた居住用不動産分を、遺産分割の際に相続分の前渡しとして考慮する必要がないことが明確にされました。

　本設例の相談者はすでに受けている自宅の贈与を除き、相談者の夫の相続発生時点で有している遺産についてのみ、子らと遺産分割協議を行えばよいため、紛争の原因が一つ減少したといえるでしょう。

8 相続人の1人が高額な学費を負担してもらっている場合、どうすればよいでしょうか？

(民法903、904の3)

Question

　兄は医学部に進学し、高額な入学金等を出してもらっており、私は短大にしか進学させてもらえませんでした。父の相続に当たって、兄は遺産を2人で平等に分けようといいますが、かかった学費が違いすぎて納得できずもめています。どうすればいいのでしょうか？

Answer

(POINT)

❶ 学費が特別受益に当たるか否かは、被相続人の収入や社会的地位等によって個別に判断される

❷ 相続人に納得してもらえるように生前から準備を進めておく

❸ もめないように遺言書を作成、学費を持戻免除とする

1　特別受益による調整

　本設例のように、相続人の中に被相続人から特に利益を受けた者がいる場合、相続人間で不公平感が高くなることがあります。このような場合の調整規定が特別受益であり、特別受益に該当すれば、その受益は遺産に持ち戻して各人の相続分が計算されます。

　もっとも、被相続人から受けたあらゆる利益が特別受益になるのでは、ちょっとしたお小遣いまで相続財産に戻す必要が出てくるなど、非常に不合理な事態が生じてしまいます。そこで民法は相続人が受けた特別受益を、遺贈の他に、①婚姻・養子縁組のための贈与、②生計の資本としての贈与に限定して定めています。

2 学費が特別受益に当たるか

(1) 学費と特別受益

　被相続人の生前に、相続人が現金の贈与を受けていたり、住宅を購入してもらっているような場合は、明らかに特別受益に当たるでしょう。これに対し、相続人のうち1名の学費が他の相続人の学費よりも高額であるということが直ちに生計の資本としての贈与であるとして「特別の受益」といえるのかについては、難しい問題です。

　現在、ほとんどの日本国民が高等学校へ進学するため、高校卒業までの学費が特別受益となる例はほとんど存在しないでしょう。しかし、大学以降のいわゆる高等教育の学費等については、特別受益に当たるか否かを争われることがあります。

(2) 特別受益の個別性

　特別受益は、各家庭においてそのような利益を与えることが「相続の前渡し」としての性質を有するほどの特別な贈与なのかを検討する必要があります。各家庭や進学先によっても条件は様々であり、結局は学費の金額、相続人間でほぼ同等の教育を受けたのか、家庭の収入や社会的地位などによっても結論は異なってくるでしょう。

　"学資である以上は、一定程度の支出は親の負担すべき扶養義務か通常必要な生活費の範囲内に入り、これを超えた不相応な学資のみを特別受益と考えるべきである"という立場が最も理解しやすいでしょう。親の収入も高く、家計に十分な余裕があるのであれば、よほど兄弟間における学費等の総額に差がない場合は望んだ子に高等教育を与えたとしても特別なことではないと思われます。

　一方、親の年収等からすると相当高額な学費を要するような高等教育を受けたのであれば、他の相続人と比較して、特別受益として清算すべき場合となるでしょう。

(3) 学費に関する特別受益の実際の裁判例

・京都家庭裁判所平成2年5月1日審判

　相続人の内1名は、家業を手伝うことなく、被相続人に4年制大学を卒業させてもらったのに対し、他の相続人らは、中学校在学中から被相続人の家業を手伝っていた事例では、当時の私立大学4年分の学費及び下宿での生活費が特別受益として認められました。

・京都地方裁判所平成10年9月11日判決

　相続人の内1名のみが医学教育を受けているが、他の相続人らもそれなりの高額の大学教育を受けており、被相続人は開業医であり医学教育を受けた相続人による家業の承継を望んでいました。この事例では、被相続人の生前の資産、収入、家庭環境に照らし、医学部の学費等は特別受益とするべきではないとされました。

3　特別受益の持戻免除

　特に学費については、まだ自ら稼働することのできなかった時期に親に負担してもらうのは当然だと考える相続人と、そうはいっても実際に親の負担した学費等の額に相当な差があることに昔から不満を持っていた相続人とで、水掛け論的に争われることがあります。

　医学部のような専門的な教育を受けることで、高い平均年収を得ることが期待できるような場合は、学費といえども生計の資本を与えたのと同じだとみるべき立場もあるでしょう。

　一方、実際に学費等を負担した親としては、それぞれに一定の教育を受けさせたのであるから相続の際まで持ち出さずともよいと思うこともあるかもしれません。その場合、被相続人は、学費についても他の特別受益と同様にその相続財産への持戻しを免除することができます。

遺産そのものは子たちで平等に分けてほしいけれども、学費まで持戻しをすることはないと思われるならば、遺言書に限らず手紙や日記等もしくは全員に口頭で持戻しを免除する旨を意思表示しておくとよいでしょう。相続人である子らとしても、親が学費については相続分の前渡しではないため各自の分全ての持戻しを免除するという意思を表明していれば、不公平感はあったとしても一定の納得はしやすいでしょう。

逆に、学費の額に差をつけすぎたと感じるのであれば、その分を他の相続人に多く相続させたり、生前に贈与しておけば、相続人の理解も得られるのではないでしょうか。不公平な額の学費が相続紛争の原因になる可能性があることも理解したうえで、後の紛争を避けるためにしっかりコミュニケーションをとっておきたいものです。

4　特別受益等の期間制限

こういった特別受益による具体的相続分の修正は、各相続人間の公平を図るためには必要といえますが、古い援助等の話を持ち出すことでかえって相続人間の感情的対立を生み、相続紛争を長期化させる原因にもなっています。そのため令和5年4月1日施行の改正民法では、特別受益等による修正については相続開始後10年間に限り考慮するという期間制限がされることになりました。これは、相続開始から10年経過後に未分割遺産を分割する場合には、原則として特別受益等による修正は受けられず、単に法定相続分割合で按分するという制度です。適用の注意点等は第1章第1節**2**の10ページに記載しておりますので、詳細はそちらを参照してください。

9 相続人の1人が多額の借金を肩代わりしてもらった場合にはどうすればよいでしょうか？

（民法903）

Question

弟は、事業に失敗した際に、母に3,000万円の負債を肩代わりしてもらいました。兄弟は平等とはいっても、今後母の相続に際し、弟と同じ遺産しかもらえないのでは納得できません。肩代わり分を弟の相続分から減らせないのでしょうか？

Answer

（POINT）

❶ 単なる債務の肩代わりでは相続人にとって受益とはいえない

❷ 被相続人が求償権を債務免除して初めて特別受益となりうる

1 債務を引き受けた場合の法律関係

(1) 求償権の発生

債務の引受けが特別受益となるためには、その引受けが「生計の資本の贈与」といえるのか、相続財産の前渡し的な性質を有するのかを考える必要があります。

債権者に対し、主債務者の債務を別の者が支払った場合、この支払を行った者を代位弁済者といいます。

代位弁済者は、債務の肩代わりをしたことによって主債務者に単に利益をもたらしたのではありません。法律的には、代位弁済者は主債務者に対し、自分がかわりに支払った債務の額を払ってもらう求償権を取得したことになるのです。

本設例の場合も、相談者の母が弟の負債を肩代わりしただけなら

ば、弟は母に3,000万円を返済する求償債務を負っていることになります。そうであれば、弟にとっては債権者が事業の相手方から母に変わっただけのことで、何ら特別な利益は受けていないという見方をすることができます。

(2) 求償権がある場合の相続分

求償権が存在するのであれば、これは債権として他の不動産や預貯金等と同じく母が亡くなった場合には、相続財産の一部となります。

金銭債権は当然に分割されるものですから、本設例の場合は、相談者と弟が母の相続財産を2等分し、相談者は弟に対しての1,500万円の返還請求権を相続することになり、弟が相続した1,500万円の返還請求権は混同により消滅します。

もっとも、実際に相談者が弟から1,500万円を返してもらうことは、非常に困難でしょう。

2 債務の免除と特別受益

家族間で高額な債務をかわりに返済してもらった場合、その後の返済も望めないでしょう。返済の見込みがないからこそ、親族に債務の肩代わりをしてもらうことになったというのが通常だからです。

求償権を有する者（母）が主債務者（弟）に対して求償権を放棄し、債務を免除すれば、主債務者はもう誰にも返済を行う必要がなくなるわけですから、その債務免除された額の利益を受けたことは明らかです。債務の肩代わり返済だけでなく、その後の債務免除まで合わせて初めて、特別受益として主張しうる状態になるのです。

特別受益となった場合には、遺産分割の際に弟の取り分から3,000万円を引くことはできます。しかし、通常は家族間で債務が

免除されたのかどうかは明らかではありません。よって母から弟への債務免除通知書を作成しておくとよいでしょう。

3　債務の免除と贈与税

　対価を支払わないで、自分の債務を引き受けてもらったことにより利益を受けた場合には、これらの行為があったときにその利益を受けた者が、その債務の引受けに相当する金額を、その債務免除等をした者から贈与により取得したものとみなされます。

　ただし、債務を弁済した者が債務者に対して求償権を行使した部分については贈与があったものとみなされません。

　本設例の場合、弟が債務の弁済を受けた3,000万円を返済することが困難な場合には全額が贈与とみなされ、1,035万5千円もの贈与税が課税されます。しかし、この場合であっても債務者である弟が資力を喪失して債務を弁済することが困難であることを証明できた場合において、①債務の免除を受けた場合又は②債務者の扶養義務者（配偶者及び民法第877条に規定する親族）に債務の引受け又は弁済をしてもらった場合には、贈与とみなされた金額のうちその債務を弁済することが困難である部分の金額について、贈与税は課税されません。

　弟は資力を喪失して債務の弁済が困難であることを、例えば自己破産するなどの方法により立証すれば、贈与税の課税を免れることができます。結果としてこれを実証することにより求償権は消滅しているのですから、3,000万円は弟にとっては母からの特別受益であるといえるでしょう。

10 夫の親の事業を手伝ってきたことを考慮してもらうにはどうすればよいでしょうか？

（民法904の2、1050）

Question

　私は結婚してからずっと、夫と共に夫の父の事業を継ぐため、義父と共に仕事に邁進し、その甲斐あってか義父の事業は私たち夫婦が手伝う前よりもずっと大きな収益を上げるようになりました。寄与分で財産を増加させた分は受け取ることができると聞いていますが、事業の資産が義父の遺産のほとんどであるせいか、夫の姉はいい顔をしてくれず困っています。どうすればよいのでしょうか？

Answer

（POINT）

❶ 家業従事型の寄与分では、無償性、継続性・専従性・被相続人との身分関係といった要素が重要

❷ 家業従事型の寄与分を認定されることは、現実として困難

❸ 相続人以外の親族でも特別寄与料が認められる

1　家業従事型の寄与分

　相続人中に、被相続人の事業に関する労務の提供等を行い、これによって相続財産を増加等させた者がいる場合は、当該相続人には寄与分が認められます。寄与分である以上は、被相続人の事業等への従事が特別の寄与といえる程度のものでなければなりません。

2　寄与分の要件

(1) 無償性

　相続人がいくら財産の増加に貢献したといっても、その相続人が

被相続人から給与等を受け取っていたのであれば、それは対価を伴う労働という行為をしたのであって、特別な寄与とはいえません。

　ただし、少しでも報酬を受け取れば寄与分にはならないかというと、そういうわけでもありません。仮に被相続人が、相続人ではなく第三者を雇用等した場合に支払ったであろう対価に比べて、相続人が現に受け取った対価に差額がある（相続人が特別に安価で仕事を行っていた）場合には、寄与分があると認められる余地があります。当然、相続人が第三者と全く同じような対価を得て働いていた場合には寄与分が認められないことはすでに説明したとおりです。

(2)　継続性・専従性

　月に数回等たまに被相続人の事業を手伝っただけであるとか、人手が足りない時だけピンチヒッター的に手伝った、日中はサラリーマン等の正業につきながら週末だけ手伝っていたという程度では、被相続人にとって通常の負担を超えた特別な寄与とまで評価することはできないといわれています。

　家業に従事するタイプの寄与分として認められるためには、相当の長期間にわたって、自分自身の仕事と同様に労務の提供をする必要があるため、容易に認められるものではありません。

(3)　被相続人との身分関係

　例えば被相続人の配偶者であれば、夫婦の間には強い協力義務が定められていますから、自身の事業と同様に労務の提供を行ったとしても当然のこととみられてしまい、「特別の寄与」とまでは認められないことがほとんどです。

　同様に、被相続人と近い身分関係にあるものほど、親族間の扶助や協力の義務が強く求められるため、遠い血縁に比べるとより高い貢献がなければ特別の寄与とは認められにくいことになります。

3　寄与分の認定

　このように、家業従事型の寄与分は、まず寄与分があると認められるだけでも難しいのが現実です。特に無償性については、相続人にも生活があるため完全に何も報酬を受け取っていないようなケースはほとんど見られません。

　また寄与分があること自体は認められたとしても、事業用財産の全部を寄与分として一人の相続人が取得することはおよそ考えられません。これまで安価で労務を提供してきた差額程度が認められるものと考えた方がよいでしょう。

4　寄与分を定める手続

　相続人全員で日ごろの貢献を認めあって、協議で寄与分を決めることができればいいのでしょう。しかし寄与分が持ち出されるような場合には、寄与をしたと思っている相続人は自分の寄与が不当に低く見られていると感じ、それ以外の相続人は仕事を手伝っていたというだけで多くの相続財産を取得しようとしているという思いを抱くことが多く、協議では結論が出ないことが大半です。

　協議では寄与分が定まらない場合は、寄与分を主張する相続人は家庭裁判所に対し、寄与分を定める調停又は審判を申し立てる必要があります。寄与分が決まらなければ具体的相続分が算定できないため、寄与分が争われている場合には遺産分割の調停や審判自体が長期間に渡る傾向もあります。

5　相続人以外の親族の「特別寄与料」

　寄与分制度は、相続人にのみ認められています。つまり、相続人の配偶者（いわゆる嫁や婿、被相続人に子がいる場合の同居してい

114

た兄弟姉妹等）は、養子縁組をしていない限り相続人ではないため、いくら介護等をして被相続人に貢献しても寄与分として相続財産を手にすることはできません。この取扱いに対しては、実際に介護等の主体になっているのは相続人の配偶者であることも多いため不公平であるとして、相続人以外の親族の貢献や寄与を評価できる特別寄与料制度が存在します。

　特別寄与料制度では、被相続人の介護や事業への労務提供等を相続人以外の被相続人の親族（相続人の配偶者等）が行った場合に、貢献した親族から相続人全員に対して寄与に応じた額の支払請求権が認められています。ただし、相続人と特別寄与者との間でこの特別寄与について協議が調わないときは、相続開始及び相続人を知ったときから6か月以内又は相続開始1年以内のいずれか短い期間内に家庭裁判所への申立を行う必要があります。短い期間制限のため、特別寄与料を求める人は期間について注意する必要があります。

6　寄与分等に頼らない対策を

　このように寄与分や特別寄与料とは、他の相続人に争われた場合にはかなり認められにくい制度です。寄与分等があるから被相続人の事業をずっと手伝った相続人らが、大半の財産を承継して事業を継続できると考えるのはかなり甘い見通しといわざるを得ません。

　被相続人の目立った財産が事業関連のものしか存在しないにもかかわらず、後継者が事業を承継していくつもりであれば、生前から遺言や代償分割のための資金の準備等を進めてもらい、確実な事業承継を計画しておく必要があるのです。

11 親の介護に尽くしてきたことを考慮して もらうにはどうすればよいでしょうか？

(民法904の2、1050)

Question

　私と妻は、近くに住んでいる老齢の母の介護に尽くしてきました。兄弟は遠方に住んでいるため、介護を手伝ってくれず、大変さもわかってくれず困っています。せめて母の相続の時には、介護した分を認めてほしいのですが、考慮してもらえるでしょうか？

Answer

〔POINT〕

❶ 寄与分は相続人のみ、親族には特別寄与料制度

❷ 介護による寄与は、「特別の寄与」として認められにくい

❸ 被相続人自身が、相続人の貢献に応えておくことが大切

1　療養看護型の寄与分

　相続人中に、被相続人の介護等を行い、これによって相続財産が減少することを防いだ者がいる場合、その相続人には寄与分が認められます。もっとも寄与分として認められるためには、その介護等が特別の寄与といえる程度のものでなければなりません。

2　相続人しか寄与者になることはできないの？

　本節⑩で説明したとおり、寄与分は相続人のみに認められる制度です。本設例における相談者の妻のような相続人以外の者には寄与分がないためしばしば争いが起きてきました。そのため、相続人以外の被相続人の親族による財産的寄与を認める「特別寄与料」の

制度が創設されました。特別寄与料制度の詳細や期間制限について
は本節⑩の5を参照してください。

3 介護における特別の寄与

⑴ 寄与分の要件

　療養看護における寄与分は、被相続人に財産を出資したり、事業
を手伝うといった他のタイプの寄与分に比べてかなり認められにく
くなっています。これは、療養看護というものはまさに親族間の扶
養義務の表れであると考えられているため、介護をしてもなかなか
「特別の寄与」とまでは認めてもらえないからです。通常期待され
る程度を超えた介護といえるためには、たまに介護に参加するので
はなく日頃から継続して介護を行っていたこと（継続性・専従性）
や、その介護について特に報酬を受け取っていないこと（無償性）
が必要とされています。

　特に被相続人の配偶者自身が介護を行った場合は、どれほど献身
的に行ったとしても、夫婦の間の協力義務として行われたのであっ
て特別なことではないとみられてしまいます。つまり被相続人と近
い関係にあるほど、もともと強い助け合いの義務があるため寄与分
が認められにくく、甥や姪が相続人になるようなやや遠い親族が介
護を行った場合の方が寄与分としては認められやすいのです。

⑵ 介護による寄与分は現実には認められにくい

　実際に介護をした相続人としては、同居をして24時間親の体調に
気を配って助けながら介護してきたのに、何もしてこなかった兄弟
たちと同じなのは全く納得ができないと思うのは普通です。しかし、
介護保険の制度が導入されてからは一層、介護自体が寄与分として
認められるハードルが上がっているのが実情です。

4　寄与分算定の方法

⑴　寄与分の評価をどう認めてもらうか

　介護による特別の寄与自体は認められたとしても、寄与分の計算はどのようにすればよいのでしょうか？　費用負担したような場合には、実際に相続人から被相続人に対して金銭等が動いているため評価しやすいのですが、介護の場合は「どの程度財産を減少させなかったか」を説明する必要があります。実際に特別の寄与があったこと自体は認められたとしても、金額が明らかでない等として遺産分割に具体的には反映されないという事態まで考えられるのです。

①　具体的な出費

　おむつなどの消耗品や、デイサービス等の費用を出していた場合、また介護に通うのに交通費がかかるような場合には、レシートや家計簿等の日々の記録でその実額を主張できます。

②　実際の介護の時間

　特に介護者が資格を有しているような場合は、「24時間ずっと」と抽象的に長時間を主張するのではなく、例えばオムツ交換1回約10分を1日に6回や、入浴介助約30分を週3回等、また、実際に通院に付き添った時間や回数を記録する等、具体的な主張を行った方が、説得力が増します。

③　実際にヘルパーにも頼んでいた場合

　ヘルパーがいれば家族の「特別」といえるほどの介護は必要がないといわれることも多いのです。しかし病院への付添い等、実際にヘルパーに頼んでいた仕事の一部を相続人が行ったような場合には、ヘルパー料金分の財産の減少を防いだという主張もあり得ます。

　ただし資格のない相続人の行った介護を、有資格者の介護と同様に評価してもらうことは難しいでしょう。

⑵　介護による寄与分を実際に評価した裁判例

・大阪家庭裁判所平成19年2月26日審判

　被相続人に対する介護を理由とする寄与分の申立てに対し、申立人の寄与分を遺産総額の3.2％強である750万円と定めたものです。

　なおこの事案では、申立人の介護の専従性が認定されていましたが、申立人が被相続人から金銭を受領していたことから無償性がないという点も争われていました。この点について裁判所は、申立人以外の他の相続人たちも同様に金銭を受領していたことから介護自体の無償性は認められるとして、上記のような評価を行いました。

・大阪家庭裁判所平成19年2月8日審判

　被相続人が認知症となり、常時の見守りが必要となった後の期間について、親族による介護であることを考慮し、1日当たり8,000円程度と評価し、その3年分として「8,000円×365日×3年＝876万円」を寄与分として認めました。

5　相続人たちの貢献に応える必要がある

　相続人間で争ってしまうと寄与分等の認定が難しいのですが、この問題を最も簡単に解決できるのが被相続人です。被相続人であれば、感謝の気持ちとして多めの遺産を相続させたり、寄与してくれた人を受取人とする生命保険金を準備したりと様々な方法が考えられます。実際に介護を主として行ってくれているのが相続人の配偶者である場合、寄与分は認められず特別寄与料には厳しい期間制限があるため、養子縁組や贈与を提案する等の心配りが大切です。

　せっかく頑張ってくれた相続人たちに確実に応えられるのは被相続人だけなのですから、元気なうちに贈与や遺言書の準備等、事前に問題を防止するような対策を行いましょう。

12 兄弟で遺産分割がまとまらない場合はどうすればよいでしょうか？

（民法907）

Question

　数年前に亡くなった両親の遺産分割について、兄弟でずっと話合いを続けているのですがなかなかまとまらず、もめています。話合いで解決しそうもないのですが、どうすればいいのでしょうか？

Answer

（POINT）

❶ 遺産分割協議ができなければ、家庭裁判所に調停を申し立てる

❷ 調停は相手方の住所地か合意した地の家庭裁判所に申し立てる

❸ 調停の本質は当事者の合意で、白黒をつける場ではない

1　協議ができなければ調停へ

　どうしても相続人間で話合いがまとまらなければ、原則として家庭裁判所に遺産分割調停を申し立てる必要があります。遺産分割調停とは、家庭裁判所を通じての相続人間での話合いの場であり、相続人の全員が合意することによって成立させることができます。

2　調停の管轄

　調停は、どの家庭裁判所に対しても申し立てられるわけではありません。どの裁判所に対して申し立てできるのかということを「管轄」といいます。

　調停の管轄は、相手方の住所地にある家庭裁判所か、当事者が合意で決めた裁判所にあります。調停の相手方が複数いる場合は、そ

のうちの一人がいる地域の家庭裁判所に対して調停を申し立てることができます。例えば自分は東京に、兄弟の一人は京都に、別の兄弟は福岡に住んでいる場合に遺産分割調停を起こそうとすれば、自分の住んでいる東京ではなく、京都家庭裁判所か福岡家庭裁判所のどちらかを選択して調停の申立てを行うことができます。

遺産分割調停は、全相続人を当事者にして行わなければなりませんが、申立人が提案している調停内容に異存のない相続人は、必ずしも家庭裁判所に出向く必要はなく、文書等で応じることができる手続も用意されています。

しかし、申立人の主張と対立する主張を持っている相続人は、実際に調停に出席して意見を述べることが求められますので、スムーズな調停を行いたければ特に争いのある相続人がいる地域を管轄する家庭裁判所に調停を申し立てる方がよいでしょう。また各相続人の事情を考えて、どの地域の裁判所で行うのかという管轄について合意できるのであれば、自分の住んでいる住所地や交通の便の良い中間地点の裁判所等を選択することも可能です。

3 調停申立てのために必要な資料

遺産分割調停を申し立てるには、当事者や申立ての趣旨・理由等を記載した申立書を提出する必要があります。定型の書式は、裁判所のHPで公開されており、近くの家庭裁判所に行けば印刷済みのものをもらうこともできます。この申立書は、調停の相手方全員に郵送されるため、感情的なことを書きすぎてしまうと無用に相手を怒らせることになってしまいますので、注意してください。

調停の際はこの申立書以外に、相続関係を明らかにする戸籍や遺産目録、目録に記載されている不動産の全部事項証明書（登記簿謄

本）や固定資産評価証明書等の原本を提出しなければなりません。特に戸籍関係はどこまでをそろえればいいのかわからない場合もあるでしょうから、迷った場合は弁護士や司法書士等の専門家や、家庭裁判所に確認してみてください。

　裁判所にはこれらの附属書類は原本を提出しなければなりません。近年、原本還付申請の制度もできましたが、手元に原本が戻るまでどうしても時間がかかります。調停中に戸籍等が必要となることもありますし、調停が成立した後も、調停の内容を不動産登記や預貯金解約等に反映するためには全相続人の判明する戸籍謄本等が必要です。裁判所提出用と手続用の初めから2通ずつ取寄せを行うか、事前に法務局で法定相続情報証明を取得しておいた方がスムーズです。

4　遺産分割調停の進め方

(1)　調停委員会

　遺産分割調停は、家庭裁判所において「調停委員会」が主宰すると決まっています。この「調停委員会」は、1名の裁判官と裁判所の任命した2名以上の調停委員によって構成されています。もっとも裁判官は、同時に多くの調停を抱えているため、法律的に特に重要な問題を決める期日や最後に調停を成立させる期日以外では実際に調停の場に来ることは稀です。しかし調停委員と密に連絡を取り合って評議をしているため、調停の内容を把握しています。

　調停委員は、社会生活上の豊富な経験を持つ人や専門的な知識を有する人（弁護士、税理士等であることもあります。）から選ばれ、原則として男女1名ずつのペアで調停を実際に取り仕切っています。もちろん、裁判所が特定の調停委員の専門知識をその調停に活かしたいと考えた場合には、性別ではなく知識が優先され、男女ペアで

なく、男性2名といった形になることもあります。

⑵　調停の進め方

　調停は原則として、当事者に1名ずつ交互に調停室に入ってもらい、調停委員が事情を聴きながら意見を調整して合意による調停の成立を目指します。このような進め方をするため調停委員は各当事者に対して、別の当事者はこんなことをいっていたがどうなのかといったことを質問することがありますが、これは特定の相続人の味方をしているのではなく、双方の意見を聞いて妥当な解決策を模索するためのものなのです。

5　調停の成立

　調停は裁判所が主宰する話合いの場ですから、調停によって結論を出すためには全相続人の合意が必要です。裁判所が間に入るため、法的にはその主張は難しいから諦めてはどうか、相手の言い分にも理由があるから認めてはどうかという提案はされますが、だれか一人でもこれを受け入れなければ無理に成立させることはできないのです。このため調停は、事実を裁判所が認定してどちらの言い分が正しいか決めるのではない、公的な第三者を交えての話合いの場だと理解しておきましょう。

　調停では相手方の理解を得るため、裁判所には相手方当事者を説得してもらえるようにすることが大切ですから、ただ感情的な理解を求めるだけではなく、特別受益や寄与分といった法的な主張をしたうえで裏付けとなる資料を提示するよう心掛けたいものです。

13 家庭裁判所の調停が不成立の場合どうなるのでしょうか？

（民法907、909の２）

Question

　昔から家を継ぐのは私だと決まっていたのですが、父の相続が起きた後になって妹たちが納得できず、法定相続分は欲しいと言い出しました。現在は家庭裁判所で調停になっているのですが、このまま妹たちが私が家を継ぐことを認めてくれなければ、どうなってしまうのでしょうか？

Answer

―**〈POINT〉**――――――――――――――――――――――――――――――

❶　遺産分割調停が不成立となった場合は、自動的に審判に移行し、審判では裁判所が法定相続分に従って分割方法等を決める

❷　判例変更と法改正により預貯金が遺産分割審判の対象となった

❸　審判は柔軟性に欠けるため、調停までで決着をつけるべき

1　遺産分割調停が不調に終われば自動的に審判に移行する

　当事者の意向が合致せず遺産分割調停が不成立に終わった場合、手続は自動的に審判に移行します。

　法制度上は相続人間での協議が整わなければ、被相続人の最後の住所地の家庭裁判所に対していきなり審判を申し立てることはできます。しかし裁判所はまず話し合いによる解決を図るべきであると考えており、実務上は審判の申立に対して職権で調停に戻されることが多くなっていますので、まずは調停の申立を行うべきでしょう。

124

2 調停と審判の違い

調停が裁判所が仲立ちとなって話し合いによって紛争を解決することを目的とする手続であるのに対し、審判は裁判官が一切の事情を考慮して遺産を分割する方法を決定する手続です。

この違いのため、調停では当事者が合意すれば特別な扱いをすることができますが、審判ではできないことになっています。

	調停	審判
分割方法を決める者	全相続人	裁判所
結論に対する不服申立	原則としてできない	審判から2週間以内であれば、高等裁判所に対して不服申立ができる
寄与分の主張がある場合	合意した寄与分を反映した調停ができる	寄与分を定める手続は個別の手続であるため、別途寄与分を定める審判の申立を行い先にそちらを確定させる必要がある
遺産の範囲に争いがある	遺産の範囲を合意して調停を行う	先に遺産確認の訴訟を起こし、遺産の範囲を確定させる必要がある
法定相続分どおりではない分割方法	全相続人が合意すれば可能	裁判所は、法定相続分を守った審判をしなければならない
被相続人の配偶者の今後の生活等について決められるか	相続人が合意すれば、大半の財産を相続する長男が高齢の母と同居して面倒を見るという調停条項をいれることはできる	父の相続において、高齢の母の今後の生活というものは相続財産ではないので、裁判所は決定できない

3　遺産分割審判について

⑴　遺産分割審判の役割

　遺産分割審判では、「分割方法を決めなければいけない相続財産」についてのみ判断が示されます。そのため、平成28年の判例変更までは、判例上当然分割とされていた預貯金等の金銭債権を審判の対象とすることはできませんでした。しかし、現在は最高裁の判例変更によって預貯金も遺産分割の対象となっています。なお、この判例変更を受けての相続法の改正内容については第1章第1節**5**をご参照ください。

　預貯金を遺産分割審判の対象とできるようになったことで、審判でも従来よりは分割を行いやすくはなりました。

　もっとも、裁判所は、どの相続人の権利も侵害することはできませんので、必ず各人の法定相続分は守るような審判を行うことになります。そのため審判では、どうしても柔軟性に欠ける結論が出てしまうのです。

⑵　遺産分割審判における分割の方法

　遺産分割の方法には、以下のようなものが存在し、各分割方法を必要に応じて組み合わせて分割を行うことになります。

　　①　現物分割：現に存在する相続財産を相続人で分割する
　　②　代償分割：相続人のうち1名が財産を取得し、他の相続人に代償金を支払う
　　③　換価分割：相続財産を売却したうえで、代金を分配する

　相続財産に不動産が多く存在し、各不動産の価格を調整して現物分割ができればよいのですが、実際にはそううまくいきません。調停では分割で代償金を支払うこと等も定めることができますが、審判では相続人に代償金を支払える十分な資力がない場合では当事者

が望まなくとも遺産を競売による換価を行うこともあるのです。競売では通常の売却よりも安くなってしまうことが多いほか、換価分割という分割方法自体、譲渡に関する税金を誰がどのように負担するのかという新たなもめ事を増やすことにもなりかねません。

　ただし、一般的には競売ではなく、遺産のうち不動産については共有物とする審判が行われることが多いようです。そうなると、共有物を分割するために新たに共有物分割の手続を別途行わなければなりません。

4　合意による分割が大切

　よく、審判になれば自分の主張が認められるはずだから争えるだけ争いたいとおっしゃる方がいます。

　法定相続分をきっちり取得したいという方であれば、審判まで争えば、ほぼ希望するとおりの内容を実現できるでしょう。しかし、親に尽くしてきた自分が大半の財産を継ぐことや、「家」の継承が大切なので財産の分散を防いで遺留分程度の代償金を支払うということを希望している方の主張は、審判の場になってしまえば決して実現することはできないのです。

　審判とは法定相続を実現するための制度であり、寄与分の扱いや分割の方法等も硬直的ですから、全ての相続人にとって「よりよい遺産分割」を実現するためには、話し合いによることが結局は一番良いのです。せめて調停までで相続人間で合意することこそがベストといえるでしょう。

14 共有関係が不明な不動産を相続してしまったのですが、売却はできるのでしょうか？

（民法262の2、262の3）

Question

　母から相続した不動産のうち、私たち親族が全く知らない人との共有になっている土地があります。現在、この土地に対してディベロッパーから買取の打診があり、是非売却したいのですが、「全共有者から買えるなら」という条件付きなのです。共有者について登記簿の住所から戸籍等を調べても、全く判明せず困っています。どうすれば土地の全部の売却ができるのでしょうか？

Answer

(POINT)

❶ 所在等不明共有者の不動産持分につき、裁判所の許可を得て処分が可能に

❷ 共有者が所在等不明共有者の持分を取得することも、全持分を第三者に一括売却することも可能

❸ 所在等不明共有者の持分の処分には、金銭の供託が必要である

1　共有物の性質

　共有物であっても、その持分自体を譲渡することは共有者単独で可能です。しかし、それで譲渡できるのはあくまでも、何分の1、という割合的な共有持分権にすぎません。共有物の処分等については、持分割合にかかわらず単独でできることから、全共有者の同意がなければできないことまであり、その具体的な内容については以下の表のとおりです。

	具体例	必要な持分
保存行為	修繕、不法占有者の排除等	単独で可能
管理行為	造作の設置、賃貸等	持分の過半数
変更行為	増改築、売却等	全共有者

　共有持分権のみを買ったとしても、結局は自由な使用収益が困難であるため、なかなか買い手が現れず、また仮に共有持分のみを買うという者が現れても、不動産の時価相当額よりも相当低い金額でしか売れないことがほとんどでしょう。

　実際に共有者間で話し合いをして全員一致すれば通常の単有の不動産と同様に扱うことが可能なのですが、相続登記や住所変更登記をしないまま放置するといった要因で、現在の共有権者全員とは連絡も取れないという事態も珍しくなく、全員一致での売却が困難な不動産が増えています（第1章第1節**10**参照）。このような不動産の売却のために「不在者財産管理人」を裁判所に選任してもらう方法もありますが、不在者の財産を一覧化することの難しさや、申立ての手間や予納金等の負担の重さからほとんど利用されていません。

2　所在等不明相続人の不動産の持分取得・譲渡に関する民法改正

　このような状況から、民法や不動産登記法等の一体改正が行われました。この改正においては、不動産の共有関係を解消する仕組みとして、相続開始時から10年経過後に限り、相続財産に属する不動産につき共有物分割の手続をとることができるとされました。従来であれば、相続財産に属する不動産の分割は遺産分割手続による必要があり、この際には遺産の内容を詳らかにする必要があったため高いハードルでした。現在では、相続開始から10年が経過していれば、

目的不動産のみについて共有物分割等の手続が可能になりました。

3　所在等不明共有者の持分の取得・譲渡

　相続財産ではない不動産であっても、共有者のうちに連絡を取ることができない者等がいる場合、当該不動産の処分に困ります。共有物分割をするには、任意の話し合いでも、訴訟でも、他の共有者の氏名、住所を調べて特定する必要があるからです。誰が共有者か特定できない、共有者の所在がわからない「所在等不明共有者」がいると、分割等の手続は暗礁に乗り上げてしまいます。

　そこで、不動産共有者の中に所在等不明共有者がいる場合、裁判により、他の共有者が、その共有者の持分を取得したり、第三者に譲渡できる手続が新設されました。2の所在等不明相続人の場合も、相続開始から10年経過すればこの手続を用いることが可能です。

⑴　所在等不明共有者の持分の取得

　不動産共有者の中に所在等不明の者がいる場合、各共有者は、裁判所に対し、裁判所が定める金額の供託金を納付した上で、所在不明等共有者の持分を取得させる旨の裁判を求められます。その共有者が真に所在等が不明であるかを明らかにするために、申立人は単なる登記簿上の記載のみならず、住民票調査など必要な調査をし、裁判所においてその所在が不明であると認められることが必要です。

　この場合の所在等不明共有者の財産権を保護するために、所在等不明共有者は前記供託金から支払いを受けることができます。所在等不明共有者に対して支払うべき対価として定められる供託金の額は、共有者が取得する所在等不明共有者の不動産の持分割合により、相続人である場合は具体的相続分でなく、法定相続分が基準とされます。また、供託金について消滅時効を迎えたとしても、申立人に

戻ることはなく、確定的に国庫に帰属することとなります。

◆ **手続の流れ**（出典：法務省「令和3年民法・不動産登記法改正、相続土地国庫帰属法のポイント」）

申立て証拠提出	異議届出期間等の公告・登記簿上の共有者への通知	3か月以上の異議届出期間等の経過	時価相当額の金銭の供託	取得の裁判
【管轄裁判所】不動産の所在地の地方裁判所	【所在等不明有者の異議】所在等不明有者が異議の届出をして所在等が判明すれば、裁判の申立ては却下。異議届出期間経過後であっても裁判前であれば届出が可能【申立人以外の共有者の異議】異議届出期間満了前に、共有物分割の訴えが提起され、かつ、異議の届出があれば、その訴訟が優先し、持分取得の裁判の申立ては却下		【供託命令】具体的な金額は裁判所が決定【供託金に関する消滅時効】申立人が持分を取得し、所在等不明有者が現れないまま供託金還付請求権が消滅時効にかかった場合には、供託金は確定的に国庫に帰属	【持分の取得時期】申立人が持分を取得するのは、裁判の確定時

(2) 所在等不明共有者の持分の譲渡

　不動産共有者の中に所在等不明の者がいる場合、各共有者は、裁判所に対し、裁判所が定める金額の供託金を納付した上で、所在不明等共有者の持分を特定の第三者に譲渡する権限を付与する旨の裁判を求めることができます。

　譲渡権限は、所在等不明共有者以外の共有者全員が持分を譲渡することが停止条件であり、不動産全体を特定の第三者に譲渡するケースでのみ行使でき、所在等不明共有者の持分は、直接譲渡の相手方に移転します。(1)との違いは、不明等共有者の持分を共有者間で移転させなくてよいため、中間登記が省略できる点にあります。

　不動産の譲渡には、裁判を得たうえで、別途裁判外での売買契約等の譲渡行為が必要となり、その譲渡行為は裁判の効力発生時から原則2か月以内にしなければならないため、すでに買い手や金額等が決まっているケースで有効な方法といえるでしょう。

◆ **手続の流れ**（出典：法務省「令和3年民法・不動産登記法改正、相続土地国庫帰属法のポイント」）

（例）土地の共有者A、B、CのうちCが所在等不明である場合に、Aの申立てにより土地全体を第三者に売却するケース

Aによる申立て・証拠提出	3か月以上の異議届出期間・公告の実施	時価相当額を持分に応じて按分した額の供託	C持分の譲渡権限をAに付与する裁判	A・B→第三者土地全体を売却
・管轄裁判所は不動産の所在地の地方裁判所・所在等不明の証明が必要		時価の算定にあたっては、第三者に売却する際に見込まれる売却額等を考慮	誰に、いくらで譲渡するかは、所在等不明共有者以外の共有者の判断による	

131

15 有効な遺言書を遺すにはどうすればよいでしょうか？

（民法963）

Question

　父の相続が発生し、父から私に全財産を相続させるという遺言書を預かっていたため、もう１人の相続人である弟に遺言書を見せました。すると弟は、この遺言書を書いたころの父は認知症が始まっており、こんな遺言を書けるはずがないと言い出し、もめています。どうしておけば良かったのでしょうか？

Answer

（POINT）

❶ 有効な遺言を残すには内容を理解する「遺言能力」が必要

❷ 遺言能力がない状態で作られた遺言は無効になる

❸ 遺言能力は死後に問題となるので証明が重要

1　遺言書を有効に作成するためには

　遺言を有効に作成するためには遺言の様式を満たしているだけではなく、遺言時点において一定の判断力を有していなければなりません。遺言も法律行為であるため、法律行為の時点における判断力がなければ意思のない遺言となり、無効になってしまうのです。

　遺言をする際に十分な判断能力があることを、「遺言能力」があるといい、誰に何を相続させ遺贈するのかを理解して決定できる状態であることを要します。

2　遺言能力の判断基準

　通常、人は意思能力を持っており、15歳以上であれば遺言能力も

有しています。しかし、認知症は脳の働きを阻害させ知能等が低下する症状をもたらす病気ですから、記憶や認知機能に障害が出るため遺言能力自体について影響が出ると考えられます。もっとも、認知症であることが遺言能力がないことには直結しませんので、認知症であっても遺言者ごとの判断力や遺言時の状況等に照らして、個別具体的に遺言能力の有無を判断することになります。

遺言能力が争われた裁判例は数多く存在しますが、これらの裁判では、遺言者の認知症の程度、病状の変化、遺言作成の経緯、遺言作成時の状況、遺言内容が理解できるものであったかというように様々な要素を総合的に考慮して遺言能力の有無を判断しています。

ここで挙げた各要素について具体的に説明します。

① 認知症の程度

一口に認知症といっても、その症状の重さは様々であり、認知症であるだけで遺言能力がないとはいえません。遺言作成当時の遺言者の判断力等における医師の診断等が参考になるでしょう。

よく使われるのが「長谷川式認知症スケール」という判断方法で、これは簡単な質問をして的確に答えられるかどうかで瞬間的な記憶力や環境への認識等を測るテストです。長谷川式認知症スケールで30点満点中20点以下の時には認知症の可能性が考えられ、4点前後であれば高度の認知症とされています。

② 病状の変化

認知症の症状は人によっても様々であり、日や体調によってもできることとできないことが変わったり、タイミングによって正常な状態になる、いわゆる「まだら認知」のこともあるため、遺言時点での体調等もポイントになります。

③　遺言作成の経緯

　なぜ遺言書を作ったのか、どうして遺言をしたのかが判明し、その経緯や動機が納得のいくものであれば、遺言者が自分の意思で遺言をしたと考えやすくなる要素です。

④　遺言作成時の状況

　遺言によって利益を受ける者から強く要望され、判断能力の低下した遺言者が、いわれるがままに内容を理解せずに記しただけの遺言は無効になります。自筆証書遺言の場合は、実際に遺言者がそれだけの量を手書きできる力があったのかという点が問題になることもあります。

⑤　遺言内容が理解できるようなものか

　元気な人であれば、どのような内容の遺言であっても作成できるでしょう。しかし認知症等の症状がある場合、その人の判断能力はある程度低下しています。したがって、その低下した判断能力でも理解できるような内容の遺言であれば、本人が自ら判断したと考えられるでしょう。

　複雑な遺言、例えば遺言による信託の設定や、多くの土地を正確に記載し各相続人に細かく分けるような遺言、数多くの条項にわたる遺言、複雑な場合分けを行った技巧的な遺言は、認知症の人は到底こんな内容のものは作成できないと判断される可能性が高くなります。これに対し、数行で簡潔な内容の遺言であれば、本人が作成したとしてもおかしくないということになるのです。

　このように遺言の有効性は様々な要素が影響を及ぼしており、単に弁護士や税理士が関与したり、公証人と証人が立ち会った公正証書遺言だというだけでは有効にはならないのです。現に、公正証書遺言が無効であると判断された裁判例も珍しくありません。

3 遺言能力があったことをどう証明するのか

　遺言が問題になるのは遺言者の相続が開始した場合ですから、遺言能力を他の相続人から争われれば、残された状況等だけで遺言能力があったことを証明しなければなりません。しかし、遺言が作成された当時の状況を、後から証明するのは非常に難しいことです。

　そのために、遺言を作成する時点で、後の紛争を防ぐために遺言能力があったという証拠を残しておく必要性が高くなります。方法としては、遺言を作成する当日や前日にかかりつけの医者の診断を受け、会話の内容や遺言者の状態、長谷川式認知症スケールを行ってもらった結果（詳細な内訳も）等を詳しくカルテに残してもらったり、診断書を作成してもらう方法や、遺言書を作成するときに財産をもらわない第三者に立ち会ってもらってその状況や会話の様子を映像に残す、本人の口から分配の内容や理由を話してもらうビデオレターも残しておくといった方法が考えられます。

　本設例の場合は、これらの証拠が集められるかどうかで結論が変わるでしょう。お父さんに遺言能力があったことを是が非でも証明したいものです。

　無理をして複雑な遺言をしてもらったせいで後から無効といわれてしまっては、遺言者の意思を反映できなくなってしまいますから、遺言者本人にしっかり理解してもらったうえで、判断能力があったという証拠を残しながら遺言書を作成することが重要なのです。

16 遺言書を書くにあたって、遺留分をどのように考えればよいでしょうか？

（民法1042〜1044、1046）

Question

私はずっとそばで支えてくれた長女に、不動産と預貯金の大半を相続させたいと思っています。何かあった時のためにあらかじめ生前贈与をしておくか、遺言書を作ろうと思うのですが、遺留分というものがあると聞きました。遺留分とは何で、遺言を書く時には必ず守らないといけないのでしょうか？

Answer

（POINT）

- ❶ 遺留分は被相続人の意思によっても奪えない相続分である
- ❷ 遺留分侵害する遺言も有効だが遺留分侵害額請求の対象となる
- ❸ 遺留分の対象となる相続人への贈与は原則相続開始前10年間のものに限定

1 遺留分の意味

遺留分は、被相続人の意思によっても奪うことのできない相続分であり、これは兄弟姉妹以外の相続人（配偶者、子及びその代襲相続人（孫等）、子がいない場合の直系尊属）に認められています。

遺留分の計算をする際の基礎となる相続財産には、特別受益があれば一定の範囲でこれを持ち戻す必要があります。遺留分の計算上は、被相続人の持戻し免除の意思表示に関係なく特別受益は相続財産に戻して計算するため、相続人に対する生前贈与であっても遺留分侵害額請求からは逃れることができないのです。

特別受益としての贈与の価額は、受贈者の行為によってその財産が滅失したり、価額の増減がある場合でも持ち戻す価額は贈与された財産の相続時点での価額です。生前贈与しても遺贈しても、その贈与等が持戻しの対象である場合は、遺留分の計算上はまったく変わりはありませんので、誤解のないようにしてください。

2　遺留分に算入される贈与期間の制限

遺留分算定の基礎に算入される相続人への贈与は原則として10年以内のものに限られています。ただし、全財産やその過半数の生前贈与等、当事者双方が遺留分を侵害すると知って行った贈与は10年以上前のものであっても遺留分侵害額請求の対象となることや、遺言がないため遺留分の問題ではなく遺産分割になる場合は、通常どおり年数の制限なく特別受益として持ち戻されることになりますので、注意が必要です。

本設例の相談者の場合で相談者の全財産に占める自宅等の価値が過半でないような場合は、自宅等に限って長女に生前贈与をし、その後10年以上生きていれば、この生前贈与が遺留分算定基礎財産に持ち戻されることがなくなります。

3　遺言書の作成の注意点

⑴　遺言書による遺留分侵害

遺留分を侵害するような遺言はそもそも作成することができないと思っている人もいらっしゃるようですが、これは勘違いです。これまで説明してきたとおり、遺留分を侵害するような内容の遺言書を書いたとしても、侵害された遺留分権利者から遺留分侵害額請求権を行使されるだけで、遺言自体が無効になることはありません。

⑵ 遺留分を侵害しない遺言を行う意味

　それでも、遺留分を侵害しない遺言を勧められるのは、残された相続人に遺留分侵害額請求をされる負担を負わせないためなのです。

　絶対に遺留分を侵害しないのではなく、相続人の中に行方不明の者がいる場合や、わざわざ生前にほかの相続人に遺留分放棄をしてもらったような場合でまで無理に遺留分を確保する遺言にする必要はありません。相続人間の関係やこれまでの経緯、多くを残される相続人が遺留分侵害額請求を受けても構わないと覚悟をしているかという個別の事情を踏まえて遺言の内容を考えることが大切です。

⑶ 遺留分侵害額請求の順序

　特に指定がなければ、遺留分侵害額請求は、遺言→新しい贈与→古い贈与と新しい順に行われますが、遺言者が別途遺言で請求の順序を示せばそれに従います。

4　代償財産を確保する

　特に遺留分を侵害する内容の遺言を残す場合には、多くの財産を取得する相続人が他の相続人に支払う代償財産を用意しておくことが重要ですので、預貯金等の流動資産を多く遺す必要があります。

　そのほかに、原則として特別受益にあたらない生命保険金や死亡退職金を代償金に充てる方法もありますが、気を付けるべき点は「受取人を、代償金を支払うべき人にしておく」ことです。代償財産を渡すつもりで遺留分を請求できる人を受取人にしてしまうと、代償財産にはならないので遺留分問題を解決することはできません。

　相続人自身が被保険者を被相続人とする生命保険契約を締結し、自身を受取人にする方法もよいでしょう。遺言だけでなく、代償財産の確保にも気を配って、もめない相続を実現してください。

17 安心して遺贈を受け取ってもらうためには、自筆証書遺言の法務局保管制度がよいのでしょうか？

（法務局における遺言書の保管等に関する法律）

Question

　私には相続人がおらず、お世話になった従兄弟たちや親しい友人に財産を遺したいと思っています。しかし、生前に自分の財産内容を詳らかにする遺言を誰か一人に預けておくことは気が進まず、また複数人にきちんと遺言どおりに財産を渡してもらえるのかも不安です。遺贈の際は公正証書遺言よりも自筆証書遺言の法務局保管制度の方がよいとも聞いたのですが、どうすればよいでしょうか？

Answer

（POINT）

❶ 自筆証書遺言の法務局保管制度の利用で紛失・偽造の恐れがない

❷ 保管申請の際には相続人以外の受遺者・遺言執行者の届出が必要

❸ 法務局保管制度の利用で検認手続が不要となり、受遺者・遺言執行者も通知を受けられ、遺言書情報証明書を取得可能

1　法務局保管制度を前提とした自筆証書遺言の作成方法

　自筆証書遺言は、本文自体は全文を手書きする必要がありますが、目録等は印字した紙面の１枚ずつに署名・押印をすれば有効であり、民法上は使う紙の種類等に制限はありません。

　しかし、法務局保管制度を利用する場合は、紙や筆記具等につき以下のような決まりがあるため、これを守る必要があります。

①本文・目録を含めて A4サイズの紙

②模様や色柄等で文字が見えにくくなってはならない

（一般的な罫線は可）

③余白が最低でも上部5mm、下部10mm、左20mm、右5mm 以上確保されている

④片面のみに記載されている

⑤「通し頁番号／総頁番号」の形式でページ数の記載を行うこと

⑥ホッチキス等で綴じておらず、封入もされていない

⑦ボールペンや万年筆等の消えにくい筆記具を使用する

（シャーペンや消えるインクは不可）

⑧戸籍どおりの本名で記載する

　余白等を守った記入用紙は法務局の HP 上に PDF 形式で公開されており、これを A4サイズの白紙に印刷して使う方法が簡便です。

2　保管申請書の記載事項

　作成した自筆証書遺言を法務局に保管するには、保管日時を管轄法務局（住所地、本籍地、所有不動産の所在地のいずれか。なお、以前に保管した遺言がある場合は、同一の法務局でなければなりません。）に予約し、保管申請書を作成の上、遺言書のほかに顔写真付の本人確認書類等とともに持参して申請を行うこととなります。

　遺言書の保管申請書には、遺言作成日や遺言者の氏名・生年月日・住所等の本人の情報を記入する必要があるほか、【受遺者等・遺言執行者等欄】というものが3枚目にあります。

　この欄には、遺言書中に記載された財産を遺贈する際の受遺者や遺言執行者といった「相続人ではない遺言にかかわる人」を記載して、保管申請の際に届け出ることになります。この1枚の紙面には2名分しか記載枠がありませんが、複数人に遺贈したい場合等にはこの紙を何枚も使用して全員分を記載した上で通し頁番号をつける

【受遺者等・遺言執行者等欄】 ※遺言書に記載している受遺者等又は遺言執行者等の氏名，住所等を記入
してください。また，該当する□にはレ印を記入してください。

受遺者等又は遺言執行者等の番号 ☐ 番
(注)受遺者等又は遺言執行者等の全員に対して通し
番号を記入してください。

受遺者等又は遺言執行者等の別 ☐ 受遺者等 ☐ 遺言執行者等
(注)受遺者等と遺言執行者等を兼ねる場合は，両方
にレ印を記入してください。

氏名 姓
(注)法人の場合
は，姓の欄に商 名
号又は名称を記
入してください。

住所 〒 ☐☐☐ － ☐☐☐☐
(注)法人の場合 都道府県
は，本店又は主 市区町村
たる事務所の所 大字丁目
在地を記入して
ください。

番地

建物名

出生年月日 1：令和／2：平成／3：昭和／4：大正／5：明治／ ☐☐ 年 ☐☐ 月 ☐☐ 日
(注)法人の場合は，記入不要です。 6：不明 (注)6：不明の場合，年月日は記入不要です。

会社法人等番号
(注)法人の場合のみ記入
してください。

受遺者等又は遺言執行者等の番号 ☐ 番
(注)受遺者等又は遺言執行者等の全員に対して通し
番号を記入してください。

受遺者等又は遺言執行者等の別 ☐ 受遺者等 ☐ 遺言執行者等
(注)受遺者等と遺言執行者等を兼ねる場合は，両方
にレ印を記入してください。

氏名 姓
(注)法人の場合
は，姓の欄に商 名
号又は名称を記
入してください。

住所 〒 ☐☐☐ － ☐☐☐☐
(注)法人の場合 都道府県
は，本店又は主 市区町村
たる事務所の所 大字丁目
在地を記入して
ください。

番地

建物名

出生年月日 1：令和／2：平成／3：昭和／4：大正／5：明治／ ☐☐ 年 ☐☐ 月 ☐☐ 日
(注)法人の場合は，記入不要です。 6：不明 (注)6：不明の場合，年月日は記入不要です。

会社法人等番号
(注)法人の場合のみ記入
してください。

(注)記入欄が不足する場合は，用紙を追加してください。

 1003

ページ数 ／

（出典：法務省「遺言書の保管申請書」）

ことになっています。また、遺言者の死亡を法務局が情報取得した際に、遺言があることを通知してもらうことのできる【死亡時の通知の対象者欄】というものもあり、通知を希望しておけば、法務局保管の遺言の場合は、遺言の存在自体が全く知られないままになってしまうことがほぼなくなることもメリットでしょう。

　遺言の情報は、遺言者本人が生存中は本人しか取得できませんので情報は漏れません。また、法務局で本人確認がされているため、その自筆証書遺言がそもそも全くの偽造であるということはなく、遺言書自体の紛失も起こらないため、安心できる制度です。

　なお、保管後に受け取ることのできる保管証という書類は、保管番号等、後の手続で使用する情報が記載された書類です。なくした場合も再発行は受けられませんので大切に保管してください。もちろん、保管証を紛失等した場合であっても、少し手続が増える可能性はありますが遺言の証明書等を取得すること自体はできます。

3　遺言者の死後の手続
(1)　遺言書情報証明書等の取得

　遺言者の生前に、法務局に自分を受遺者等とする遺言があると伝えてもらっていたり、相続人である場合、遺言者の死後に法務局に対して、①遺言書を保管しているかどうかの確認、②遺言書の原本等の閲覧、③遺言書情報証明書（遺言書の内容を法務局が証明してくれる公的な証明書）の取得を行うことができます。これらの手続は、遺言者の相続人本人か、予め届け出られた受遺者・遺言執行者等が行うことができます。遺言書情報証明書は、家庭裁判所の検認手続も不要であるため、遺言執行を行いやすい点もメリットでしょう。

なお、保管証の情報があれば①の手続を省略することができるため、遺言を確実に伝えたい受遺者等がいる場合は、保管証のコピーを渡しておく方法もご検討ください。

⑵　他の相続人等への通知

相続人・受遺者・遺言執行者等のうち一人が上記⑴の②③の手続を行った場合、法務局から他の相続人や受遺者等に関係遺言書保管通知がされます。これにより相続の関係者全員が遺言を存在を認識でき、自身でも遺言書情報証明書等の取得もできるため、遺言の内容が確実に伝わることとなります。

4　公正証書遺言との違い

公正証書遺言も、全国の法務局で検索できる制度や家庭裁判所の検認が不要である点、公的な機関が原本保管する点等は法務局保管制度と共通です。しかし公正証書遺言では、検索や謄本等の取得ができるのは原則「相続人」に限られ、受遺者の立場では遺言があるか否かを知ることも、遺言書を入手することもできません。遺言者が作成時に受け取る正本や謄本といった公正証書を受遺者に渡すことは可能ですが、これらが紛失した場合は、受遺者の立場では取得できません。また、公証役場から相続人や受遺者へ遺言の通知は行われず、検認手続もないため遺言の存在を知る機会がない可能性があります。一方、自筆証書遺言の法務局保管制度は、相続人ではない受遺者も遺言を取得でき、遺言を知る機会が確保される点は、相続人以外に財産を遺したい場合には有用な方法でしょう。

◆ 保管証のイメージ

保管証

遺言者の氏名	遺言　太郎
遺言者の出生の年月日	昭和○年○月○日
遺言書が保管されている 遺言書保管所の名称	○○法務局
保管番号	H0101-202007-100

　上記の遺言者の申請に係る遺言書の保管を開始しました。

令和2年7月10日
○○法務局

遺言書保管官
法務　三郎

（出典：法務省民事局「自筆証書遺言書保管制度のご案内」）

18 どうしても買い手のいない不要な土地を相続してしまったのですが、手放すにはどうすればよいのでしょうか？

（相続等により取得した土地所有権の国庫への帰属に関する法律）

Question

　父から相続した不動産のうち、私の居住地から遠く使いにくいものがいくつかあります。売りに出しても買い手は現れず、自治体等に寄附を申し出ても断られました。持ち続けても固定資産税等がかかり続けるだけですから、子のためにも、なんとか遺さずに私の代のうちに処分したいと考えています。どうすればよいでしょうか？

Answer

〔POINT〕

❶ 相続・遺贈により土地を取得した者の申請により、土地を国庫に帰属させることができる新法が施行された

❷ 管理等に過分の費用を要する土地は対象外といった厳しい要件

❸ 申請者による10年分の土地管理費相当額の負担金の納付が必要

1　相続土地国庫帰属法の成立

　第1章第1節❿のとおり、現在の日本では所有者不明土地が増加しており、その面積は九州の大きさを超えたとされています。所有者不明土地が増加する原因としては、相続に際して適切な手続がとられないために死亡した人の名義のままの不動産が増え、長期間が経過してからでは追跡もできないことと見られています。

　また、人口減少により土地の需要自体が縮小しつつあり、特に地方部においては価値が下落する土地が増加する傾向が見られます。そのため、土地の処分方法としての売却が困難になり、需要のない

土地に対しては国や地方公共団体に寄附を申し出ても拒否されることが一般的です。所有者が管理費負担を嫌って土地を放置し、引き受け手のいない土地が増加することは、管理不全の土地が増加する結果を招来しかねません。

そこで、相続又は遺贈（相続人に対する遺贈に限る。）によりその土地の所有権の全部又は一部を取得した土地の所有者が、法務大臣に対し、その土地の所有権を国庫に帰属させることについての承認を求めることができる「相続等により取得した土地所有権の国庫への帰属に関する法律（相続土地国庫帰属法）」が成立し、施行されました。相続土地国庫帰属法は、却下要件・不承認要件のいずれも存在しない場合には承認することが義務づけられており、法律上の要件さえ満たせば、国に取得を拒否させない制度であり、この点が通常の寄附とは大きく異なる点です。

2　審査の流れと納付すべき管理費用

相続土地国庫帰属法においては、土地の管理コストの国への不当な転嫁や土地の管理をおろそかにするモラルハザードの発生を防止するため、一定要件を設定し、法務大臣が要件を審査することとされています。

この要件審査を経て法務大臣の承認を受けた者は、土地の実情に応じた標準的な管理費用を考慮して算出された10年分の土地管理費用相当額の負担金を納付しなければならず、地目、面積、周辺環境等の実情応じて、詳細が法令で規定されています。負担金の具体例としては、宅地、田、畑、その他雑種地や原野は面積に関わらず20万円、森林は面積に応じ算定されることとなっていますが、算定式によっては例外もかなり多くなっています。申請によって国に引

き取ってもらうことができる制度ではありますが、申請者が対価を得られないだけでなく、かえって負担金を負うことにご注意ください。

なお、国庫に帰属した土地は国有地となり、農用地や森林地は農林水産大臣が、それ以外の土地は財務大臣が管理処分することになります。

◆ 手続の流れ

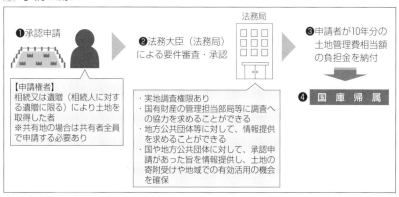

（法務省資料を参考に作成）

3 申請することができる者

相続又は遺贈（相続人に対する遺贈に限る。）により、土地の所有権又は共有持分を取得した者等が国庫帰属の承認申請をすることができます。ただし、当該土地が共有に属する場合は、共有者全員で国庫帰属の承認申請をしなければなりません。

具体的には、単独所有の土地については、相続等により土地の全部又は一部を取得した者（次図具体例①、②）が承認申請することができます。

共有に属する土地については、相続等により土地の共有持分の全

147

部又は一部を取得した共有者（次図具体例③、④）が承認申請をすることができます。ただし、土地の共有持分の全部を相続等以外の原因により取得した共有者であっても、相続等により共有持分の全部又は一部を取得した者と共同して申請するときに限り、国庫帰属の承認申請（次図具体例⑤）をすることができます。

◆ **具体例**

単独所有

①相続等により所有権の全部を取得した所有者
父Ｘから子Ａが相続により土地を取得

父Ｘ
単独所有
相続
申請可 子Ａ
単独所有

②相続等により所有権の一部を取得した者
父Ｘから子Ａ・子Ｂが購入し、子Ｂが
子Ａの持分を相続により取得

父Ｘ
単独所有
売却
子Ａ　子Ｂ
Ａの持分1/2
Ｂの持分1/2
相続
子Ｂ 申請可
単独所有
（うち相続1/2）

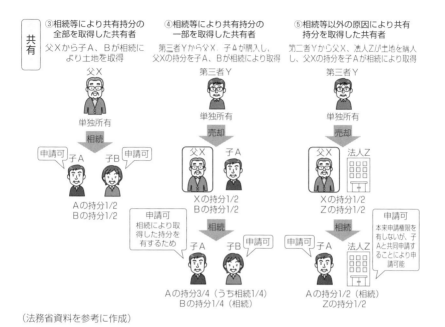

（法務省資料を参考に作成）

4 申請できる土地の要件

　国庫帰属の承認の申請をできる土地の要件は、「通常の管理又は処分をするに当たり過分の費用又は労力を要する土地」に該当しないこととされており、国庫帰属要件は、具体的に法令で次のとおり類型化されています。

◆ 要件

◎却下要件（その事由があれば直ちに通常の管理・処分をするに当たり過分の費用・労力を要すると扱われるもの）

承認申請は、その土地が次の各号のいずれかに該当するものであるときは、することができない（帰属法2Ⅲ、帰属政令2）。

1　建物の存する土地
2　担保権又は使用及び収益を目的とする権利が設定されている土地
3　通路その他の他人による使用が予定される土地（墓地、境内地、現に通路・水道用地・用悪水路・ため池の用に供されている土地）が含まれる土地
4　土壌汚染対策法上の特定有害物質により汚染されている土地
5　境界が明らかでない土地その他の所有権の存否、帰属又は範囲について争いがある土地

➡ これらのいずれかに該当する場合には、法務大臣は、承認申請を却下しなければならない（帰属法4Ⅰ②）。

◎不承認要件（費用・労力の過分性について個別の判断を要するもの）

法務大臣は、承認申請に係る土地が次の各号のいずれにも該当しないと認めるときは、その土地の所有権の国庫への帰属についての承認をしなければならない（帰属法5Ⅰ、帰属政令4）。

1　崖（勾配が30度以上であり、かつ、高さが5メートル以上のもの）がある土地のうち、その通常の管理に当たり過分の費用又は労力を要するもの
2　土地の通常の管理又は処分を阻害する工作物、車両又は樹木その他の有体物が地上に存する土地
3　除去しなければ土地の通常の管理又は処分をすることができない有体物が地下に存する土地
4　隣接する土地の所有者等との争訟によらなければ通常の管理又は処分をすることができない土地（隣接所有者等によって通行が現に妨害されている土地、所有権に基づく使用収益が現に妨害されている土地）
5　通常の管理又は処分をするに当たり過分の費用又は労力を要する土地
　○土砂崩落、地割れなどに起因する災害による被害の発生防止のため、土地の現状に変更を加える措置を講ずる必要がある土地（軽微なものを除く）
　○鳥獣や病害虫などにより、当該土地又は周辺の土地に存する人の生命若しくは身体、農産物又は樹木に被害が生じ、又は生するおそれがある土地（軽微なものを除く）
　○適切な造林・間伐・保育が実施されておらず、国による整備が追加的に必要な森林
　○国庫に帰属した後、国が管理に要する費用以外の金銭債務を法令の規定に基づき負担する土地
　○国庫に帰属したことに伴い、法令の規定に基づき承認申請者の金銭債務を国が承継する土地

➡ これらのいずれかに該当する場合には、法務大臣は、不承認処分をする（帰属法5Ⅰ）。

※却下、不承認処分のいずれについても、行政不服審査・行政事件訴訟で不服申立てが可能。

（出典：法務省「令和3年民法・不動産登記法改正、相続土地国庫帰属法のポイント」）

　上記の要件をみればわかるとおり、建物が建っている土地や通路等他人の使用がある土地、境界が明らかでない土地は却下要件に該当し、国庫帰属させることができません。不要な土地を国庫に帰属させる要件は非常に厳しいものとなっており、国に引き取ってほしい土地ほど要件を満たしていないことが想定されます。管理費相当額の納付の必要もあるため、気軽に用いることができる制度ではないことを理解しておく必要があるでしょう。

相続人が誰もいない場合

　配偶者も子も兄弟姉妹（代襲相続人を含む。）もいない場合、その人の財産はどうなるのでしょう。よく小説等で見かけるように、遠い親戚にわたるのでしょうか。そうではありません。

　この場合、相続人がいませんのでそのまま財産を取得する人はいません。相続人がいない場合は、財産はまず「相続財産法人」に所属することになります。相続財産法人は、最初に被相続人の債権者等に対して弁済を行い、その後、財産が残っていれば家庭裁判者の認めた「特別縁故者」に対し財産の全部又は一部を与え、さらに財産が余れば残りの財産は国庫に帰属することになるのです。

　特別縁故者とは、被相続人と生計を同じくしていた者や被相続人の療養看護に努めた者等、相続人ではないが、特別な関係にあった人をいいます。具体的には内縁の配偶者や同居していた親族、面倒を見てくれた人等が対象です。

　相続財産法人は、このような手続をしなければならないため、「相続財産清算人」（令和5年4月1日から名称が変更されました。）をつける必要があります。関係者が裁判所に申し立てを行うのですが、この時には管理人等の報酬がかかりますので、被相続人の十分な預貯金が存在すること等が明らかでなければ高額の予納金が必要とされます。死亡後の整理に非常に手間がかかりますので、後をまかせられる相続人ではない親しい親族（いとこ等）や知人のためにも、相続人がいない人こそ遺言での生前の対策が重要です。

1 相続税と贈与税の改正にどう対処する！

（相法21の7、21の9、措法70の2の4）

Question

　資産移転時期の選択により税負担が異ならないようにするとして、相続税と贈与税の一体化が検討され、精算課税や相続前贈与の加算期間が改正されたそうですが、今後も改正は続くのでしょうか。

Answer

（POINT）

❶ 諸外国の贈与税と相続税の取扱いが参考

❷ 令和6年1月1日から相続時精算課税と暦年課税が改正

❸ まだ相続税と贈与税の一体化については検討が続く

1　諸外国の贈与税と相続税の取扱い

　諸外国では、一定期間の贈与や相続を累積して課税すること等により、資産の移転のタイミング等にかかわらず税負担が一定となり、同時に意図的な税負担の回避も防止できるよう工夫されています。主要国（米・独・仏）では、贈与税・遺産税（相続税）の税率表が共通で、税負担の中立性が確保されています。

　アメリカでは贈与税と遺産税（日本の相続税）とは一体化されており、一生を通じての累積贈与額と相続財産額に対して一体的に課税されており、一生涯の生前贈与と相続で遺産税方式による税負担は一定となっています。

　また、フランスとドイツも贈与税と相続税とは一体化されており、一定期間（仏15年、独10年）の累積贈与額と相続財産額に対して一体的に課税されており、一定期間の生前贈与と相続で遺産取得課税

方式による税負担は一定となっています。

◆ 我が国と諸外国の相続・贈与に関する税制の比較

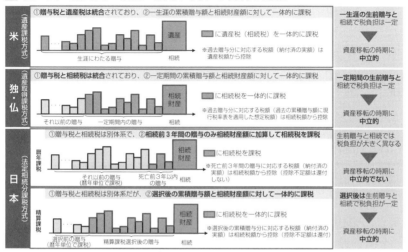

（出典：政府税制調査会資料）

2 令和6年からの税制改正のポイント

　相続税と贈与税をより一体的に捉えて課税する観点から、相続時精算課税制度と暦年課税制度のあり方が見直され、格差の固定化の防止等に留意しつつ、資産移転の時期の選択に中立的な税制の構築を図るため、令和6年1月1日以後の贈与から、次のように贈与税と相続税の改正が行われます。

⑴ 相続時精算課税の使い勝手向上のための改正ポイント

　① 相続時精算課税に毎年110万円の基礎控除を創設

　② 特定贈与者死亡時の相続前贈与の加算から基礎控除分を除外

　③ 土地建物が災害で一定の被害を受けた場合、相続時に再計算

⑵　一体化を進めるための暦年課税制度改正のポイント
　　①　被相続人からの相続前贈与の加算期間を 3 年から 7 年に延長
　　②　3 年超 7 年以内の贈与財産については総額から100万円控除

3　改正が適用される時期に要注意

　これらの贈与税及び相続税の改正は、令和 6 年 1 月 1 日以後の贈与から適用されます。経過規定として、相続開始前贈与の加算期間は、令和 9 年 1 月 1 日から順次 1 年ずつ延長され、令和13年 1 月 1 日以後の相続から加算期間は 7 年に完全移行されます。当面の間は相続開始前贈与の加算期間は 3 年から 7 年に変遷していきます。

4　今後の対応策

　今回の改正では、相続で財産を取得した者だけが加算対象者となっており、遺産を取得しない者への贈与は加算対象外です。孫や親族への贈与は、精算課税を選択した場合を除き相続財産への加算対象外ですので、相続税が 2 割加算される遺贈より暦年課税による一定額の贈与が、相続直前であっても節税になるでしょう。

　いずれにしても諸外国の制度を参考にしつつ、課税方法のあり方も含めて、今後も相続税と贈与税の改正が検討されていきます。どのような改正が行われるのか、相続税と贈与税の一体化の動向についてはまだまだ目の離せない状態が続いていきます。

2 相続税対策で不動産を取得すべきでしょうか？

（措法69の4）

Question

　預貯金より不動産を所有している方が相続税法上は有利であると聞いて、どうする方がいいのかわからず困っています。不動産取得はどのようなメリット・デメリットがあり、どう判断すればよいのでしょうか？

Answer

（POINT）

❶ 二世帯住宅の敷地は原則としてその評価額が80%減となる

❷ 所有地への賃貸建物の建築は土地と建物の評価減効果が大きい

❸ 収益物件の取得は相続税の軽減効果が大きいがリスクも高い

1　相続税対策は対策期間で異なる

　高額な相続税の節税対策を行いたいが、どんな対策がいいのかわからずに困っている資産家がよくいらっしゃいます。節税対策は短期対策と長期対策ではその内容は大きく異なります。まずはその点を明確にして対策を考慮する必要があります。

　短期間において、相続税額引下げ対策を実施する方法として効果的な方法は、時価と相続税評価額に大きなかい離がある不動産の取得です。また、以下に説明するような不動産所有者の税制上の特例を活用することも重要です。

2　100坪以上の自宅敷地を購入する

　被相続人の自宅の敷地については、一定要件のもと330㎡までは

155

評価額が80％引き下げられます。これを最大限に活用するため、都心の高級マンションに居住していた資産家がそのマンションを賃貸し、交通の便の良い人気の高級住宅地に自分たち夫婦が住むための宅地購入を検討する方が見受けられます。ただ、人気のある高級住宅地で資産家が住みたいと思っている地域については、100坪以上の宅地はなかなか売りに出ないため手に入りにくいようです。半面、売りたい時にすぐに売れ、値下がりもしにくい宅地となっています。

　例えば、東京国税局管内では松濤・麻布・白金台・広尾等、大阪国税局管内では芦屋・西宮近辺・帝塚山・北摂・鴨川沿い・学園前等、名古屋国税局管内では白壁、八事近辺・松栄町等が挙げられ、常に買いたい方が控えているといわれており、路線価よりも高値で取引されています。

　200坪の敷地を取得し両親が一棟の二世帯住宅を建てた場合、区分所有さえしなければ、二世帯住宅が完全分離型で生計が別であったとしても、限度面積まで二世帯住宅の敷地全部がこの特例の対象となります。よって、父親の相続時に子が全敷地の２分の１の持分（100坪）の宅地につき小規模宅地等の特例の適用を受け、母親の相続時に残りの２分の１の持分にこの特例の適用を受けることができるのです。

　この場合、２億円で購入した200坪の土地の相続税評価額が１億6,000万円であった場合、特定居住用宅地等の適用要件を満たせば評価額は80％減となり、3,200万円の評価額になるのですから、評価額引下げ対策としては効果的な方法です。その自宅に家族代々が住み続けることが前提となりますが、資金繰り上問題がなければ、親も子も孫も一棟に住める嬉しい方法として、ベストな対策といえるでしょう。

3　所有地に賃貸建物を建築する

　土地を多数所有している人がその所有地に賃貸建物を建築することは効果の高い方法です。土地の購入資金がいらず建物の建築資金だけが必要とされますので、投資リスクが低いといえるでしょう。

　贈与税や相続税の計算の場合、土地は通常の取引価額（時価）ではなく、国税庁の定めた評価方法（路線価方式又は倍率方式）により評価され、この評価額は、一般的に公示価格の80％程度とされています。建物の評価額も、通常の取引価額ではなく、国税庁の定める相続税評価額（固定資産税評価額）となり、建築価額の70％程度になることもあります。さらに賃貸していると、貸宅地、貸家建付地、貸家として、評価額が引き下げられます。

　まず、貸家が建っている土地については貸家建付地とされ、借地権割合に借家権割合をかけて、その割合を土地の自用地評価額から差し引きます。借家権の割合は30％ですが、借地権の割合は地域によって異なり、その割合は路線価図に表示されています。貸家については固定資産税評価額から30％の借家権割合を控除します。

　たとえば、相続税評価額1億円の土地に現金1億円で賃貸建物を建築すると、借地権割合60％の地域であるならば、図式の計算により建物の評価額と土地の評価額の合計で1億3,100万円と想定されます。土地所有者にとっては非常に効果の高い対策です。

　しかし、自己所有の土地に賃貸店舗や賃貸住宅、賃貸オフィスビルなどを建築する場合においては、工事の完成・引渡しまで、かなりの時間がかかります。さらに、相続税評価額引下げの効果があったとしても、長期安定収入で投資資金を回収できなければ大きな損失になります。そのリスクを考慮して、土地を活用すべきかどうかの意思決定を行うことが重要です。

前提条件：相続税評価額１億円の駐車場用地を所有の場合
　　　　　賃貸物件１億円を借入金で建築し、賃貸割合100%とすると…

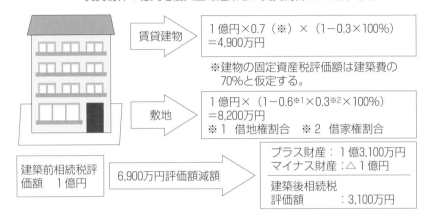

賃貸建物

> 1億円×0.7（※）×（1−0.3×100%）
> ＝4,900万円
>
> ※建物の固定資産税評価額は建築費の
> 　70%と仮定する。

敷地

> 1億円×（1−0.6※1×0.3※2×100%）
> ＝8,200万円
> ※１　借地権割合　※２　借家権割合

建築前相続税評
価額　１億円

6,900万円評価額減額

> プラス財産：１億3,100万円
> マイナス財産：△１億円
> ――――――――――
> 建築後相続税
> 評価額　　　：3,100万円

4　新規に不動産投資物件を取得する

　3の対策を実行したいにもかかわらず、賃貸物件を建てる土地を持ってない方は、土地建物を取得して賃貸することになります。例えば都心で２億円の新築賃貸不動産を取得した場合に、その賃貸不動産の相続税評価額が１億円程度ということもよくあります。金融資産の場合、２億円の時価評価に対してそのまま相続税が課税されますが、賃貸不動産の場合、租税回避とみなされない限り、取得直後であっても相続税評価額に対して課税されますので、相続税の節税効果が高い対策です。

　ただし、マンションの評価通達が新設され、区分所有の居住用マンションについては一定基準で評価乖離率が計算されることになります。乖離率が約1.67以上になると補正率は評価乖離率に0.6をかけることができます。よって、節税効果は低くなりましたが、現金と比べるとやはり40%近くの評価減が期待できます。

3 配偶者居住権の評価と活用法は？

（相法23の2、相令5の7、相規12の2～12の4、相基通9-13の2）

Question

配偶者居住権は、相続時にはどのように評価されるのでしょうか。また、所有者の評価や配偶者が亡くなった時にはどのように取り扱われるのでしょうか。

Answer

（POINT）

❶ 所有権は残存年数、平均余命、複利現価率等により評価する

❷ 配偶者居住権は相続税評価額から所有権を控除して評価する

❸ 小規模宅地等の特例は要件充足で配偶者居住権も所有権も適用可

1 配偶者短期居住権の相続税評価

配偶者が死亡した場合、もう一方の配偶者は相続人となり、配偶者短期居住権の設定が認められています。ただし、その期間は、遺産の分割により居住建物の帰属が確定した日か、相続開始の時から6か月を経過する日のいずれか遅い日までの間とされています。よって、遺産分割終了と同時に消滅する財産ですから、相続税の課税財産にはならないものとされます。

2 配偶者居住権等に係る相続税評価額の計算方法

(1) 配偶者居住権及び居住建物の相続税評価額

配偶者居住権については、被相続人の財産であった居住用建物に配偶者居住権が設定された場合における建物（以下、居住建物という。）の計算方法が規定されています。

159

相続等により取得した建物の相続税評価額は固定資産税評価額とされており、居住建物の価額や配偶者居住権の価額は、それを基に評価します。まず、居住建物の価額は残存耐用年数を基準に評価し、配偶者居住権の価額は自用価額から居住建物の価額を控除します。

①配偶者居住権が設定された居住建物の価額

$$\text{居住建物の} \atop \text{相続税評価額} \times \frac{\left(\text{耐用} \atop \text{年数} \times 1.5\right)^{※1} - \text{経過}^{※1} \atop \text{年数} - \text{居住権の}^{※1※2} \atop \text{存続年数}}{\left(\text{耐用年数} \times 1.5\right)^{※1} - \text{経過年数}^{※1}} \times \begin{array}{l} \text{配偶者居住権の存続年数} \\ \times \text{に応じた民法の法定利率} \\ \text{による複利現価率}^{※3} \end{array}$$

※1 ６か月以上の端数は１年とし、６か月に満たない場合は切捨て。
※2 居住権の存続年数は、遺産分割協議等に定められた居住権の存続年数で、配偶者の完全生命表による平均余命（６か月未満切捨て）を上限とする。
※3 法定利率は、令和２年４月１日以降は３％とされている。

②配偶者居住権の価額

建物の相続税評価額 － 上記①の評価額

(2) 配偶者居住権に基づく敷地利用権等の相続税評価額

相続等により取得した土地等の相続税評価額は路線価等により評価します。配偶者居住権に基づく敷地利用権の価額及び居住建物の敷地の用に供される土地の価額は、それを基に評価します。まず、居住建物の敷地所有権は相続税評価額に存続年数に応じた複利現価率を乗じて評価し、配偶者居住権に基づく敷地利用権の価額は相続税評価額から居住建物の敷地である土地の価額を控除して計算します。

①居住建物の敷地の用に供される土地の価額

土地の相続税評価額 × 配偶者居住権の存続年数に応じた 民法の法定利率による複利現価率

②配偶者居住権に基づく敷地利用権の価額

土地の相続税評価額 － 上記①の評価額

160

◆ 設例（前提条件）

①妻が85歳の時に夫死亡
②自宅建物の相続税評価額　1,000万円
　（金属造　骨格材の肉厚3.2mm：耐用年数27年、経過年数15年）
③自宅土地の相続税評価額　3,000万円
④妻は配偶者居住権を取得、子は自宅の建物・土地を取得

(1)　居住用建物の価額（子の相続分）

$$1,000万円 \times \frac{(27年 \times 1.5)^{※1} - 15年^{※1} - 9年^{※1※2} = 17年}{(27年 \times 1.5) - 15年 = 26年} \times 0.766^{※3}$$

$$= 5,008,461円$$

※1　6か月以上は1年に切上げ、6か月未満は切捨て
※2　居住権の存続年数　85歳女性の完全生命表による平均余命（6か月以上は1年に切上げ、6か月未満は切捨て）…8.73年⇒9年
※3　複利現価率　年利率3％のときの9年の場合…0.766

(2)　配偶者居住権の価額（妻の相続分）
　　10,000,000円 － 5,008,461円 ＝ 4,991,539円

(3)　居住建物の敷地の用に供される土地の価額（子の相続分）
　　30,000,000円 × 0.766 ＝ 22,980,000円

(4)　配偶者居住権に基づく敷地利用権の価額（妻の相続分）
　　30,000,000円 － 22,980,000円 ＝ 7,020,000円

(5)　配偶者居住権等の価額（(2)＋(4)、妻の相続分の合計）
　　4,991,539円 ＋ 7,020,000円 ＝ 12,011,539円

(6)　居住建物とその敷地の用に供される土地の価額（(1)＋(3)、子の相続分の合計）
　　5,008,461円 ＋ 22,980,000円 ＝ 27,988,461円

3　配偶者居住権の消滅時の課税関係

　被相続人から配偶者居住権を取得した配偶者とその居住建物の所有者との間の合意や配偶者による配偶者居住権の放棄により、配偶者居住権が消滅した場合等において、建物又は敷地等の所有者が対価を支払わなかったとき、又は著しく低い価額の対価を支払ったと

きは、原則として、建物等所有者が、その消滅直前に、配偶者が有していた建物及び土地等の配偶者居住権の価額（対価の支払があった場合にはその価額を控除した金額）を、配偶者から贈与によって取得したものとされます。なお、配偶者居住権が期間満了及び配偶者の死亡により消滅した場合には課税は生じませんので、ご安心ください。

　つまり、配偶者居住権と設定された不動産所有権の評価額を合計すると本来の相続税評価額になりますので、相続税の額は増加することも減少することもありませんが、配偶者が死亡した場合には配偶者居住権は消滅するにもかかわらず、死亡による消滅に限り相続税が課税されることがありません。相続税の節税効果はあると言えるのではないでしょうか。

4　小規模宅地等の特例との関係その他

　配偶者居住権に基づく敷地利用権及び敷地である土地は、要件を満たしていればどちらも小規模宅地等の特例の対象となります。

　例えば、配偶者と子が同居しており、配偶者が配偶者居住権を、子が土地を取得した場合、どちらも小規模宅地等の特例の適用を受けることができます。ただし、対象面積は、敷地面積に、それぞれ敷地の用に供される宅地の価額又は権利の価額がこれらの価額の合計額のうちに占める割合（価額按分）を乗じて得た面積であるものとみなされますので、適用面積が増えるわけではありません。

　なお、配偶者居住権等については不動産ではありませんので物納できませんが、配偶者居住権が設定された不動産（建物・土地）を物納するにあたっては、物納劣後財産とされます。配偶者居住権の設定の登記の登録免許税の税率は0.2%となります。

4 誰が自宅を相続するかで相続税額は変わるのですか？

（措法69の4、措令40の2）

Question

　小規模宅地等の特例を適用すると、その宅地は80%も評価が減額されるときいています。ただ取得する人やその後どうするかによって、適用できない場合もあると知り困っています。誰が自宅敷地を相続すればよいのでしょう。

Answer

（POINT）

❶　特定居住用宅地等については330㎡が80%の評価減の対象

❷　分離型の二世帯住宅も要件を満たしていれば敷地全体が対象

❸　有料老人ホームへの入居後も特定居住用宅地に該当することも

1 「小規模宅地等の特例」のあらまし

　土地所有者本人や生計一親族の自宅や事業用の宅地、又は同族会社が事業をしている店舗や工場等の敷地について、配偶者や後継者が相続する時には、一定の条件、規模で相続税を軽減しようという趣旨で、「小規模宅地等についての相続税の課税価格の計算の特例」の規定が設けられています。適用面積や減額割合は次の表のようになっており、相続の時しか適用されず、贈与の時には適用されません。また配偶者を除き、原則としてその宅地等を相続税の申告期限まで保有し、かつ事業や居住を継続していなければこの特例を適用することができません。

163

利用区分		限度面積	減額割合
事業用宅地等	特定事業用等	400㎡	▲80%
	特定同族会社事業用等	400㎡	▲80%
	貸付事業用等	200㎡	▲50%
居住用宅地等	特定居住用等	330㎡	▲80%

2　適用を受けることのできる要件

　また、特定居住用宅地等と特定事業用等宅地等について、特例対象として選択する宅地等の全てが特定事業用宅地等及び特定居住用宅地等である場合には、それぞれの適用対象限度面積まで完全併用することができ、最大730㎡まで適用できます。

　しかし、貸付事業用宅地等と併用する場合には、適用対象面積計算については調整を行ったうえで200㎡が限度とされていますのでご注意ください。したがって、土地の単価、減額割合、適用対象面積等を考慮して、どの土地が有利か慎重に検討してください。

　また、特定事業用等宅地等、特定居住用宅地等については誰が取得するのか、その後どう利用するのかなど、次ページ以降の要件を充足しているかどうかで適用の可否が異なります。

⑴　**特定居住用宅地等**

　特定居住用宅地等について注意すべきは、配偶者も同居法定相続人もいない場合です。この時には、取得者及びその配偶者が自宅を有していない場合には、次に揚げる要件の全てを満たさなければならないことです。

　①　相続開始前３年以内に、取得者及びその配偶者、その者の３親等内の親族、親族等が議決権の過半数を有する法人等又は親

族等が理事となっている持分の定めのない法人が所有する国内にある家屋に居住したことがないこと。

②　相続開始時にその者が居住している家屋を相続開始前のいずれの時においても所有していたことがないこと。

今では、持ち家を子や孫に贈与したり、関係者に売却したとしても、この特例の適用を受けることはできません。第三者からの賃貸住宅に居住して3年以上経過しないと、この特例の適用を受けられないのでご注意ください。

なお、配偶者が取得した敷地利用権も、他の相続人等が取得したその敷地の用に供される宅地等についても、上記の適用要件を満たしている場合にはこの特例の適用を受けることができます。ただし、対象面積は調整計算されます。

⑵　特定事業用宅地等

特定事業用宅地等において注意すべきは、令和元年度税制改正により、相続開始前3年以内に事業の用に供された宅地等は、原則として特定事業用宅地等から除外され、特例が適用できなくなった点です。ただし、その宅地等の上で事業の用に供されている建物等の減価償却資産の価額が、その宅地等の相続時の価額の15％以上である場合には、特例の適用ができます。

◆ 特例対象適用宅地等の要件

被相続人か、被相続人と生計を一にしていた親族の居住用、もしくは事業用に供していた家屋の敷地（宅地）

特定居住用宅地等 (注1)	特定事業用宅地等 (注2)
①配偶者が取得した場合 ②被相続人と同居していた親族が申告期限まで引き続いて居住している場合 ③配偶者及び同居法定相続人がいない場合で、 　・相続開始前3年以内に自己又はその配偶者・3親等内の親族・同族会社・一般社団法人等が所有する家屋に居住したことがない場合 　・相続開始時に居住していた家屋を所有していたことがない場合 ④被相続人と生計を一にしており自宅を有していない等の親族が、相続開始前から申告期限まで自己の居住の用に供している場合	①被相続人が営んでいた事業を申告期限まで引き続き営んでいる場合 ②被相続人と生計を一にしていた親族が、相続開始前から申告期限まで自己の事業用に供している場合

（注1）配偶者を除き、相続税の申告期限まで引き続きその宅地等を所有していること
（注2）宅地等が事業供用後3年以上経過していること（ただし、建物等の減価償却資産の価額が、その宅地等の相続時の価額の15%以上である場合は除きます。）

3　二世帯住宅が適用対象となる場合

　被相続人とその親族が一の家屋に同居していたかどうかを判定する場合、その家屋が共同住宅のように構造上区分され、各独立部分をそれぞれ住居等に供することができる区分建物であるときは、その各独立部分を単位として判定するのが原則です。よって、各独立部分に被相続人とその親族が別々に居住していた場合には、同居に当たらず特定居住用宅地等に該当しません。

　ただし、被相続人及びその親族が一棟の建物で構造上区分のある各独立部分に別々に居住していた場合においても、区分所有していない場合に限り、その親族が相続等により取得したその敷地の用に供されていた宅地等のうち、被相続人及びその親族が居住していた

すべての部分について、納税者がこの特例を適用するとして相続税の申告をした場合に限り、特例の対象となります。よって、生計を一にしていない完全分離型であったとしても、区分所有していない二世帯住宅の敷地は全てこの特例の適用対象となりますのでご安心ください。

〈二世帯同居で特定居住用宅地等は最大660㎡適用できる〉

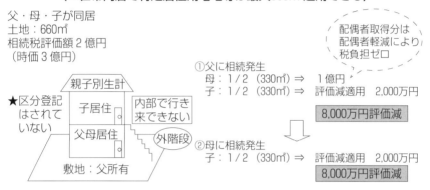

父・母・子が同居
土地：660㎡
相続税評価額2億円
（時価3億円）

配偶者取得分は
配偶者軽減により
税負担ゼロ

①父に相続発生
　母：1/2（330㎡）⇒　1億円
　子：1/2（330㎡）⇒　評価減適用　2,000万円

8,000万円評価減

②母に相続発生
　子：1/2（330㎡）⇒　評価減適用　2,000万円

8,000万円評価減

★区分登記
はされて
いない

親子別生計

子居住

内部で行き
来できない

父母居住

外階段

敷地：父所有

一次相続と二次相続における相続税評価額の合計額が4,000万円になる！！

4　老人ホーム等に入居した場合の要件の緩和

被相続人が終身利用型の老人ホーム等に入所したため、相続開始の直前においてそれまで居住していた建物に住んでいなかった場合、原則として小規模宅地等の特例の適用を受けることができません。

しかし、老人ホーム等への入所により被相続人の居住の用に供されなくなった家屋の敷地等についても、被相続人が介護を必要とする一定の有料老人ホームや介護老人保健施設、サービス付き高齢者向け住宅などに入居等されている場合には、相続の開始の直前においても被相続人の居住の用に供されていたとして、この特例が適用できます。

①	要介護認定または要支援認定を受けていた被相続人が一定の住居または施設（認知症対応型老人共同住居、養護老人ホーム、軽費老人ホームまたは有料老人ホームや介護老人保健施設、サービス付き高齢者向け住宅、介護療養院等）に入居または入所していたこと
②	障害支援区分の認定を受けていた被相続人が障害支援施設などに入所または入居していたこと

　ただし、被相続人が老人ホーム等に入居後に、その建物を事業の用又は被相続人と生計を一にしていた親族以外の者の居住の用に新たに供していた場合には適用の対象とはなりません。よって、親が老人ホームに入居後に親の自宅に引っ越した生計別親族の場合は、原則として適用されません。

　一方、老人ホーム入居前に親と同居を始め、自宅での生活が困難になってから親が老人ホームに入居した場合には、結果として被相続人は老人ホーム、相続人は親の自宅で暮らしていたにもかかわらず、この特例の適用を受けることができます。

　なお、配偶者以外については相続税の申告期限まで相続人等が保有を継続することが適用要件となっていますので、申告書の提出期限までに特例適用の予定地を売却してしまうと、この小規模宅地等の特例の適用はできませんのでご注意ください。

5 誰が事業用地を取得するかで相続税額は変わりますか？

（措法69の4）

Question

　同族会社の販売用店舗の敷地は駅前にあり、評価額が非常に高く相続税の納税に困っています。私の死後も事業を続けてもらいたいので、効果の高い相続税対策となる方法はないのでしょうか？

Answer

〔POINT〕

❶ 特定事業用宅地の適用面積は400㎡まで80％減額される

❷ 生計一親族の事業用宅地等の場合にも対象となる

❸ 特定同族会社の事業用宅地等の場合も対象となる

❹ 底地と借地権を交換し小規模宅地等の特例を有利に活用する

1　特定事業用等宅地等の課税特例の仕組み

　土地所有者本人や生計を一にしている親族の事業用の宅地、又は同族関係者が議決権の過半数を有している会社が事業をしている店舗や工場の敷地について、後継者が相続する時には、一定の要件の下、「小規模宅地等についての相続税の課税価格の計算の特例」の適用を受けることができます。

　この特例の適用を受けることのできる面積は、小規模宅地等のうち、特定事業用宅地等（一定の場合を除き、3年以内の事業供用は対象外）及び特定同族会社事業用宅地等については400㎡まで、相続税評価額が80％評価減されますので、相続税節税の最大のポイントです。

　被相続人は事業をしておらず、別居中の相続人が事業をしている宅地の場合にはこの特例は適用できません。そこで、次の図(2)の事

例のように相続発生までに二世帯住宅を建て生計を一にすれば、一気に相続税評価が大きく下がることもあるのです。

　ただし、特定居住用宅地の適用要件は一棟の建物であれば完全分離型の二世帯住宅でも可能ですが、特定事業用等宅地等の場合は生計一親族が条件ですので、事例のようなケースで完全併用するには二世帯が自由に往来でき、かつ食事等を共にする等、生計一の形態となる二世帯住宅であることが必要ですのでご注意ください。

(1) 生計一でない場合

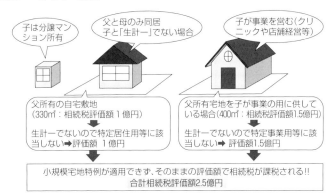

(2) 生計一の場合

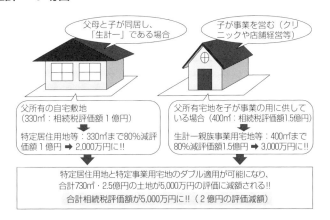

2 特定同族会社の判定は同族関係者で50%超

　被相続人等が同族株主である会社が事業をしている店舗や工場の敷地については、相続税の申告期限までその会社の事業の用に供されていた場合、特定同族会社事業用宅地等として400㎡の土地について、80%の評価減ができます。特定同族会社とは、被相続人等と同族関係者が株式の議決権総数の50%超を有する会社をいいます。なお、同族関係者とは、配偶者及び六親等内の血族、三親等内の姻族を含みますが、生計を一にしているかどうかは問いません。ただし、特定同族会社の役員が取得した宅地等のみが対象となります。

3 小規模宅地等の特例を有効に活用するため交換する

　同族会社が長年にわたりオーナー社長の土地を賃借して社屋を有している場合で、無償返還の届出を出しておらず、すでに同族会社が借地権を所有していると認められる場合には、借地権と底地権を交換するのもよいでしょう。交換することにより、社長の底地権が同族会社に賃貸している貸家建付地となり、1㎡当たりの宅地等の価額が跳ね上がります。小規模宅地等の特例は限度面積が決まっていますので、このように土地の単価が高くなればなるほど評価額の減額が大きくなるのです。次ページの図に掲げる事例によって効果を確認してみましょう。

4 交換に当たっての留意点

　交換に当たっては、オーナー社長の所有地としての残存部分に建築されている建物は買い取る必要があるでしょう。そうなると、借地権や建物の評価などを考慮する必要があることや、その後の賃貸契約をどうするかなど、実行するときには注意すべき点が多くあり

ますので、専門家と十分相談してください。

　また、不動産を交換すると登記の際に登録免許税と司法書士費用、その後に納税通知の来る不動産取得税などの多額の費用がかかることにも留意する必要があります。税効果や必要な費用をしっかりと検討してから実行するようにしてください。

◆ **事例による大きな効果**

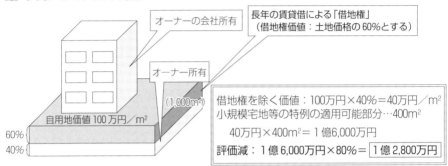

オーナーの会社所有

長年の賃貸借による「借地権」
（借地権価値：土地価格の60％とする）

オーナー所有

自用地価値 100万円／m²

(1,000m²)

60%
40%

借地権を除く価値：100万円×40％＝40万円／m²
小規模宅地等の特例の適用可能部分…400m²
　　40万円×400m²＝1億6,000万円
評価減：1億6,000万円×80％＝ 1億2,800万円

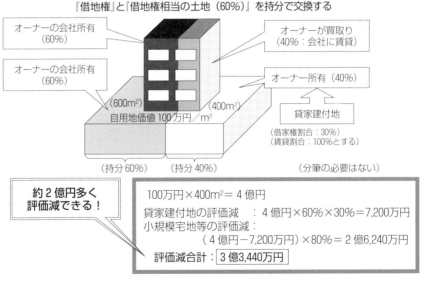

『借地権』と『借地権相当の土地（60％）』を持分で交換する

オーナーの会社所有
（60％）

オーナーの会社所有
（60％）

オーナーが買取り
（40％：会社に賃貸）

オーナー所有（40％）

貸家建付地

(600m²)　　(400m²)

自用地価値 100万円／m²

（借家権割合：30％）
（賃貸割合：100％とする）

（持分60％）　（持分40％）　　　　（分筆の必要はない）

約2億円多く
評価減できる！

100万円×400m²＝4億円
貸家建付地の評価減　：4億円×60％×30％＝7,200万円
小規模宅地等の評価減：
　　（4億円－7,200万円）×80％＝2億6,240万円
評価減合計： 3億3,440万円

6 土地の分割方法により評価額が変わるのですか？

(評基通7-2)

Question

土地評価は相続分割後の状態の利用状況によって評価すると知り、相続人間で合意した遺産分割では評価が高くなるのではと困っています。土地についてはどのような遺産分割が有利なのでしょうか？

Answer

（POINT）

❶ 土地評価は相続分割後の状態の利用状況によって評価する

❷ 更地を複数の相続人が分割して取得すれば別々に評価する

❸ 建物が建っていれば分割しても一体評価する

1 相続後の状況により取得した土地ごとに評価

相続等によって取得した土地の評価は、被相続人が所有していた時の状態ではなく、相続等によって取得した土地ごとに評価することになります。1画地になるかどうかは次のような基準によって判断します。なお、登記している土地の1つの単位を1筆といいます。次のように、同じ地目の2筆以上の土地が一体利用されていれば全体で一つの評価単位となります。その1筆の土地が2以上の利用形態であればその利用単位ごとの評価単位となります。

① 宅地を居住用、事業用の2つの用途に利用していても、所有と利用を自ら行っている場合には1画地となる。

② 一団の宅地のうち、一部を貸地、残りを自己使用の場合にはそれぞれを1画地とする。

③ 普通借地又は定期借地で土地を複数貸している場合には、同

一人に貸し付けられている部分ごとに1画地の宅地とする。

④　貸家建付地を評価する場合において、貸家が複数棟あるときは、原則として、各棟の敷地ごとに1画地の宅地とする。

2　1団の土地の使用貸借中の土地をそれぞれが相続した場合

　被相続人が保有していた土地を、子である太郎、花子、三郎が無償で借り、それぞれ自分の家を建てて住んでいました。相続で後継者の太郎が全ての土地を取得し今までどおり無償で花子と三郎に貸した場合と、太郎が被相続人と自身の自宅敷地を相続し、花子と三郎がそれぞれの自宅敷地を相続した場合の相続税評価額を比較してみると次のようになります。

① 　太郎が一括で相続した場合の評価額

　太郎が一括相続した場合の評価は、花子、三郎の自宅の敷地は地代が支払われていない「使用貸借」ですから、被相続人の自宅敷地と同じ自用地と判断され、全体の敷地を一体で評価することになり、1億7,604万円の評価額となります（地積規模の大きな宅地の評価はできないと仮定します。）。

② 　花子と三郎が自身の自宅敷地を相続した場合

　図のように、土地を家の敷地ごとに分筆します。太郎は自身と被相続人の自宅敷地を相続したので、この2つの土地を一体で評価します。花子は自身の自宅敷地を相続したのでその敷地は1画地となり、三郎についても同様となります。①のときには全体を1画地として評価しましたので、側方加算の影響が全体に及び評価が高くなっています。②のときには花子の1㎡当たりの評価額は上昇しますが、太郎及び三郎の1㎡当たりの評価額が下がり、合計では78万円の評価額が下がることになります。

◆ 被相続人が所有していた土地を複数相続人が相続した場合

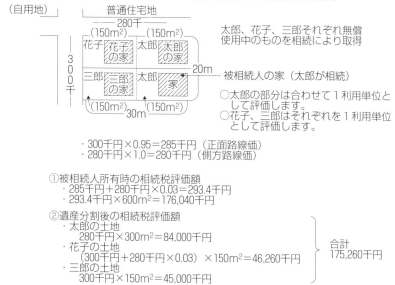

（自用地）

太郎、花子、三郎それぞれ無償
使用中のものを相続により取得

被相続人の家（太郎が相続）

○太郎の部分は合わせて1利用単位と
して評価します。
○花子、三郎はそれぞれを1利用単位
として評価します。

・300千円×0.95＝285千円（正面路線価）
・280千円×1.0＝280千円（側方路線価）

①被相続人所有時の相続税評価額
　・285千円＋280千円×0.03＝293.4千円
　・293.4千円×600m²＝176,040千円

②遺産分割後の相続税評価額
　・太郎の土地
　　280千円×300m²＝84,000千円
　・花子の土地
　　（300千円＋280千円×0.03）×150m²＝46,260千円
　・三郎の土地
　　300千円×150m²＝45,000千円

合計
175,260千円

3　更地と建物が建っている土地では同じ分割でも違う評価額

　次の図のように全く同じ条件の土地であっても、更地状態の土地と敷地全体に建物が建っている場合とでは、同じように複数人が分割して取得しても評価額が異なります。

① 更地を利用可能な2つの土地に分割して相続

更地を分割して相続するとそれぞれで評価

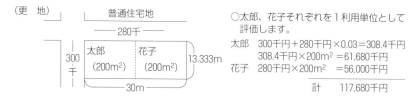

（更　地）

○太郎、花子それぞれを1利用単位として
評価します。

太郎　300千円＋280千円×0.03＝308.4千円
　　　308.4千円×200m²＝61,680千円
花子　280千円×200m²　＝56,000千円

計　　117,680千円

図①のように一団の土地を2つに分割してそれぞれが相続した場合、土地は取得者ごとに評価しますので、太郎が取得した土地、花子が取得した土地それぞれを1評価単位として評価します。

② 　分割して取得しても1つの建物が建っていれば一体評価

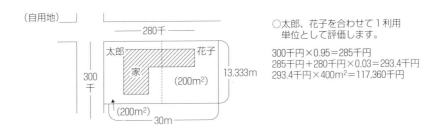

（自用地）

280千

太郎　　　　　　花子

家
（200m²）

300千

13.333m

（200m²）

30m

○太郎、花子を合わせて1利用
　単位として評価します。

300千円×0.95＝285千円
285千円＋280千円×0.03＝293.4千円
293.4千円×400m²＝117,360千円

　図②のように、建物の敷地を2つに分割し、異なる相続人が取得した場合、この土地は建物全体の敷地として一体利用されていますので、不合理的な分割とみなされ一体で評価します。

4　相続で上手に分割するには事前準備が重要

　上記の事例のように、土地を分割して複数の相続人が取得する場合、まず土地を分筆してそれぞれを別々の地番の土地として登記した上で、各相続人が取得することになります。原則として、分筆の際には隣地との境界確認、測量等が必要とされるため、相当な費用がかかります。将来の相続に備え、評価引下げ対策と争いのない分割をするための準備として、被相続人が元気なうちに分筆しておけば、これらにかかる費用が相続税の課税対象から除外されることになります。分割して取得させることが決まっているなら相続開始前に実行しておき、分筆後の土地を誰に残すか遺言書を作成しておけば、対策の完了となりますので安心です。

7 相続税対策で上手に贈与する方法はありますか？

Question

(措法70の2の4．相法15、38、52)

相続税対策の基本は贈与だと聞いていますが、贈与税は非常に高くて困っています。暦年課税による相続前贈与の加算期間が7年に延長されるなどの改正がありますが、どのように贈与すれば節税になるのでしょうか？

Answer

（POINT）

❶ 基礎控除が小さく、税率構造が高いのが贈与税である

❷ 相続税より低い税率で行うなら贈与の方が有利である

❸ 基礎控除額や低税率を活用して、長期的に少額を贈与する

❹ 7年以上長生きする、孫等に贈与するなど工夫する

1 贈与税の方が相続税より負担が重い

生前に全財産を贈与してしまえば、相続税を免れることができます。そのような方法を防ぐ税金が贈与税なのです。よって、表に示すように、贈与税の累進税率は相続税の累進税率よりはるかに高く、また、贈与税の基礎控除額（年間110万円）は相続税の遺産にかかる基礎控除額（3,000万円＋600万円×法定相続人の数）と比較できないほど小さな金額になっています。

このように贈与したくとも贈与税が高くて困ることになります。つまり、財産を生前贈与して贈与税を納めるか、相続まで待ち相続税を納めるか、どちらが税金の負担が軽くて済むかは、簡単にいうと、基礎控除額が大きく実効税率の低い相続税といえるでしょう。

◆ 贈与税と相続税の税率比較表

一般贈与 課税対象金額	特例贈与 課税対象金額	税率	相続税の 課税対象金額
200万円以下	200万円以下	10%	1,000万円以下
300万円以下	400万円以下	15%	3,000万円以下
400万円以下	600万円以下	20%	5,000万円以下
600万円以下	1,000万円以下	30%	1億円以下
1,000万円以下	1,500万円以下	40%	2億円以下
1,500万円以下	3,000万円以下	45%	3億円以下
3,000万円以下	4,500万円以下	50%	6億円以下
3,000万円超	4,500万円超	55%	6億円超

2 贈与は好きな時に好きな人へ好きなだけできる

　ただし、相続は死亡時に、法定相続人に法定相続分が一時に移転しますが、贈与は贈与者と受贈者の意思で行う契約ですから、好きな時に、好きな人に、好きなだけ実行できます。つまり、相続税の税率より低い税率の範囲内で、自由に贈与することができるのですから、長期間にわたり賢く贈与するならば相続税対策として最もシンプルでかつ効果的な節税対策といえるでしょう。

3 贈与税の基礎控除額の徹底活用

　まずは非課税枠の活用です。贈与税には、年間110万円の基礎控除額がありますので、年110万円以下の贈与ならば相続財産を減少させることになるうえ、無税で贈与することができます。相続税のかかる人は、必ず実行してください。

　しかし、無税にこだわって、110万円以下の少額な贈与の繰り返しでは、相続財産を減少させる効果はほとんどありません。反対に高額すぎる贈与は、相続税の節税効果は大きくても、贈与税の負担が非常に重く、結果的には納税額が増加することも考えられます。困った問題を解決するには一工夫が必要です。

4 適切な額を長期的に繰り返し贈与する

　相続税の節税のための贈与を成功させるには、「適切な贈与額」を見つけることが大切です。相続開始時までの期間が長いと予想される場合には、少額な贈与で非課税枠や低い税率を活用しながら、多額の財産を移転するといいでしょう。

　令和6年1月1日以後、相続前贈与の相続財産への加算期間が3年から7年に延長されますので、長生きに不安のある方は令和5年中に相続税負担より軽いある程度の贈与税を負担して、思い切って贈与するとよいでしょう。できるならば相続時に加算されるまでの期間を予測し、効率良く贈与を行っていくことが大切です。

5 一目で分かる贈与税額表と負担軽減のためのポイント

　では、いくらあげればいくらの贈与税がかかるのか、表で確認してみてください。直系尊属から18歳以上の子や孫への特例贈与は税率が緩和されていますので、410万円を超える金額の贈与がオススメです。そして、次のように贈与を実行するならば、租税回避とみなされない限り、贈与税の負担は軽くなります。

① 1人に集中せず数人に贈与

　長男に1,500万円を贈与する代わりに、長男、18歳以上の孫A、孫Bの計3人に500万円ずつ贈与すると、贈与税の負担は366万円から3人分の合計で145万5,000円と非常に軽くなります。

② 一度に贈与せず数年に渡って贈与

　一年で1,500万円贈与する代わりに、今年に500万円、翌年に500万円、翌々年に500万円と分けて贈与します。贈与税の負担は①と同様に366万円から、3年分の合計で145万5,000円となります。ちょっと一捻りするだけで、贈与税はこのように軽くなるのです。

年間の贈与金額	一般贈与		特例贈与	
（基礎控除前）	贈与税額	平均税率(%)	贈与税額	平均税率(%)
100万円	0万円	0	0万円	0
150万円	4.0万円	2.6	4.0万円	2.6
200万円	9.0万円	4.5	9.0万円	4.5
250万円	14.0万円	5.6	14.0万円	5.6
300万円	19.0万円	6.3	19.0万円	6.3
410万円	35.0万円	8.5	35.0万円	8.5
500万円	53.0万円	10.6	48.5万円	9.7
600万円	82.0万円	13.6	68.0万円	11.3
700万円	112.0万円	16.0	88.0万円	12.5
800万円	151.0万円	18.8	117.0万円	14.6
900万円	191.0万円	21.2	147.0万円	16.3
1,000万円	231.0万円	23.1	177.0万円	17.7
2,000万円	695.0万円	34.7	585.5万円	29.2
3,000万円	1,195.0万円	39.8	1,035.5万円	34.5
5,000万円	2,289.5万円	45.7	2,049.5万円	40.9
1億円	5,039.5万円	50.3	4,799.5万円	47.9

6 贈与税が払えるかよく確認する

　不動産や自社株式をもらった場合、納税資金を工面できないことがあります。そのようなことにならないよう、不動産については収入のない土地や賃料が低い建物を贈与するのではなく、高収益が見込まれるものを贈与するとよいでしょう。また、同族会社の役員に非上場株式等を贈与する場合には、その贈与税額の負担を考慮して役員報酬の増額などを検討しておく必要があるでしょう。

　どうしても一括納付できない時には、贈与税においても延納の方法が認められており、最長5年の分割払いが可能です。ただし、この場合には利子税がかかりますから、利子税も含めた納税の資金繰りを考えておく必要があります。

8 非課税で親族を支援することはできますか？

（民法877、相法21の3、措法70の2の2、70の2の3）

Question

相続で財産を遺すより、生前に孫たちの結婚・子育てや教育を支援したいのですが、税金が高いと意味がないので困っています。税制上の支援措置を利用するいい方法はないのでしょうか？

Answer

〈POINT〉

❶ 扶養義務者からの生活費や教育費の負担は贈与税が非課税

❷ 直系卑属への教育資金贈与は1,500万円まで非課税

❸ 直系卑属への結婚・子育て資金贈与は1,000万円まで非課税

1 扶養義務者相互間の生活費等は原則非課税

扶養義務者相互間で非課税になるのは扶養義務の履行と通常必要な生活費に限られています。「扶養義務者」とは配偶者並びに直系血族及び兄弟姉妹等をいいますが、この扶養義務に基づき扶養義務者が子や孫の必要最低限の生活費又は教育費を負担しても所得税はかかりません。さらに、扶養義務者相互間における扶養義務の範囲を超えた生活費又は教育費についても、通常の社会常識の範囲で行われている限りは、贈与税も非課税と決められています。

したがって、直系血族である祖父母が孫等の大学の入学金や授業料、ピアノ等のお稽古事の月謝を直接支払っても、同居家族全員の食料品や消耗品の購入代金を直接支払っても、所得税も贈与税もかからないのです。なお、私大医学部や海外留学のための費用が何千万円かかったとしても「通常必要とされるもの」に該当するとされ

181

問題になりません。ただし、車や宝石のプレゼント、超高級マンションの家賃負担等は、通常必要とはいえないため、非課税とならないでしょう。

　また、扶養義務は収入のない人への援助ですから、高収入の子の口座に孫の教育費を振り込んでも贈与税は非課税とはならず、教育費は子自身が負担し、親が振り込んだお金は単に贈与とされるので注意が必要です。授業料や家賃は必ず直接支払うなど、収入のない家族への直接の援助であることを立証しておく方法をお勧めします。

2　結婚・子育て資金贈与の非課税特例

　子の結婚に当たり、親が新居の購入費用を出せば贈与税がかかりますが、結納や結婚式の費用を負担しても常識的な範囲であれば贈与税はかかりません。なぜならば、一種の親のセレモニーといえる面も多いので、親が自分のために支出したともいえるからです。しかし、多額に与えた"持参金"は贈与税の対象となることに留意してください。ただし、父母や祖父母等からの結婚・子育て資金の一括贈与について非課税とされる次のような特例があります。

　18歳以上50歳未満の子や孫等（受贈者）の結婚・子育て資金の支払に充てるために、父母や祖父母等の直系尊属（贈与者）が金銭等を金融機関に信託等をした場合には、信託受益権等のうち受贈者1人につき1,000万円までの金額について令和7年3月31日までの間の贈与に限り、贈与税が課されません。なお、この非課税限度額のうち、結婚関連費用については300万円が限度とされており、受贈者の前年の合計所得金額が1,000万円超の場合には、適用を受けることができません。

3　教育資金贈与の非課税制度のあらまし

　また、教育費についても、父母や祖父母等からの結婚・子育て資金の一括贈与と同様に非課税とされる次の特例があります。

　この制度は、直系尊属である祖父母や父母等が信託銀行等と締結した教育資金管理契約に基づき、30歳未満である子や孫等がその信託受益権を取得した場合等には、その信託受益権等のうち受贈者1人につき1,500万円までの金額については、令和8年3月31日までの間の贈与に限り、贈与税が課されません。なお、この非課税限度額のうち、学校等以外の者に支払われる金銭については500万円が限度とされています。この制度についても合計所得金額1,000万円超の受贈者は適用を受けることができません。

4　期間中に贈与者が死亡した場合の取扱い

⑴　結婚・子育て資金贈与の非課税特例

　贈与者に相続が発生した場合には、相続税の計算上、暦年課税の場合には、相続等により財産を取得した者が相続開始前3～7年以内に贈与を受けた財産を加算して相続税が課され、すでに支払った贈与税が控除されます。しかし、直系尊属からの結婚・子育て資金贈与につき非課税特例の適用を受けた金額は非課税財産であるため、相続税の計算上加算されず有利な贈与となっています。

　ただ、その引出し期間中に贈与者が死亡した場合には、その死亡の日における管理残額については、受贈者が贈与者から相続又は遺贈により取得したものとみなして、贈与者の相続税の課税価格に加算されます。なお令和3年4月1日以後に取得する信託受益等については、受贈者が一親等の血族以外（孫等）である場合、相続税額の2割加算の対象とされます。また、この管理残額は契約終了以外

は契約を解除することができません。

　よって、この非課税特例は本質的には相続税対策になるものではありません。ただ、資産の多い子や孫への応援措置として活用できます。また、贈与者から相続又は遺贈により、結婚・子育て資金の管理残額以外の遺産を取得しなかった受贈者については、相続開始前3〜7年以内の生前贈与加算の適用はありません。

⑵　**教育資金贈与の非課税制度**

　かつての教育資金の一括贈与の非課税特例では、贈与者が死亡したときの管理残額には贈与税が課税されず、相続財産に持ち戻されることもありませんでした。しかし、令和3年4月1日以後に受贈者が贈与者から信託等により取得した信託受益権等については死亡の日における管理残額をその受贈者が贈与者から相続又は遺贈により取得したものとみなして相続税が課税されます。ただし、贈与者の死亡の日において、受贈者が次のいずれかに該当する場合には相続税は課税されません。

　①受贈者が23歳未満である場合

　②受贈者が学校等に在学している場合

　③受贈者が教育訓練給付金の支給対象となる教育訓練を受講している場合

　ところが、令和5年4月1日以後に受贈者が贈与者から信託等により取得した信託受益権等については、贈与者の死亡に係る相続税の課税価格の合計額が5億円を超えるときは、受贈者が上記①②③に該当する場合であっても、贈与者の死亡の日における管理残額を、受贈者が贈与者から相続等により取得したものとみなされることになりました。

　なお、これらの場合において、一親等の血族以外（孫等）の受贈

者が相続等により取得したものとみなされた場合には、相続税額の
2割加算の対象とされています。

◆ 結婚・子育て資金贈与の非課税特例と教育資金贈与の非課税制度の比較

制度名／項目	直系尊属から結婚・子育て資金の一括贈与を受けた場合の贈与税の非課税（措法70の2の3）	直系尊属から教育資金の一括贈与を受けた場合の贈与税の非課税（措法70の2の2）
贈与者	受贈者の父母や祖父母等の直系尊属で年齢要件はない	
受贈者	18歳以上50歳未満の子や孫	30歳未満の子や孫
	前年の合計所得金額が1,000万円超の受贈者は適用除外	
非課税規定の適用期間	平成27年4月1日～令和7年3月31日	平成25年4月1日～令和8年3月31日
非課税限度額	受贈者1人につき1,000万円ただし、結婚に関係する費用は300万円	受贈者1人につき1,500万円ただし、学校等以外の費用は500万円
口座の開設先（契約先）	信託会社（信託銀行）、銀行、第一種金融商品取引業者（証券会社）	
契約の名称	結婚・子育て資金管理契約	教育資金管理契約
使途の範囲	（例）挙式費用、新居の家賃、引越費用、不妊治療費、出産費用、産後ケア費用、子の医療費や保育費、ベビーシッター費など	（例）入学金、授業料、入園・保育料、学用品購入費、学校給食費、通学定期券代、留学渡航費など
	認可外保育園に支払う保育料も可	
資金管理契約の終了事由	①受贈者が50歳に達した場合	①受贈者が30歳に達した場合（在学中等は40歳まで延長可）
	②受贈者が死亡した場合③信託財産等の価額が0となった場合において終了の合意があったとき	
終了時の管理残額の課税	上記①、③の場合…管理残額（使い残しや、残額が0でも非課税対象以外に使用したもの）があれば終了時の年分で贈与税を課税上記②の場合…贈与税は非課税（受贈者の相続財産となる）	
資金管理契約が終了する前に贈与者が死亡した場合	管理残額について相続財産に加算	原則、管理残額については、相続財産に加算する（受贈者が23歳未満又は在学中等は除くが、相続税の課税価格が5億円を超える場合は加算）
	受贈者が孫等、一親等の血族以外は2割加算	

185

9 非課税で孫等の住宅取得を支援できますか？

（措法70の２）

Question

　孫がマイホームの取得を望んでおり、もし可能であるならば資金援助して欲しいと相談に来ました。資金支援したいと思っていますが、税金が高いと困るので何かいい方法はないのでしょうか？

Answer

―（POINT）――――――

❶　直系卑属への住宅取得資金贈与には大型の非課税枠がある

❷　契約時期にかかわらず住宅用家屋区分により限度額が決まる

❸　省エネ等住宅で1,000万円、その他住宅等で500万円が限度

1　扶養義務者相互間でも生活費等以外は課税

　扶養義務者相互間で非課税になるのは、扶養義務の履行と通常必要な生活費に限られています。よって、住宅取得のような高額な買い物に対する資金贈与は、たとえ扶養義務者相互間においても贈与税の非課税対象にはなりません。

　しかし、住宅取得の需要の増大により景気を活性化させるために、住宅取得等資金の贈与に限り、贈与税が非課税となる特例が設けられています。この住宅取得等資金贈与に係る贈与税の非課税措置は非課税限度額が引き下げられた上で延長され続けていますが、現行の制度は、令和5年12月31日までとなっています。

2　非課税措置のあらまし

　その年の合計所得金額が2,000万円以下である18歳以上の直系卑

属が、父母や祖父母など直系尊属からの贈与により、自己の居住の用に供する住宅用の家屋を新築、取得または増改築等（以下「取得等」といいます。）の対価に充てるための資金を取得した場合、一定の要件を満たすときは次の限度額まで贈与税が非課税となります。

　非課税限度額は、居住用住宅の取得等に係る契約の締結時期にかかわらず、耐震・省エネ・バリアフリー住宅については1,000万円、それ以外の住宅については500万円となっています。

　適用対象となる既存住宅用家屋の要件について、築年数にかかわらず、新耐震基準に適合している住宅用家屋（登記簿上の建築日付が昭和57年1月1日以降の家屋は、新耐震基準に適合している住宅用家屋とみなします。）であれば適用を受けることができます。

3　省エネ等住宅用家屋の範囲

　この非課税限度額が拡大されている「省エネ等住宅用家屋」とは、次に掲げる範囲の家屋をいいます。贈与を受ける前にしっかり確認をしておかないと、後で思わぬ贈与税がかかることもありますので、ご注意ください。

良質な住宅用家屋の範囲（次のいずれかの性能を満たす住宅）
① 省エネルギー性の高い住宅（断熱等性能等級4又は一次エネルギー消費量等級4若しくは5）
② 耐震性の高い住宅（耐震等級（構造躯体の倒壊等防止）2若しくは3又は免震建築物）
③ バリアフリー性の高い住宅（高齢者等配慮対策等級3、4又は5）

4　適用要件

　贈与の非課税限度額は、住宅用家屋の取得等に係る契約の締結時

期にかかわらず、住宅用家屋の区分によって決まります。なお、この非課税特例の適用を受けるためには、贈与を受けた資金の全額について、贈与を受けた年の翌年3月15日までに住宅の取得などに充当し、かつ、その住宅に受贈者が居住することが必要です。

　ただし、翌年3月15日までに完成していない場合であっても、請負契約で一定の状態（注文住宅の棟上げ等）まで建築が進んでいる場合や、その他の事由で居住していない場合でも遅滞なく居住することが確実であると見込まれるときは適用が認められています。

　また、この住宅取得等資金贈与の非課税特例は、贈与を受けた年の翌年3月15日までに、贈与税の申告書にこの特例の適用を受ける旨を記載し、必要な書類を添付して手続をした場合に限り、適用されます。なお、住宅取得等資金の贈与を受けた年の翌年12月31日までに居住していなければ、修正申告書を提出し、通常の贈与税を納めなければなりませんのでご注意ください。

　住宅取得等資金贈与の適用要件は、原則として床面積が50㎡以上240㎡以下と定められていますが、その年の合計所得金額が1,000万円以下の者である場合に限り、下限が40㎡以上に引き下げられています。また、住宅の新築だけではなく、新築物件の購入・既存住宅の取得や増改築等についても対象となっています。

　原則は住宅取得ですが、住宅と同時に取得した土地等の取得資金についても適用があります。適用対象となる住宅取得等資金の範囲に、住宅の新築等に先行してその敷地に供される土地等を取得する場合におけるその土地等の取得資金も含まれています。

5　相続税がかかるなら家屋を贈与

　せっかく孫がマイホームを建てようとしているのですから、資金

にゆとりのある祖父母なら資金援助をしてやりたいと思うのが人情でしょう。住宅取得等資金贈与の非課税枠は税金がいっさいかからず、3～7年以内に相続が発生しても相続時に持ち戻しもないのですから、ぜひ活用されることをお勧めします。

　この非課税枠を超えて多額に贈与したい場合には、相続時精算課税による住宅取得等資金贈与なら贈与者の年齢にかかわらず18歳以上の受贈者の場合、2,500万円まで無税で贈与できます。でも、相続税がかかることが予想できるなら、将来の相続税を減少させる一ひねりした次の方法で贈与してはいかがでしょうか?

　現金の相続税評価は100%そのままですが、家屋なら相続税の評価は固定資産税評価額として、建築資金の70%くらいの評価となり、高層マンションなども購入代金の70%以下の評価額になることが多いようです。相続税のかかる祖父母なら現金より建築した家や購入したマンションそのものの持分を祖父母が取得しておき、その後に相続や精算課税による贈与をして取得する方が有利になります。

10 生命保険や退職金で相続税をクリアーできますか？

（相法 3 、12、15）

Question

　相続税の納税資金に充てるため生命保険金や死亡退職金の準備を
していたのですが、これらにも相続税がかかると聞いて困っていま
す。これらを活用して相続税を支払うことができるでしょうか？

Answer

─（POINT）─

- ❶　生命保険金や死亡退職金も相続財産とみなされ相続税がかかる
- ❷　どちらにも〔500万円×法定相続人の数〕の非課税枠がある
- ❸　賢く活用すれば相続税の納税資金として効果的な方法となる

1　生命保険金や退職金にも相続税がかかる

　生命保険の死亡保険金を受け取った場合、誰が保険料負担者なの
か、誰が保険金受取人なのかによって税金が異なります。保険料負
担者と被保険者が被相続人であり、かつ、その死亡保険金の受取人
が相続人等である場合、受け取った死亡保険金は被相続人の財産で
はありませんが、「みなし相続財産」として相続税が課税されます。

　また、会社から支給される死亡退職金も、会社の退職金規定に定
める人が受け取ることになりますが、同様に「みなし相続財産」と
して相続税が課税されます。

2　相続税法上の非課税限度額

　しかし、遺族の生活保障という観点から、受け取った生命保険金
及び死亡退職金のうち一定金額については、相続税が課税されませ

ん。また、会社の規定に基づき支給される弔慰金に関しても、次表
の金額について非課税扱いとされます。

〈生命保険金及び死亡退職金の非課税額〉
500万円×法定相続人の数＝非課税金額 ・法定相続人の数は相続の放棄がなかったものとして計算する。 ・養子の場合、実子がいる場合には１人、実子がいない場合には２人までしか 　法定相続人の数に加えることはできない。
〈弔慰金の非課税額〉
・業務上の死亡の場合……………………最終報酬月額の36か月分 ・業務上以外の死亡の場合……………最終報酬月額の６か月分

3　生命保険金の活用

　一般的に生命保険金の受取人は配偶者になっていることが多いの
ですが、相続税法上の特典として配偶者には相続税額の軽減措置が
あります。この制度は、配偶者が法定相続分まで、又は１億6,000
万円までならば相続で財産を取得したとしても相続税がかからない
というものです。よって、相続税の納税資金として生命保険金を考
えるなら、相続税のかからない生命保険金は配偶者ではなく相続税
を払わなければならない子が受け取るべきでしょう。

　なお、この非課税枠を活用するためには、養老保険や定期保険で
は長生きすると保険期間が終了してしまう可能性があるため、保障
が一生涯続く終身保険に加入する必要があるでしょう。

4　保険料の贈与による納税資金対策

　この非課税枠を超える死亡保険金には相続税がかかりますので、
多額の生命保険金は相続税の点からは有利とはいえません。税金の
負担を減少させて相続税の納税資金を確保するために、保険料の贈

与プランを考えてみましょう。

　保険料贈与プランによると、将来予想される相続税の納税資金の不足額に見合った保険契約の保険料相当額以上を、毎年相続人である子に贈与していき、子がその贈与を受けたお金で親に保険を掛ければ、納税資金計画のできあがりです。

　なぜならば、所得税の負担については高額な保険金であっても子の一時所得とされ、「保険金額－支払保険料－50万円」の2分の1が課税所得となり、最高税率55％が適用されたとしても、27.5％未満の税負担で済みます。また、この贈与につき暦年課税を選択している場合には、相続開始前3〜7年以内の贈与財産以外については相続時に持ち戻されません。

　そこで、毎年払う贈与税額と受け取った高額な保険金に対する所得税等を合算した実効税率と相続税の実効税率とを比較して、低い方の実効税率以下の範囲内で贈与するとよいでしょう。なお、相続税の実効税率の高い人ほどこの対策の長所が活かされますので、少々贈与税が高くても必要経費といえるでしょう。このように「生前贈与＋生命保険契約」の対策は賢い方法といえます。

5　死亡退職金の活用

　生命保険金と同様に、相続税の課税対象となる死亡退職金と会社規定により支給される弔慰金に関しても、非課税部分については相続税がかからず有利な資産となります。しかし、同族会社を経営していない限り死ぬまで働き続け、死亡時に会社から退職金を受け取ることは困難でしょう。

　個人事業、小規模な会社や不動産事業の経営をしている場合には、小規模企業共済等に加入しておくと、廃業しない限り経営を継続で

きますので、相続時に死亡退職金として共済金を受け取ることができ最適です。もしくは、自分の不動産を譲渡するなどして会社を設立し高収益経営を行い、死ぬまでその会社の経営に従事し、相続発生時に子などに死亡退職金を受け取らせるのもよい方法でしょう。

また、事業会社の場合において、後継者に事業に必要な自社株式や事業用財産を相続させると、他の相続人の遺留分を侵害する場合があります。この場合には、経営者の生前に役員退職金規程を整備し退職金の受取人を後継者に指定しておけば、後継者はその死亡退職金を原資として、他の相続人へ代償金を支払うことができ、また自社株式に係る多額の相続税の納税資金とすることもできます。

6　死亡退職金や弔慰金の準備に生命保険契約を活用

死亡退職金や弔慰金を支給するためには、会社で資金を確保しておかなければなりません。そこで、死亡退職金の準備を経常化し、会社の短期的な損益に関係なく行う手段として、経費性のある定期保険契約を利用する手法があります。この方法は、例えば、役員給与を一部減額して保険料に充当したような場合においては、会社の資金繰りにも問題は生じません。

安心な相続を目指すならば、役員退職金や弔慰金規定を整備し、支給総額を誰が受け取るのかを決定した上で、その資金を確保しておくことが重要です。

11 生命保険を活用して納税資金を確保できますか？

（所法34、35、相法３、５、12、18）

Question

不動産や自社株式が相続財産の大半を占めていますので、相続税の納税に困っています。相続税の納税資金は生命保険に入るのが効果的といわれましたが、どうすればよいのでしょうか？

Answer

（POINT）

❶ 誰が保険料を負担し、誰が保険金をもらったかで税金が違う
❷ 非課税枠を超えると、生命保険金でも相続税がかかる
❸ 高い相続税より、安い一時所得になるように契約する
❹ 贈与税・所得税の合計額と相続税を比較して実行する

1　保険料を負担した人、受取人によって違う税金

生命保険金は誰が保険料を負担し、誰に保険を掛け、誰がその保険金を受け取ったかによって、受取人に対してかかる税金が次の図のように所得税、または贈与税や相続税になります。

一般的に、契約者＝保険料負担者と思い込んでいる人が多いようですが、生命保険の契約書を確認してください。どこにも、「両者を一致させる」との取決めはありません。実際、子が契約者なのに、親の銀行口座から引き落とされているケースが時々あります。

例えば、無収入の子が満期保険金を受け取った場合、子が自分のお金で保険料を負担したと立証できない限り、課税上は収入のある親が保険料を負担したとみなされ、贈与税が課税されます。また、夫の口座から保険料が引き落とされており、妻が保険契約者、夫が

被保険者である保険契約の死亡保険金を妻が受け取った場合、夫が保険料を負担していたとされ、所得税でなく相続税の対象となるのです。保険料を誰が負担しているのかが重要なポイントです。

	保険料負担者	被保険者	保険金受取人	保険金の種類	かかる税金
①	本人	本人	本人	満期保険金	所得税
②	本人	本人	妻や子等	満期保険金	贈与税
③	本人	妻や子等	本人	満期保険金	所得税
④	本人	本人	相続人	死亡保険金	相続税（非課税枠あり）
⑤	本人	本人	相続人以外	死亡保険金	相続税（非課税枠なし）
⑥	本人	妻や子等	本人	死亡保険金	所得税
⑦	本人	例えば孫	妻や子等	死亡保険金	贈与税

2 死亡保険契約の賢い加入方法

(1) 相続税がかかる場合

　死亡保険金の保険料負担者が被相続人である場合には相続税がかかりますが、受取人が相続人であるのか、相続人以外であるのかによって、税額が違います。相続人以外の場合、相続人が受け取った場合と比較すると、第2章第2節⑩で説明しました非課税枠がないうえ、受取人が一親等の血族（養子になった孫は除きます。）及び配偶者以外の場合は、相続税額が20％増となります。非課税枠を活用するためには、死亡保険金の受取人は相続人にするとよいでしょう。

(2) 相続税以外がかかる場合

　被相続人以外が保険料を負担していた場合は、保険料負担者が死

亡保険金を受け取った場合には所得税、保険料負担者以外の人が受け取った場合には贈与税がかかります。高い贈与税を避けるためには、死亡保険金の受取人を保険料負担者にしておくとよいでしょう。

3　非課税枠を超えると、生命保険金でも相続税がかかる

　生命保険金を納税資金という観点から考えると、いくら多額な保険金を受け取ったとしても不足する場合があります。というのは、生命保険金といえども非課税枠を超える部分の保険金については、他の財産と同じように相続税がかかるので、相続税が増えることが避けられないからです。特に、富裕層は死亡保険金に対しても高率の相続税が課税されるのですから、生命保険金で相続税額を確保することは困難でしょう。

4　高い相続税より、一時所得の方が有利？

　相続税の適用税率がすでに50％以上の税率に達している人は、たとえ死亡保険金を1億円（非課税金額控除後）受け取ったとしても、5,000万円を超える相続税を払わなければなりません。しかし、一時所得として保険金を受け取った場合、課税所得は保険金から支払保険料を引き、さらに50万円特別控除後に2分の1をかけて計算されますので、最高でも27.5％しか課税されません。

　贈与税の特例税率は600万円を超えると30％以上になり、相続税率は5,000万円を超えると30％以上であることを考えれば、この所得税率は富裕層にとっては非常に低い税率といえるでしょう。保険金受取人自身が保険料を支払う保険契約は、富裕層にとっては効果の高い納税資金確保対策といえます。

5 保険料を贈与して、相続人が保険料を負担する

次のような手順で生前贈与を活用します。

子が親を被保険者として、将来予想される相続税を支払うために必要な保障額に見合った終身保険契約を締結します。もし、子が保険料相当額の資金を有していない等の場合には、不足分相当額の金銭を親から子に贈与することも考慮すれば、納税資金計画のできあがりです。なぜこの方法が優れているかというのは、保険料相当額に不足する資金を贈与することによって次の2つの効果が得られるからです。

① 親の財産が減少する（相続税対策）

② 相続人の手取額を増やすことができる（納税資金対策）

過去の保険料の支払資金は親等から贈与を受けた現金で充てていると子等（納税者）から主張があった場合、贈与事実の立証ができるものについては、課税当局もこれを認めています。なお、この見解は、あくまでも納税者が確かに贈与を受けており、課税当局が贈与事実の心証を得られるものだけに適用されるのですから、贈与の立証に腕をふるいたいものです。

6 贈与税と所得税の合計額と相続税を比較する

なお、この方法は多額な贈与税及び所得税・住民税が予想されますので、しっかり税金効果を確かめたうえで検討すべきでしょう。

生命保険契約は「納税資金」と「安心」の代表選手です。不動産と違って部分解約もできますし、値下がりの心配もありません。ただし、保険会社や保険商品の特徴をよく知り、安全性を考慮したうえで目的別に選ぶことが大切ですので、熟慮してから実行してください。

12 金銭で納税できないときは分割払いができますか？

(相法38、39、41)

Question

　相続した財産がアパートローンの担保になっている不動産や自宅が大半で、相続税を現金で納付することができず困っています。分割払いで払いたいのですが、どうすればいいのでしょうか？

Answer

─(POINT)─

❶ 金銭納付が不可能な場合にかぎり年賦での延納が認められる

❷ 担保の提供が求められ、最長20年間で利子税も必要

❸ 金銭納付が困難な理由は相続人自身の財産も含めて判定

1 現金納付が不可能な場合には延納・物納が認められる

　国税は金銭による一括納付が原則ですが、相続税は財産課税の性格を有していることから、相続した財産の大半が土地、家屋等の不動産のような場合には納税資金が準備できず、期限までに全額を納付することができない場合があり、その相続人は本当に困ってしまいます。しかし、ご安心ください。

　このような事態に対処するために一定要件のもと、相続税の納税については、次の2つの納税方法が認められています。

　① 何年かに分割して金銭で納める延納

　② 相続又は遺贈でもらった財産そのもので納める物納

　ただし、延納又は物納を希望する場合には、申告書の提出期限までに税務署に申請書などを提出して許可を受ける必要がありますので、機敏に対応しなくてはなりません。

◆ **相続税の納付方法の順序**

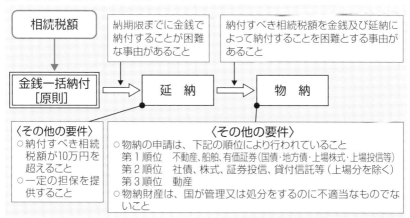

2　延納の許可を受けるための要件とは？

(1)　延納の要件

　延納申請者は以下の全ての要件を満たす場合には延納の許可を受けることができます。

①　相続税が10万円を超えること

②　金銭で納付することを困難とする事由があり、かつ、その納付を困難とする金額の範囲内であること

③　相続税の延納申請期限までに、延納申請書に担保提供関係書類を添付して税務署長に提出すること

④　延納税額及び利子税の額に相当する担保を提供すること
（延納税額が100万円以下で、かつ、延納期間が3年以下である場合には担保を提供する必要はない。）

(2)　担保の種類

　延納をするには担保を提供しなければなりませんが、提供できる財産は次に掲げるものに限られます。

① 土地、建物、立木、登記された船舶などで保険を附したもの

② 社債、その他の有価証券で税務署長が確実と認めるもの

③ 国債及び地方債等

なお、相続等により取得した財産に限らず、相続人の固有財産や共同相続人又は第三者の所有財産であっても担保として提供できます。ただし、税務署長が延納申請者の提供する担保が適当でないと認めるときには、その変更が求められます。

(3) 延納期間及び延納利子税

延納申請者は相続税の延納申請期限までに、延納申請書に担保提供関係書類を添付して税務署長に提出しなければなりません。延納を許可された場合には、元本を延納期間で除した金額を年賦で納付することができますが、利子税の納付も必要です。

延納期間と延納税額に係る利子税の割合については、その人の相続税額の計算の基礎となった財産の価額の合計額のうちに占める不動産等の価額の割合によって、おおむね次の表のようになります。

区分		延納期間 （最高）	利子税 （年割合）	特例割合※ （延納特例基準割合が0.9%の場合）
不動産等の割合が75%以上の場合	1 不動産等に対応する税額	20年	3.6%	0.4%
	2 動産等に対応する税額	10年	5.4%	0.6%
不動産等の割合が50%以上75%未満の場合	3 不動産等に対応する税額	15年	3.6%	0.4%
	4 動産等に対応する税額	10年	5.4%	0.6%
不動産等の割合が50%未満の場合	5 立木に対応する税額	5年	4.8%	0.5%
	6 立木以外の財産に対応する税額		6.0%	0.7%

※ 令和5年1月1日現在

3　延納を受ける時に注意すべき点

　相続税の納付については、原則として、お互いに連帯して納付しなければならない義務がありますが、納税義務者が延納の許可を受けた相続税額については、連帯納付義務から除かれます。

　また、延納が許可される金額は次の表の計算方法によります。金銭納付を困難とする理由は、相続で取得した財産で判断されるのではなく、相続人がもともと所有していた金融資産も含めて判定されるので、ご注意ください。

①	納付すべき相続税額	
現金納付額	②	納期限において有する現金、預貯金その他の換価が容易な財産の価額に相当する金額
	③	申請者及び生計を一にする配偶者その他の親族の3か月分の生活費
	④	申請者の事業の継続のために当面（1か月分）必要な運転資金（経費等）の額
	⑤	納期限に金銭で納付することが可能な金額（これを「現金納付額」といいます。）（②－③－④）
⑥延納許可限度額（①－⑤）		

（出典：国税庁ホームページ）

13 分割払いもできないときは物納できますか？

相続した財産の大半が不動産や非上場株式なので、現金納付どころか延納でも相続税を払えそうになく困っています。相続した不動産で納めるしかないのですが、どうしたらいいのでしょうか？

Answer

─（POINT）─

❶ 現金納付や、延納が困難な場合には物納も許可される

❷ 管理処分不適格財産は物納することができない

❸ 他に適当な財産がない場合には物納劣後財産であっても物納可

❹ 物納劣後財産を物納するためには賢い工夫が必要

1 延納もできない場合には物納が認められる

不動産や非上場株式等が相続財産の大半である場合、相続税を一時に金銭で納付できず、年賦による延納ですら納付することができず、納税者が困ってしまうこともあります。そこで、金銭や延納での納付が困難な金額について、納税者の申請により、一定の要件を満たした物納可能財産により相続税の納付をすること（物納）ができます。

2 物納の許可を受けるための要件とは？

⑴ 物納の要件とは？

次の要件を全て満たしている場合には、相続税につき物納をすることができます。

　① 延納によっても金銭で納付することを困難とする事由があり、かつ、その納付を困難とする金額を限度としていること。

202

② 物納申請財産は、相続税の課税価格計算の基礎となった相続
財産のうち、次に掲げる財産及び順位で、日本国内にあるもの。

なお、後順位の財産は、特別の事情がある場合及び先順位の財
産に適当な価額のものがない場合に限り物納することができる。

順位	物納に充てることのできる財産の種類
第1順位	① ㋑不動産・船舶 ㋺有価証券（国債、地方債、上場株式、上場投資信託等）
	② 不動産等のうち物納劣後財産に該当するもの
第2順位	③ 社債、株式（特別の法律により法人の発行する債券および出資証券を含み、短期社債等を除く）、証券投資信託または貸付信託の受益証券（上場されているものや換価容易なものを除く）
	④ 株式等のうち物納劣後財産に該当するもの
第3順位	⑤ 動産

③ 物納できる財産は、管理処分不適格財産に該当しないこと及
び、物納劣後財産に該当する場合には、他に物納できる適当な
財産がないこと。

④ 相続税の物納申請期限までに、物納申請書に物納手続関係書
類を添付して税務署長に提出すること。

⑵ **物納できない管理処分不適格財産とは？**

国が管理や処分をすることができないと判断した相続財産は管理
処分不適格財産とされ、物納することはできません。不動産と株式
については次のようなものが管理処分不適格財産となります。

◆ **不動産の場合**

① 抵当権等担保権の設定の登記がされている不動産

② 権利帰属に争いがある不動産や境界が明確でない土地

③ 訴訟によらねば通常の使用ができないと見込まれる不動産

④　公道に通じない土地で通行権の内容が明確でないもの

⑤　借地権を有する者が不明である等の貸地

⑥　耐用年数経過後の建物や敷金等の返還義務のある不動産

⑦　管理や処分に要する費用が過大と見込まれる不動産

⑧　引渡しに必要とされている行為がされていない不動産等

◆ 株式の場合

①　譲渡制限株式及び譲渡に関し法令の規定により一定の手続が
　定められている株式で、その手続がとられていないもの

②　質権その他の担保権の目的となっているもの

③　共有に属するもの（共有者全員が申請する株式等を除く。）

④　権利の帰属について争いがあるもの

　なお、不動産や株式以外の財産についても、その財産の性質が上記の財産に準ずると税務署長が認めるものについては、同様に物納することができません。

(3)　物納劣後財産とは？

　他に適当な価額の物納可能財産がない場合に限り、例外的に物納劣後財産である不動産であっても管理処分不適格財産でない場合には、物納に充てることができます。例えば、次のような財産です。

①　地上権や小作権、地役権又は入会権等が設定されている土地

②　違法建築された建物及び敷地や建物建築不可の土地

③　区画整理法による仮換地や使用収益の許可がされていない土地

④　納税義務者の居住用又は事業用の建物及びその敷地

⑤　道路に２ｍ以上接していない土地

⑥　開発許可基準に適合しない開発行為にかかる土地

⑦　市街化区域以外にある土地、農用地区・保安林等にある土地等

⑧　配偶者居住権が設定された居住建物及びその敷地

⑨　事業の休止をしている法人に係る株式等

⑷　物納財産の価額（収納価額）とは？

　物納財産の国の収納価額は、原則として相続税の課税価格計算の基礎となった評価額とされています。よって、小規模宅地等についての特例の適用を受けた宅地等を物納する場合の収納価額は、80％又は50％の評価減後の価額となりますので、物納は不利です。

⑸　物納の再申請及び延納へ変更できる？

　物納申請した財産が管理処分不適格と判断された場合には、物納申請が却下されますが、その却下された財産に代えて1回に限り、他の財産による物納の再申請を行うことができます。

　なお、延納による納付困難である事由がないとして物納申請の却下があった場合には、物納から延納へ変更することができます。

⑹　物納する場合の注意点

　物納要件は非常に厳しく、相続が発生してから物納をしようとしても、間に合わないケースが多いと思われます。したがって、相続発生前に物納要件を満たすため次のような事前準備をしておくことが必要です。

①　抵当権を他の不動産に移し替える

②　不動産の権利帰属の争いを終結し、土地の境界を確定しておく

③　無道路地に2ｍ以上の道路付けをする

④　借地権者を確定しておく等の対策を急いで実践しておく

⑤　非上場株式の譲渡制限を解除しておく　等

　なお、上場株式等を所有している場合には、売却か物納かの有利不利を考えてから選択してください。また、相続税評価額では売却できない土地等、建築不可の物納劣後財産に該当する土地等を物納したいときには、財産分けに工夫をして、その財産の物納以外に納税の方法がないような遺産分割にしておくのも、賢い方法でしょう。

14 自社株式ばかりの遺産で相続税が払えないのですが？

（措法70の7〜70の7の8）

Question

　相続財産のほとんどが、換金処分もできないにもかかわらず相続しなければならない自社株式ばかりなので相続税の納税に困っています。会社を続けるためにはどうすればよいのでしょうか？

Answer

（POINT）

❶　非上場株式等の相続税・贈与税は特例納税猶予の適用可

❷　都道府県知事の認定を受けた会社の株式が猶予の対象となる

❸　相続・贈与により取得した全ての非上場株式等が対象

❹　贈与時は納税不要、相続時は100%評価減による納税猶予

❺　相続時精算課税を選択しても適用できるため安心

1　非上場株式等の相続にかかる相続税への対処方法

　会社経営者に相続が発生すると、後継者は事業を継続するために自社株式等や事業用資産を相続しなければなりません。遺産争いが起こることなくこれらを相続できたとしても、多額の相続税がかかり、金融資産が少ない後継者は相続税の納税資金に困る事態に陥ることがよくあります。それを解決するための一助として、相続人等が取得した都道府県知事の認定を受けた非上場会社等の一定の株式等（特例非上場株式等）については、相続税の納税猶予制度の適用を受けることができます。

　さらに、令和9年12月31日までの期間限定で贈与時にも相続時にも、非上場株式等の評価額が100%減になる特例納税猶予制度が施

行されています。

2 非上場株式等の特例納税猶予制度の全体像

　一定の非上場会社等が都道府県知事の認定を受けて、一定の要件を満たす一代目経営者から二代目経営者に、原則として特例非上場株式等の全て（二代目がすでに保有している株式等と合わせて総株主等議決権数の3分の2を超える場合には、3分の2に達するまでの株式数であればよい等）を一括して贈与した場合には、贈与税の全額が猶予されます。その一代目に相続が発生した場合、猶予された贈与税額は免除され、贈与時の評価額により特例非上場株式等が新たに相続税の課税対象とされます。

　この相続時において都道府県知事の切替確認を受けることができると、対象の特例非上場株式等の全てにつき100％に対応する相続税について特例納税猶予を受けることができます。二代目経営者がこのように相続税の特例納税猶予の適用を受け、その後二代目が経営承継するために三代目経営者に贈与した特例非上場株式等につき、三代目が贈与税の納税猶予の適用を受ければ、二代目の猶予された相続税額が免除されます。

　また、非上場株式等の贈与税の特例納税猶予制度を選択せずとも、一定要件を満たしていれば単独で、非上場株式等の相続税の特例納税猶予制度を選択することもできます。

　なお、非上場株式等の贈与について特例納税猶予の適用を受ける場合には、子や孫以外の親族であっても、さらに役員等の第三者であっても、その贈与については相続時精算課税制度を選択することができますので、リスクが低くなっています。

3 贈与と相続では適用要件に違いがある

　次の中小企業庁の図を見れば事業承継税制の仕組みがイメージできるでしょう。なお、贈与税の納税猶予を受けた特例非上場株式等だけしか相続税の納税猶予を受けられないわけではありません。単独で相続税の納税猶予を受けることもできますが、相続税で初めて納税猶予の適用を受けるときは要件が異なりますので、ご注意ください。

◆ 事業承継税制の全体像

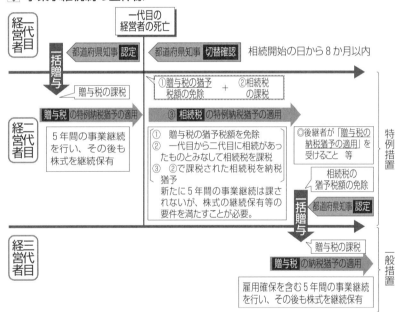

（出典）中小企業庁財務課「事業承継税制の概要」より（一部改変）

4 複数の所有者から複数の後継者への株式承継も対象に

　一般納税猶予制度では、適用対象となるのは「代表権を有していた者であって同族関係者の中での筆頭株主である先代経営者」から

の株式承継（以下「第一種経営承継」といいます。）に限られています。

　特例納税猶予制度においては、先代経営者からの株式承継（以下「第一種特例経営承継」といいます。）を条件に、特例認定承継会社の代表者以外の複数の株主からの株式贈与等により取得する特例認定承継会社の非上場株式等についても、特例経営承継期間内にその株式承継に係る申告書の提出期限が到来するものに限り、適用対象（以下「第二種特例経営承継」といいます。）とされます。代表権を有したことがない株主や親族以外の株主から株式承継を受けた非上場株式等についても、納税猶予の適用対象となるのです。

　また、特例納税猶予制度においては、特例承継計画に記載された代表権を有する後継者で、筆頭株主単独に限らず、総株主等議決権数の10％以上を有する上位2名又は3名も対象となります。

5　承継期間内の納税猶予の取消しと猶予額の免除

　相続税の納税猶予を受けている場合、原則として5年という経営承継期間が設けられており、この期間に代表者でなくなる、雇用の8割を維持できない、株式を譲渡するなどの要件を満たさなくなれば納税猶予は打ち切られます。しかし、特例納税猶予制度では雇用の80％を下回った場合でも、経営革新等支援機関の所見が記載された書類を都道府県庁に提出した場合には、認定は取り消されないこととされ、リスクは軽減されました。

　5年間の特例経営承継期間における雇用確保要件は実質撤廃されましたが、「代表権の維持」や「全株式の保有義務」等は取消要件となっています。5年経過後はそれらの要件は解除されますが、猶予対象株式を一部譲渡した場合等には譲渡株式に係る猶予税額を、

会社が資産管理会社に該当した場合等には猶予税額の全額を、利子税とあわせて納付しなければなりません。ただし、一定の事由により、資産管理会社に一時的に該当した場合には、納税猶予は取消されません。

また、身体障害等のやむを得ない理由により二代目経営者が認定承継会社の代表者でなくなった場合に限り、二代目が三代目経営者へ特例相続非上場株式等を贈与し三代目が贈与税の納税猶予制度の適用を受けた場合においては、二代目が適用を受けた相続税の猶予税額が免除されますのでご安心ください。

6　特例経営承継期間経過後の減免

一般納税猶予制度においては、民事再生・会社更生時にはその時点の評価額で相続税を再計算し、超える部分の猶予税額が免除されます。

特例納税猶予制度においては、上記に加え譲渡時、合併による消滅時及び解散時にも同様の規定が導入され一部減免が行われます。ただし、譲渡と合併による消滅の場合には、原則として相続税評価額の50%を下限として計算します。

7　特例承継計画の提出

この非上場株式等についての特例納税猶予の適用を受けるには、認定経営革新等支援機関の指導及び助言を受けて会社が作成した後継者や承継時までの経営見通し等が記載された「特例承継計画」を、都道府県庁に提出し、知事の確認が必要とされます。

その提出期間は平成30年4月1日から令和6年3月31日までとなっています。ただし、特例承継計画を提出してから内容の変更を

することもでき、非上場株式等の贈与ができなくなったとしても罰則もありません。

　よって、非常に使いやすく、かつ、後継者に有利になった特例納税猶予制度の適用を受ける可能性のある場合には、会社は期限までに承継計画を策定し、都道府県庁に提出し知事の確認を受けておく必要があると言えるでしょう。

【参考】特例納税猶予と一般納税猶予の比較

	特 例 納 税 猶 予	一 般 納 税 猶 予
事前の計画策定等	特例承継計画の提出〔平成30年（2018年）4月1日から　令和6年（2024年）3月31日まで〕	不要
適用期限	10年以内の贈与・相続等〔平成30年（2018年）1月1日から　令和9年（2027年）12月31日まで〕	なし
対象株数	全株式	総株式数の最大3分の2まで
納税猶予割合	100％	贈与：100％　相続：80％
承継パターン	複数の株主から最大3人の後継者	複数の株主から1人の後継者
雇用確保要件	実質撤廃	承継後5年間平均8割の雇用維持が必要
事業の継続が困難な事由が生じた場合の免除	あり	なし
相続時精算課税の適用	60歳以上の者から全ての18歳以上の者への贈与	60歳以上の者から18歳以上の推定相続人・孫への贈与

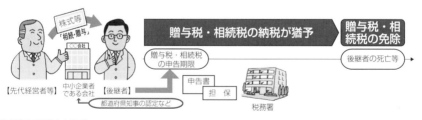

（国税庁資料を加工）

15 返済が見込めない貸付金でも相続税がかかる？

(会社法199、201、207、法基通9-1-14)

Question

　家賃の未収入金や知人への貸付金は返済が見込めず、同族会社への貸付金も当分は返してもらえそうもないのに、相続税の対象になると言われ困っています。何かよい方法はありませんか。

Answer

─(POINT)─

❶ 返済が見込まれない場合は法的に立証して債務免除しておく

❷ 貸付金を資本金の増資に充当、相続財産を自社株式に変える

❸ 貸付金が自社株式の評価額になるため、相続税評価額が下がる

1　返済不能なら債務免除しておく

　何年もたまった滞納家賃や連絡の取れない知人への貸付金を取り立てることはまず不可能でしょう。それにもかかわらず、相続に際しては金銭債権であるとして相続税がかかります。相続人にとってはたまったものではありません。こんな場合には、まず取り立てる努力をした後、他に財産を持っていない等返済の見込みがないことを法的に立証して免除するとよいでしょう。事業債権の場合は貸倒損失として経費となり、相続の時は債権が存在しないのですから、相続税がからないことになります。早めに検討しておきましょう。

　また、業績が思わしくない同族会社への代表者からの貸付金は返済されることは望み薄です。同族会社が破産していないような場合には、この貸付金額にも相続税がかかるのですから困ったことです。こういうケースでは、同族会社に税務上の繰越欠損金額が残ってい

るなら、その繰越欠損金額の範囲内で債務を免除するのもよいでしょう。免除益に対しては法人税がかからないうえ、金銭債権が消滅しますので相続税に悩む必要がなくなるからです。

2 貸付金を増資に振り替える

お金を貸している同族会社が倒産はせずに、いつかは盛り返して借金を返してもらえると思っている場合には、なかなか債務免除する気にはなれないでしょう。また、債務超過ではあるけれど、それは10年（平成30年4月1日前開始事業年度は9年）以上前の赤字で税務上の繰越欠損金ではないため、債務免除すると法人税がかかって、かえって会社は困ることになる場合にも、債務を免除するわけにはいきません。

このような場合には、貸付金をその同族会社の増資に振り替えてはいかがでしょうか。ただし、貸付金を資本金に振り替えることは現物出資による第三者割当増資に該当しますので、増資する場合には時価で割当てなければなりません。もし、割り当てられた株式の時価相当額が貸付金額に満たないと認定された場合には、その差額について受贈益とされることもありますので、ご注意ください。

では、時価とはいくらを意味するのでしょうか。株式の評価額には相続税評価による類似業種比準価額や純資産価額、その併用方式、又は配当還元価額といったさまざまな価額が存在します。そこで国税庁では、法人税、所得税に関し、「支配的株主にとっての増資や譲渡に当たっての株式の評価は相続税評価を基本に次の3つの条件を加味して評価する」という通達を定めています。

① 中心的な同族株主に該当する場合、会社規模は小会社（類似業種比準価額と純資産価額との併用割合を0.5としてもよい）

として評価すること

② 　純資産価額の計算上、会社所有の土地や上場株式等は時価によること

③ 　純資産価額の計算上、評価差額（含み益）に対する法人税等相当額（37％）の控除はしないこと

これらを参考に時価を算出すれば課税上は問題がないでしょう。しかし、高い時価となることが多く、売買価額をいくらに決定するかは非常にむずかしい問題です。

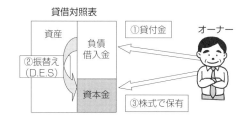

3　現物出資をしたことによる相続税対策効果

　これらの条件を考えると、増資の際の1株当たりの株価は相続税評価額と異なり、類似業種比準価額と純資産価額の併用方式を基準とした比較的高い価額になります。その時価に応じて増資するわけですから、その引受価額は原則的な相続税評価額に比べると、一般的には高くなることが多いのです。

　相続の時には、会社の規模に応じた財産評価基本通達による評価方法で計算することになりますので、類似業種比準価額又は純資産価額（含み益に対する37％控除あり）又はその併用方式になります。そうすると、増資による引受価額と比較した場合、評価上は減額することになります。結果として増資前では貸付金というそのままの評価となりますが、増資後では取引相場のない株式という財産に変

わり、評価減の効果が出ることになります。これは会社にとっては資本の充実となるうえに、取引相場のない株式を通じた相続税の節税対策といえるでしょう。

　ただし、株式の評価額が上がった場合には、増資者が他の株主に評価上昇分を贈与したとみなされますのでご注意ください。

4　現物出資の取扱いは法的な手続が必要

　会社に貸し付けている資金を会社の増資に充てることは現物出資の取扱いになります。原則として、現物出資による増資の場合は裁判所の選任した検査役の調査等が必要ですが、債権を現物出資する場合、次の要件を満たしていると検査役の調査は不要とされます。

> 金銭債権であり、弁済期が到来しており、現物出資財産の価額がその債権に係る負債の帳簿価額を超えないこと。

　債権の価額などの相当性について弁護士、税理士、公認会計士などの証明も不要ですが、総勘定元帳などの「会計帳簿」により、債権者の氏名が判明し、どの債権かを特定できなければなりません。これらが明らかでない場合には、結局申告書を作成している税理士等の証明が必要とされます。

5　資本金の増加により思わぬ増税になることも

　なお、増資により資本金が増えると、均等割の地方法人税額が増えることもあり、毎年支払う税金ですのでその負担はこたえます。

　また、資本金が1億円を超えますと、外形標準課税として事業税がかかることになるほか、中小企業の優遇策が受けられなくなる等、せっかく相続税を節税しようとしたのに、毎年の法人が支払う税金が増えることもありますので、よく考えてから実行してください。

16 遺産分割が確定しないと相続税の特例が使えない？

（相法19の2、32、41、措法69の4、70の4、70の7）

Question

　遺産分割が申告期限までにまとまらず、相続税の申告や納税をどうしたらよいか困っています。特例を使えず多額の相続税がかかるとも聞いており、どのように対処したらよいのでしょうか？

Answer

（POINT）

❶ 遺産分割が確定しなくとも期限までに相続税申告と納税は必要

❷ 配偶者の相続税額の軽減措置等は遺産分割の確定が適用要件

❸ 申告期限後3年以内の分割により更正の請求ができる場合も

❹ 申告期限までに遺産分割が終わるよう生前に準備しておく

1　相続税の申告は10か月以内に行う

　相続税の申告書の提出期限は、相続の開始があったことを知った日の翌日から10か月目の日です。相続税の申告書は、被相続人の死亡の時における住所地を所轄する税務署長に提出します。

　また原則として、相続税の申告書は、同じ被相続人から相続・遺贈等によって財産を取得した人が共同で作成して提出することになっています。このように、相続税申告には期限がありますので、しっかりタイムスケジュールを組んで、きちんと手続を進めていかないと、後々問題が起きることになりますのでご注意ください。

◆ 相続の発生から申告までのスケジュール

被 相 続 人 の 死 亡

◎遺産（財産・債務）の調査評価
◎遺産分割協議書の作成
◎納税方法の検討
◎納税資金の準備

7日以内 死亡届の提出・死亡診断書を添付して市区町村長に提出

　◎葬儀費用の領収書等の整理・保管
　◎遺言書の有無の確認
　◎相続人の確認
　◎遺産（財産・債務）の概要把握

3か月以内 相続の承認又は限定承認：相続の放棄等をするか決める（家庭裁判所に申述する）

4か月以内 準確定申告：被相続人の死亡の日までの所得税の申告をする

10か月以内 相続税の申告と納税：延納、物納の申請も同時に行う

2　遺産分割が確定しない場合でも申告と納税は必要

　遺産分割協議が確定するまで、原則として遺産の最終取得者が確定しないことになり、相続税の計算ができないことになります。そこで、遺産分割が確定しなければ何年たっても相続税が徴収できない状態を回避するため、相続税法では相続税の申告期限までに遺産の全部又は一部の遺産分割が未確定であっても、その分割されていない財産は、共同相続人が法定相続分によって取得したものとしてその課税価格を計算するものとしています。

　このように、遺産分割が未確定の場合には、各相続人の単独での利用が制限され納税資金の準備が困難であるにもかかわらず、相続の開始を知った日の翌日から10か月以内に相続税の申告をするとともに納税しなければなりません。

3　遺産分割が確定しない場合には特例を適用できない

　また、遺産分割が確定しないと、次のような税務上の取扱いの適用が受けられず不利になります。

(1)　配偶者の相続税額の軽減措置

　配偶者は相続税法上優遇されており、課税価格の合計額に対する配偶者の課税価格が法定相続分（法定相続分の割合が1億6,000万円に満たないときは1億6,000万円）以下であれば、相続税がかかりません。このように優遇されている配偶者の税額軽減ですが、相続税の申告書の提出期限までに遺産分割が確定していなければ、この特例の適用を受けることができません。

(2)　小規模宅地等の特例

　被相続人等やその同族会社が経営している事業用宅地、及び被相続人等の自宅敷地については、一定の条件、規模で「小規模宅地等についての相続税の課税価格の計算の特例」という規定が設けられており、相続税の評価額が大きく減額されます。(1)と同様、この特例についても、相続の申告期限までに遺産分割が確定していない宅地等については適用を受けることができません。

(3)　農地等の納税猶予制度の特例

　三大都市圏の特定生産緑地とそれ以外の地域の農地等については、相続税の申告書の提出期限までに対象となる農地を取得し、かつ、農業経営を開始するなどの厳しい種々の要件を満たせば、本来の相続税額と、その農地などを農業投資価格という非常に低い相続税評価額により計算した相続税額との差額の納税猶予が認められています。

　ただし、申告書の提出期限までに遺産分割が確定しなかった場合には、この農地等の納税猶予の特例適用を受けることができません。

特定生産緑地や調整農地は農業以外の使途のない土地ですから、この特例の適用を受けることができるかどうかは死活問題でしょう。

⑷　非上場株式等の特例納税猶予制度

　非上場株式等の相続税の特例納税猶予の適用を受ける場合には、令和6年3月31日までに特例承継計画を都道府県庁に提出し、知事の確認を受けておく必要があります。先代経営者に相続が発生した場合、会社は相続開始から8か月以内に都道府県知事に対して認定申請を行い、相続人はその認定書を添付して、相続税の申告書の提出期限までに特例納税猶予の適用を受ける旨の申告を行う必要があります。

　なお、被相続人は代表者であったこと及び同族関係者で総株主等議決権数の50％超の株式を保有し筆頭株主であったこと等の要件、後継者は相続発生後5か月を経過する日までに代表権を有すること等、一定の要件を充足している場合に限り、非上場株式等についての特例納税猶予制度の適用を受けることができます。

　よって、申告期限までに遺産分割が確定しなかった場合や相続人が5か月以内に代表権を有していなければ、特例納税猶予の適用を受けることができないことにご留意ください（本節**14**参照）。

⑸　申告書の提出期限までの国等への贈与は非課税

　相続税の申告書の提出期限までに相続又は遺贈により取得した財産のうち、国・地方公共団体、又は特定認定NPO法人等に対し贈与したものについては、相続税がかかりません。なお、この贈与により贈与した人やその親族等の相続税や贈与税の負担が不当に軽くなる場合は除かれます。よって、この特例を適用するためには、申告書の提出期限までに遺産分割を調えておく必要があります。

(6)　**物納**

　物納申請は相続税の納期限までに行うこととなっており、遺産分割が調っておらず相続財産の所有権が確定しない場合には、物納財産としては不適格とされています。ただし、複数の相続人が共有で相続した財産については、その共有者全員が持分全部の物納手続を行うなら、物納が可能となります（本節**13**参照）。

遺産分割が確定しないと税務上の優遇
措置が受けられず不利になります！

・配偶者の相続税額の軽減措置
・小規模宅地等の特例
・農地等の納税猶予制度の特例
・非上場株式等の特例納税猶予制度
・国等に対して相続財産を贈与した場合
　の相続税の非課税
・物納　等

4　遺産分割は10か月以内、できれば遺言書を作成しておく

　相続税の申告書の提出期限までに遺産分割協議が調わない場合には、相続税においてこれらの特例が適用できず多額の納税資金が必要とされます。相続人一同でよく話し合い、申告書の提出期限内に分割協議を調えたいものです。

　ただし、その分割協議が確定していない財産が、①申告書の提出期限から３年以内に分割された場合、又は②やむを得ない事情があ

る場合等の事由に該当したために、申告書の提出期限内に分割できなかったことにつき税務署長の承認を受けた場合においては、その分割できることとなった日の翌日から4か月以内に分割された場合に限り、更正の請求を行うことにより、配偶者の税額軽減制度及び小規模宅地等の特例の適用を受けることができ、税額の還付を受けることができます。申告期限内に遺産分割協議が確定していなくとも、ぜひとも3年以内には分割協議を終えたいものです。

　ただし、この二つの特例以外である農地等及び非上場株式等についての納税猶予制度や相続財産の非課税贈与、物納等の特例は、3年以内に分割が確定したとしても、申告期限後には適用を受けることはできませんので、注意が必要です。

　なお、相続人間の意思疎通がうまく行えず、遺産分割がまとまらないと想定できる場合には、親として遺言書を作成し皆が納得できるような付言事項も書いておくことこそが、特例を活用するベストな対策といえます。

　今では財産目録はパソコン等で作成してもよいなど、自筆証書遺言の作成が簡便になっており、法務局における保管制度が開始されていますので、ぜひ自筆証書遺言の作成と法務局保管制度の活用をご検討ください。

（民法549）

　父の相続に際し、自分で貯めた預金や父が勝手に貯めてくれていた預金など、子や孫の名義の預金が多数あります。相続税調査で問題とされるのは困ります。どうしたらよいのでしょうか？

Answer

―（**POINT**）――――――――――――――――――――――――

❶　通帳や取引記録で預金残高と資金使途を確認する

❷　名義人が、管理・運用していない預貯金は名義借りとなる

❸　自身が貯蓄、贈与を受けた、管理・運用をしていることを立証

❹　被相続人の名義借預金は相続財産として申告する

1　申告漏れの指摘の大半は金融資産

　被相続人が亡くなれば、10か月以内に相続税の申告をしなければなりません。申告をする際、金融資産の確認が最も困難で、かつ重要です。相続税の税務調査でも修正申告の対象となった財産のうち金融資産が大半を占めています。

　相続税調査における被相続人の金融資産については、相続開始前7年ほど遡って大口の資金の移動についてはチェックされており、まれには、預金通帳の開始の時まで遡った調査もあります。相続税の申告に当たり、課税当局が知っていて相続人が知らないのでは困ります。そのため、古い預金通帳や取引記録が保存されていない場合には、金融機関などから取引記録を取り寄せるとよいでしょう。

　資料の収集ができたら、順次大口の預金の引出しとその支払先の

突合を行い、資金使途が明確でないものについては、相続人間で確認しておくとよいでしょう。特に親族間での預金の移動は調査で指摘されますので、他の親族が知らないと後でかえってもめることにもなりかねません。もめ事を避けるためにはお互いが情報開示しておく方が賢明でしょう。

2 相続税が課税される名義借預金

　税務調査で問題となることが多いのは被相続人名義の預貯金より、被相続人の配偶者や親族名義の預貯金です。被相続人が拠出したものであり名義人本人がその存在を知らない場合には、当然にその預金は被相続人の財産となりますので、事前のチェックが大事です。

　また原則として、被相続人が配偶者や相続人及び孫などに金銭の贈与をしたつもりであっても、預金通帳や印鑑を被相続人が管理・運用している場合には名義借預金となりますので、被相続人の財産として申告する必要があります。よって、贈与等により名義人自身のものであるときは、きちんと立証できるように生前から準備しておくとよいでしょう。

　相続税調査においては、納税者側が課税庁の指摘に対し、名義人に長期間にわたり所得等が存在し、その間の可処分所得等から預金額を調達することができるはずであることのみを大まかに主張・立証しただけでは、課税庁の名義借預金の指摘や認定に対抗することができない場合もあります。このような場合の名義人の預金については、名義人にその預金に相当する資力があったことや、収入があり今までどのように貯蓄してきたかを、具体的に証明できるようにしておきましょう。

3　名義借預金が既に贈与されていることを立証できる場合

　名義人が、その預金が自己の所有に係るものである旨を主張するための根拠として、被相続人からの生前贈与によって当該預金を取得したと立証することができれば、その預金は課税時期においては、名義人の所有となっていることになります。したがって、課税庁は、これを名義借預金と認定することはできません。

　例えばこの場合には、贈与を受けた年分の贈与税の申告書を提示するとよいでしょう。既に課税の除訴期間を経過していて課税庁がその事実を確認できないときは、贈与税の申告書控えか贈与税の納付に係る領収書を提示することになります。また、相続開始前3〜7年以内に相続等により財産を取得した者への贈与である場合には、相続税の課税財産に加算して相続税の対象としておく必要があります。

　贈与税の申告をしていない場合においても、決定の除訴期間が経過していれば、原則として贈与税が課税されることはありません。

　しかし、名義人が自ら贈与税の申告義務を履行しなかった不適法な行為を起因としている場合は、裁判所の考え方は、「クリーンハンズの原則※」として、その贈与は贈与税を免れるための仮装であったとし、名義借預金として被相続人の財産であると認定されることになりますのでご注意ください。

※　「クリーンハンズの原則」とは、その名のとおり「清らかな手」の者だけが法や裁判所の救済を受けられる、つまり「自ら不法に関与した者には裁判所の救済を与えない」という原則です。

4　名義借預金は口座ごとに認定される

　名義借預金の認定は、預金口座ごとに行われるのが原則です。口座ごとに、その預金の設定手続、その後の預入れや払出し、その預

入金の原資、払出金の使途、その預金通帳や使用印鑑等の保管状況等を総合的に判断し判定されます。

　一人一人の使用印鑑を変えていたとしても、その印鑑を名義人が普段使用していない、銀行の預入れ支店が名義人の住所から離れており普段取引があるとは思えない場合等には、名義借預金と認定されることは間違いないでしょう。

5　相続税申告に当たっての注意点

　相続税の申告に当たり、預貯金等についてはどこをしっかりとチェックしたうえで申告すればよいのでしょうか。

　まず、金融資産の残高の確認のために残高証明書をそろえます。次に、資金使途を確認するために、過去7年間以上の預金の動きを精査します。とくに、不動産の売却や高額の退職支給があった場合には7年間に限定されることなく、KSKシステム（国税総合管理）にその収入があったことが記載されていますので、その収入があった時まで遡って確認するとよいでしょう。

　通帳又は取引記録が残っていないときは金融機関に取引記録の発行を依頼します。通帳や取引記録をチェックして、大きな資産の移動があった場合には、その理由を確認します。原因が究明できなければ、被相続人のほか配偶者、同居親族や相続人もそれぞれ各自の取引記録をチェックする必要があるでしょう。

　他の相続人が知らなくとも、税務署は全ての預貯金をチェックできるのです。安心な相続税申告とは相続人全員が財産や贈与について隠すことなく信頼しあえる関係にあることだともいえるでしょう。

　なお、相続法の改正により預貯金の仮払い制度が認められていますが、仮払を受けた金額を相続財産に計上するのを忘れないようにしてください。

18 一般社団法人は相続税対策に活用できるのですか？

（相法66の２、相令34）

Question

　土地や株式を多数持っているため、子たちは相続税の納税に困っています。一般社団法人を活用すれば相続税対策になると聞いたのですがよくわかりません。どのような方法でしょうか？

Answer

---（POINT）---

❶　一般社団法人に資産を売却すれば資産上昇リスクがなくなる

❷　現物を基金として拠出すれば資産上昇リスクを回避できる

❸　移転時の税金を考え安定株主対策として活用する

❹　目先の節税ではなく仕組みをしっかり理解して活用する

1　一般社団法人等に対する相続税の見直し

　一般社団法人及び一般財団法人（以下、「一般社団法人等」）には、「持分の定めがない」ことを利用して、一族で実質的に支配する一般社団法人等を設立して財産を移転した後、理事の交代による実質的な支配権の移転を通じて子や孫にその財産を代々承継させても、相続税は課税されないことになります。

　平成20年の公益法人制度改革に伴い、一般社団法人等が登記だけで簡単に設立できるようになったため、それ以後この手法を利用した行き過ぎた租税回避行為が多く行われるようになりました。

◆ 一般社団法人等の租税回避スキーム

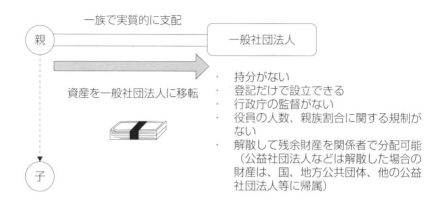

一族で実質的に支配

親 —— 一般社団法人

資産を一般社団法人に移転

・ 持分がない
・ 登記だけで設立できる
・ 行政庁の監督がない
・ 役員の人数、親族割合に関する規制がない
・ 解散して残余財産を関係者で分配可能（公益社団法人などは解散した場合の財産は、国、地方公共団体、他の公益社団法人等に帰属）

子

　そこで、一般社団法人等に対する相続税等について規制が行われています。

2　一般社団法人に相続財産を移転する

　一般社団法人を相続税対策に活用するにはいろいろな方法があります。一つは資産家である親が一般社団法人を設立し、その一般社団法人が借入れをして、親の保有している今後の値上がりが予想される有価証券や不動産を買い取り、親が譲渡代金を受け取るという手法です。この場合、親は有価証券や不動産を譲渡することになりますので、長期間所有しており譲渡時に既に譲渡益が生じているものであれば譲渡所得として課税されますのでご注意ください。この時点の一般社団法人の貸借対照表における資産は資産の取得価額（時価）、負債は借入金額となります。

　ただし、一般的には設立されたばかりの一般社団法人は、金融機関から借入をすることが困難なことが多いでしょう。この場合には、

有価証券や不動産を基金として一般社団法人に拠出する方法もあります。寄附等も考えられますが、租税回避防止規定が適用され思わぬ税金がかかることもありますので、基金を活用する方がよいでしょう。

　基金とは一般社団法人に拠出された金銭等の財産で、その一般社団法人が拠出者に返還義務を負うものをいいますが、借入金と異なり基金に利息を付すことはできません。基金は金銭以外の財産により拠出を受けることもでき、その場合の返還義務は拠出時のその財産の価額に相当する金銭とされています。

　基金として現物を拠出した場合も、親が一般社団法人に資産を譲渡したものとして取り扱われますので、前述と同様に譲渡所得税が課税されることもあります。ただし、一般社団法人は資金を借り入れる必要はありませんし、親の財産は一般社団法人の基金という価額変動のない財産に置き換わります。

　つまり、一般社団法人が借入れをして有価証券や不動産を購入する場合も、借入れをせずに基金として受け入れる場合も、その財産価値を現在の時価で固定することができるのです。

3　財産額確定後の一般社団法人活用の注意点

　一般社団法人に譲渡した場合は、値上がりが予想される資産が譲渡時点の時価で現金に変わり財産額が固定します。拠出したとしても、一般社団法人は持分のない法人で株主はおらず、親の財産は基金という価額変動のない財産となります。

　将来予想どおり時価が値上がりした場合、一般社団法人は値上がり後の資産価値を持つことになりますが、この含み益が社員である拠出者の推定相続財産に影響を与えることはありませんでした。

　しかし、平成30年４月１日以後の相続等から、特定一般社団法人
等の理事である者が死亡した場合に、その特定一般社団法人等が、
その死亡した者（理事＝被相続人）の相続開始時における特定一般
社団法人等の純資産額を、その時における特定一般社団法人等の同
族理事の数に一を加えた数で除して計算した金額を、被相続人から
遺贈により取得した個人とみなして、その特定一般社団法人等に相
続税が課税されることとなっています。

　課税対象となる死亡した理事に該当するかどうかは、相続開始の
直前のみならず、理事でなくなった日から５年を経過していない者
が含まれます。また、被相続人と同時に死亡した者が対象となる理
事等であるときは、その死亡した者の数も加えられます。

◆ 特定一般社団法人等に対する相続税の課税

原　因	特定一般社団法人等の理事の死亡
対象理事	死亡時点のみならず、理事でなくなった日から５年を経過していない者も含まれる
課税対象者	特定一般社団法人等（遺贈により取得した個人とみなして相続税を課税）
課税対象額	$\dfrac{\text{特定一般社団法人等の純財産額}}{\text{死亡時における被相続人を含む同族理事数}}$

　今では租税回避行為の防止のため、資産を譲渡した親がその一般
社団法人の理事であった場合等には、親の相続時に、譲渡した資産
が値上がりした場合の含み益に対して、一般社団法人等に対して一
部相続税がかかることになりましたので、ご注意ください。

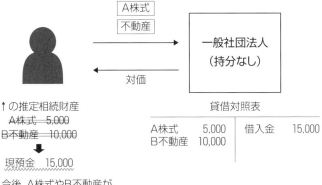

◆ 一般社団法人に相続財産を移転するイメージ

A株式
不動産

一般社団法人
（持分なし）

対価

↑の推定相続財産
A株式　5,000
B不動産　10,000

現預金　15,000

今後、A株式やB不動産が
値上がりしても財産は増えない

貸借対照表

| A株式 | 5,000 | 借入金 | 15,000 |
| B不動産 | 10,000 | | |

　また、一般社団法人は剰余金の分配が禁止されており、さらに法令により基金の返還可能額を制限する定めもあり、基金はいつでもいくらでも返してもらえるというものではありません。また、資産を適正対価で譲渡すれば問題はありませんが、相続時に遺贈等により一般社団法人に対して財産を無償で移転した場合等は租税回避防止規定が適用され、相続税対策にもならず、個人とみなされて相続税が課税された場合、さらに2割加算の対象となるため、重い課税がなされる場合もあります。なお、社員がゼロになると一般社団法人は解散することになり、残余財産の帰属の問題が生じます。

　節税につながらなくなったとはいえ、理事や社員が破産しても一般社団法人の所有資産に影響が及ばないことや、株主を誰にするかを決定する必要がないことなどは、一般社団法人のメリットといえるでしょう。目先の節税を追うのではなく、一般社団法人の特徴や注意すべき点をしっかり理解した上で活用を考える必要があるでしょう。

4　一般社団法人を安定株主として活用

　同族株主以外の関係が良好な従業員等から資金が必要となったため、配当還元価額でよいから自社株式を買い取ってほしいといってきた時に、同族株主が買い取った場合には原則的な評価額との差額につき贈与税が課税されることになります。自己株式として発行法人が買い取ったとしても、株式の評価額が上昇した場合にはその価額につき、現在の株主に対してみなし贈与として贈与税が課税されます。

　これらの課題を解決する方法として、一般社団法人を活用します。一般社団法人が買い取ることとすれば、同族株主の株式評価額が上昇せず、贈与税がかからないからです。通常は、一般社団法人が資金を借り入れて買い取り、発行法人からの配当等を原資に借入金を返済することになります。一般社団法人には永続性がありますので、保有している自社株式については、理事会決議がなければ株式の譲渡をすることができませんので、その後の株式分散リスクは軽減されることになるでしょう。

　また、譲渡人が同族株主であったとしても、理事の3分の1以上が同族関係者である場合を除き、譲渡する相手は同族でない一般社団法人とみなされますので、みなし贈与やみなし配当課税が生じることがありません。ただし、理事の過半数が第三者である場合には支配権が奪われるリスクがありますので、よく考えたうえで実行されることをお勧めします。

19 相続が発生した場合、一般社団法人の課税関係は？

（相法65、66、相令33）

Question

　租税回避を規制するため、持分の定めがない一般社団法人について も相続税等が課税されることになったと聞きました。課税関係は どうなっているのでしょうか？

Answer

（**POINT**）

- ❶　社員の地位は相続されず、相続財産にもならない
- ❷　財産が遺贈された場合には相続税が課税される
- ❸　租税回避防止規定があり一定の場合相続税・贈与税が課税

1　一般社団法人の社員に相続が発生したとき

(1)　社員の地位は相続するのか？

　自然人である社員が死亡した場合、当然にその社員は退社となり ます。その社員に相続人がいる場合にも、原則として社員の地位は 相続人に承継されません。

　したがって、亡くなった社員の相続人が一般社団法人を承継する ためには、定款に定める方法に従って、新たに社員に加わる手続を する必要があります。なお、社員全員の死亡等により、一般社団法 人の社員がゼロとなってしまうと、一般社団法人は解散することに なります。

(2)　相続財産になるのか？

　一般社団法人には持分という概念がありませんので、一般社団法 人に剰余金があったとしてもそれを社員に分配する、解散した場合

の残余財産を社員に分配する旨を定款に定めることはできません。したがって、社員であったとしても、その地位に経済的価値は含まれないとされています。よって、社員に相続が発生した場合にも、原則として、一般社団法人の財産等はその社員の相続財産に反映されないことになります。

　一方、株式会社の株主等に相続が発生した場合、その株主が所有する株式等については、相続財産となります。株式会社は「持分のある法人」であり、その株主が持分に応じて有する経済的価値（配当請求権、残余財産分配請求権など）に財産価値があるからです。

2　一般社団法人に財産を遺贈した場合の課税関係について

　1で説明しましたように、一般社団法人が所有する財産はその社員の相続財産とはなりません。そこで、この特徴を利用し、被相続人が、親族が実質的に支配している一般社団法人に、遺言により財産を遺贈したとします。相続が発生すると、一般社団法人は遺言に従って財産を無償で取得することになりますので、時価相当額の受贈益が生じ、これに対して法人税等が課税されます。

　遺産を相続人が取得すれば相続税が課税されるのですが、一般社団法人へ遺贈することによって法人税等の課税ですみ、差額は実質的に節税になると考えられるかもしれませんが、実はそうではありません。相続税法には、3で説明します租税回避防止規定があり、遺産を自己の親族が実質的に支配する一般社団法人に遺贈した場合、その一般社団法人を個人とみなして相続税が課税（ただし、法人税は控除）されるうえ、相続税額の計算上、2割加算の対象にもなります。

　なお、遺産の取得費が時価と同額である場合には譲渡所得課税は

生じません。ただし、含み益がある不動産・株式等を一般社団法人へ遺贈した場合には、所得税の計算上、時価によりその資産の譲渡があったものとみなされ、財産を遺贈した被相続人（準確定申告や納税は相続人が行う）において課税が生じる場合があります。

　一般社団法人に対して遺贈により財産を移転する場合には、相続人がそのまま相続するよりも税負担が大きくなることがあるため、特に注意が必要です。なお、一般社団法人に対して、贈与や低額譲渡があった場合の課税関係も同様です。

◆ 租税回避防止規定の適用

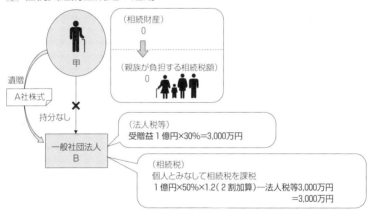

3　一般社団法人に対する租税回避防止規定

(1)　租税回避防止規定のあらまし

　相続税や贈与税の納税義務者は「個人」であり、「法人」は原則として納税義務者とはなりません。しかし、個人から一般社団法人へ財産を贈与又は遺贈をし、その一般社団法人が特定の個人に特別の利益を与える場合、持分のない法人である一般社団法人の財産は

社員や理事の財産に反映されないにもかかわらず利益だけ享受することになり、相続税や贈与税の租税回避が可能となってしまいます。

　そこで、租税回避行為を防止するため、相続税法において、特別の利益を受ける者に相続税・贈与税を課税するという規定と、一般社団法人に相続税・贈与税を課税するという規定（次ページの図の2種類の租税回避防止規定）が設けられています。一般社団法人を活用される場合には、これらについての綿密な注意が必要です。

⑵　特定の利益を受ける者への防止規定（図の防止規定A）

　図の判定の結果、「防止規定A」の適用を受ける場合には、財産の贈与又は遺贈があった時において、その一般社団法人から特別の利益を受ける者が、その財産の贈与又は遺贈により受ける利益の価額に相当する金額を、その財産の贈与又は遺贈をした者から贈与又は遺贈により取得したものとみなされます。

⑶　一般社団法人への防止規定（図の防止規定B）

　図の判定の結果、「防止規定B」の適用を受ける場合には、一般社団法人を個人とみなして、相続税又は贈与税が課税されます。

　また、一般社団法人は「法人」ですので、財産を無償や低額で取得した場合には、法人税の受贈益課税があり、さらに地方税も課税されます。そこで、防止規定Bの適用により課税される相続税又は贈与税と法人税等の二重課税を排除するため、その相続税額又は贈与税額から、その贈与された財産に係る法人税額と一定の地方税額を控除することとされています。

◆ 租税回避防止規定の判定フローチャート

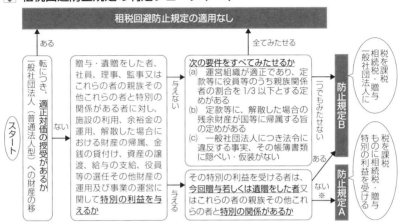

※　例えば、理事Xに対する施設の利用について特別の利益を与える一般社団法人Yに対して、他人のZさんが寄附をした場合には、この「ない」に該当するため「防止規定A」の適用を受ける。しかし、そのような事例は少ないと思われるため、前述のように、多くの場合は、「防止規定B」が適用されると考えられる。

第 **3** 章

具体的な事例に対する
対応・解決策

事例1 新しい相続時精算課税の賢い対処方法

Question

　大阪府茨木市に住む飯田孝子さんは、父親と夫からの相続で80坪の自宅のほか、5,000万円ほどの金融資産を有しています。自身が父親から相続した時は兄弟が多く法定相続人が５人もいたため、当時の基礎控除額が１億円と大きく、夫から相続した時は配偶者の税額軽減を適用したため相続税は多額ではなく困ることはありませんでした。

　孝子さんの相続財産は多額でないとはいえ、今は基礎控除の額も減ったうえに相続人は一人娘のゆりだけですので、相続税を心配しています。ゆりは結婚し２人の娘も生まれ、孝子さんと娘一家４人は同居しており、家族仲は非常に良好です。孝子さんは娘一家になるべく多くの財産を残したいので相続税の節税はしたいけれども、多額の税金を払ってまで贈与をしたいとは考えていません。あちこちからよく聞く改正された贈与税を活用して、何か良い対策がないかを、相続に詳しい聡美弁護士と相続税に精通している晶子税理士に相談することにしました。

◆ 相関図

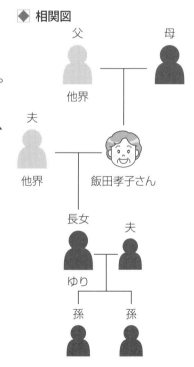

238

孝子

　私は75歳になりましたがまだまだ元気ですので、これからもできる限り娘や孫のお手伝いをしてやるつもりです。夫から相続した自宅を改装して娘家族と一緒に暮らしており、夫の遺族年金や保険会社にかけていた個人年金もありますので、自分のこれからの生活については心配していません。金融資産もそれなりにあるので、相続税対策になるのなら今のうちに贈与してもよいなと考えていますが、無駄な贈与税は払いたくありません。

　テレビや新聞で相続税や贈与税が改正されたと報道されていますので、どのように変わったのか、どう対応すればよいのかを相談に参りました。

晶子税理士

　優しいお母さまですね。一緒に住まれているご家族とも幸せに楽しく暮らされていることと存じます。少しでも節税してゆりさんの相続税の負担を軽くしたいとのお考えなのですね。では、まずは改正前の従前の贈与税と令和6年1月から適用される贈与税についてご説明したいと思います。

　贈与には暦年課税制度と相続時精算課税制度の2種類があり、納税者の選択制となっています。平成15年に創設された相続時精算課税制度は、原則として60歳以上の父母又は祖父母から18歳以上の子や孫に対する贈与に限定されています。令和5年12月31日までの贈与の場合、累計2,500万円までの贈与については、相続時精算課税制度を選択していれば贈与税が無税でした。贈与を受けた受贈者が翌年贈与税の申告をするときに、相続時精算課税制度を選択する届出書も一緒に提出すれば適用することができるのです。

聡美弁護士

　民法における贈与は制度が分かれているわけではないので、普通の人にはわかりにくいですね。贈与する人が選択すると思っている人が多いようですが、もらった人がどちらを選ぶかを決めるのですから、贈与者が決めるわけではありません。

孝子

　そうでしたね。私も生前に父から多数の上場株式の贈与を受けたときに、贈与税が高いから相続時精算課税制度を選択するように言われて適用を受けました。ただ、その後は110万円の非課税枠が使えなくなり、残念でした。

晶子税理士

　そうなのです。一度選択するとその特定贈与者からの贈与はすべて相続時精算課税制度とされ、その後は暦年課税制度を選択することができません。よって、孝子さんもお父様からのその後の贈与については110万円の基礎控除を使えず、相続税の実効税率より低い贈与税率も適用できなかったのです。

　ただ、相続時精算課税制度を選択すると特定贈与者からの贈与は毎年累計され、合計額が2,500万円を超えるまで無税で、超えた部分に20％の税率で贈与税が課税されるため、多額の贈与であっても贈与時に支払う税金は少なくて済んだのです。

孝子

　そうそう、贈与の時は大して税金は払わなかったのに、相続税の申告の時にそれを持ち戻されて相続税が計算されていたのには驚きました。

それこそが相続時精算課税制度の特徴なのです。特定贈与者が亡くなった場合には、その贈与財産の贈与時の課税価格を相続財産の価額に加算して相続税を計算することになりますが、既に納付した贈与税額については相続税から控除することができますので、贈与税の払い過ぎにはならないので安心です。

民法においても、遺産だけでなく生前もらった特別受益も足して具体的法定相続分を計算するので、それに似ている制度ですね。民法では選択はなく、相続人へのすべての贈与が特別受益になるのですが、税法では精算課税を選択すればそれ以後の全贈与を相続計算の際に持ち戻すのですね。

民法でも持ち戻しがあるのですか。知りませんでした。私の相続人はゆりだけなので、遺産分けに関する法律は気にしていませんでした。

もめない限り、そんなことは気にする必要がありませんからね。さて、この相続時精算課税制度が改正により、非常に手軽で使い勝手がよくなったと聞いていますが、いつから改正されるのでしょうか。

改正前の相続時精算課税制度には暦年課税制度にある110万円の基礎控除がなく、しかも贈与者が死亡した際には相続時精算課税制度選択後の受贈財産をすべて相続財産に加算して相続税が課税されるため、相続税の節税にはならず

普及が進みませんでした。そこで、相続税と贈与税の一体化を図るために相続時精算課税制度の利用をすすめたいとの観点から、令和6年1月1日以後の贈与から見直しが行われることになりました。

孝子　　一体どのような見直しがされたのでしょうか？

晶子税理士　　令和6年1月1日以後から、相続時精算課税適用者がその年中において特定贈与者からの贈与により取得した財産に係る贈与税については、暦年課税の基礎控除とは別に、贈与税の課税価格から毎年の基礎控除110万円を控除できることになったのです。

　また、相続時精算課税を選択している場合には、基礎控除110万円までの贈与については無税で申告不要とされます。なお、2,500万円の特別控除は基礎控除の後に控除します。

聡美弁護士　　それは便利でお手軽になりましたね。でも、それだけでは相変わらず相続税の節税とはならないと思います。孝子さんの相続税の節税をしたいという対策には相続時精算課税制度は意味がないのでしょうか。

晶子税理士　　いえいえ、私もびっくりした改正が行われたのです。特定贈与者が死亡した場合、相続税の課税価格に加算等をされるその特定贈与者から贈与により取得した財産の価額は、この基礎控除額を控除した残額とされたのです。暦年課税

でも基礎控除前の相続開始前3〜7年分の贈与を加算することになっているのに、相続税と一体化している精算課税制度にもかかわらず、基礎控除部分を除くなんて、信じられない思いがしています。

　よって基礎控除部分については、相続開始直前の贈与であっても贈与税も相続税も無税となり、相続時精算課税制度のメリットが大きく高まったのです。

聡美弁護士

　本当ですか。税法の本質から外れた驚くような改正です。それならば、相続税の節税にもつながるし手軽だし、精算課税制度は確かに使いやすくなりましたね。

孝子

　私が贈与を受け精算課税制度を選択した上場株式は、贈与時の価額は1,500円だったのですが、相続時には1,200円になっていました。相続時の価額である1,200円で課税されるのかと思っていたら、贈与時の価額1,500円で相続税が課税されたので、とても損をした気分になりました。

晶子税理士

　おっしゃるとおりです。相続時精算課税によって贈与を受けた財産は特定贈与者の死亡時に相続税の課税価格に加算されて相続税が計算されますが、その価額は相続開始時ではなく贈与時の価額とされており、時価上昇した場合には有利になり、時価下落した場合には不利になるのです。

法律でそう決まっているなら仕方ないですね。民法では常に相続開始時の時価なのですが、税法では贈与時の評価額であるならば、評価が低くなる時を見極める必要がありますね。値上がりする可能性が高いのか？　値下がりするリスクもあるのか？　精算課税制度による贈与はよく考えることが大切です。

聡美弁護士

そういう理屈だったのが今頃よくわかりました。ところで、私は修繕したばかりの自宅をゆりに贈与したいのですが、時価が下落するのはしようがないとしても、この頃災害が多いので台風などで被害を受けることも考えられます。こんな場合にも何の考慮もされないのでしょうか。

孝子

時価の上昇や下落ではなく、災害による被害は受贈者を救済する必要があるとして、相続時精算課税適用者が特定贈与者から贈与により取得した一定の土地又は建物が、令和6年1月1日以後に生ずる災害により被害を受ける場合について、贈与の日から特定贈与者の死亡に係る相続税の申告書の提出期限までの間に、災害によって相当の被害を受けた場合には、一定の救済措置があります。

晶子税理士

相当の被害とか、一定の救済措置とかわかりにくいですが、どれくらいの被害を受けたら、どれくらいの評価減をみとめてくれるのですか。

聡美弁護士

政令や施行規則で細かく定められています。土地の場合は贈与の時の評価額の、建物の場合は経過年数を考慮した想定価額のそれぞれ10%以上の被害を受けた場合において、相続税の課税価格への加算等の基礎となる土地又は建物の価額は、贈与の時における価額から災害によって被害を受けた被災価額を控除した残額とされます。

災害ってどのようなものをいうのでしょうか?

対象となる災害は、震災、風水害、火災、冷害、雪害、干害、落雷、噴火その他の自然現象の異変による災害及び火薬類の爆発その他の人為による異常な災害並びに害虫その他の生物による異常な災害とされています。

ほとんどが対象ですから安心ですが、相続の時に被害時の価額で申告すればよいのでしょうか。それとも何か、手続きが必要なのでしょうか。

この規定の適用を受けようとする相続時精算課税適用者は、災害による被害を受けた部分の価額その他一定の事項を記載した申請書を、原則として災害が発生した日から3年を経過する日までに、贈与税の納税地の所轄税務署長に提出しなければなりません。

この申請書には災害による被害を受けた部分の価額を明らかにす

るために、土地の原状回復に要する費用に係る見積書の写しその他の書類、又は建物の修繕に要する費用に係る見積書、保険金の支払通知書の写しその他の書類等を添付しなければなりません。

孝子

わあ〜、思ったより大変ですね。災害の後始末をしているうちに忘れてしまいそうです。

晶子税理士

税務署長はこの申請書の提出があった場合、これを審査し、承認又は却下をし、その旨を納税者に通知しなければなりません。承認する場合は、審査した被災金額を併せて通知することになります。贈与時の価額からこの承認された被災価額を控除した金額が相続時精算課税を適用して贈与を受けた金額とみなされ、相続時に相続財産に加算されることになります。

聡美弁護士

火災保険や地震保険に入っている場合には、保険金や賠償金をもらえるケースがよくありますが、このような場合の被災価額はどのように計算するのですか。

晶子税理士

被災価額は土地又は建物が災害により被害を受けた部分の価額から保険金、損害賠償金等により補填される金額を控除した残額とされています。

この改正により、土地・建物を贈与し相続時精算課税を選択したとしても、災害で評価が下がり相続税の負担が重くなるというリスクが抑えられ、相続時精算課税制度の選択に安心感が増しています。

◆ **相続時精算課税（暦年課税との選択制）**

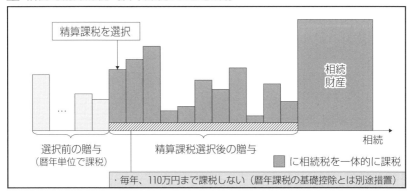

贈与時に、軽減・簡素化された贈与税を納付（累積贈与額2,500万円までは非課税、2,500万円を超えた部分に一律20%課税）

※基礎控除110万円を控除できる
※財産の評価は贈与時点での時価で固定 ⇒ 土地・建物が災害で一定以上の被害を受けた場合は相続時に再計算

相続時には、累積贈与額を相続財産に加算して相続税を課税（納付済みの贈与税は税額控除・還付）

（自民党税制調査会資料を参考に作成）

孝子 ゆりの祖母である私の母も生前に贈与したいと言っていますが、複数人からの贈与に、ゆりがいずれも相続時精算課税制度を選択した場合の基礎控除額の計算はどうするのですか。それぞれ2,500万円の特別控除があるのだから、2人ともに110万円の基礎控除があると考えてもよいですか。

晶子税理士 暦年課税に関しては基礎控除額の計算に変更はありませんが、残念ながら相続時精算課税制度は受贈者ごとに税額の計算を行いますので、そういう訳にはいきません。これについては、その年において、相続時精算課税適用者に係

247

る特定贈与者が2人以上ある場合には、相続時精算課税制度の適用を受ける贈与額の合計額に対して基礎控除110万円が適用されますので、それぞれの贈与額で按分することとされています。

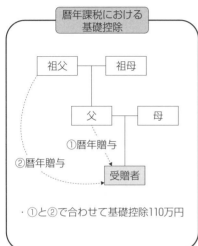

※暦年課税は変更なし

※複数の特定贈与者から贈与を受けた場合は、基礎控除110万円をそれぞれの贈与額に応じ按分する

（自民党税制調査会資料を参考に作成）

孝子　　ゆりの祖母は多額に財産を持っていないので相続税はかからないと思います。私の現在の財産は相続税の基礎控除額を超えているので、私の相続税対策を考えるなら、ゆりは祖母からもらった財産については暦年課税を選択し、贈与税も相続税もかからない相続時精算課税制度の基礎控除110万円については私からの贈与で適用を受けるのが効率的だということがわかりました。

令和6年1月1日以後の暦年課税から、相続開始前贈与の加算期間が7年に延長されます。7年以上長生きするなら暦年課税の110万円の基礎控除も相続税率より低い贈与税率も適用でき、相続税の節税に役立ちます。しかし、贈与後7年以内に相続が発生すれば暦年課税による贈与は効果がありません。

そうおっしゃっても、私もあと何年生きるかなんてわかりません。（笑）　今はピンピンしていますが、何が起こるかわかりませんしね。聡美弁護士ならどう考えられますか？

孝子さんはすごくお元気なので、後20年はぴんぴんしておられると思います。ただ、何が起こるかわからないと思われるなら、統計を参考にされてはいかがでしょうか。

厚生労働省の生命表（完全生命表）によると、日本人の平均余命は、男性が84歳、女性が88歳時点で約7年となっています。この統計を参考にして相続時精算課税の選択を検討する時期を考えると、今健康な孝子さんからの贈与は87歳まで暦年課税を選択し、88歳からの贈与については精算課税を選択されるのも一つの方法ではないでしょうか。

気をつけていただきたいことがあります。自宅建物は経年劣化による値下がりが想定されますし、自宅敷地は贈与では小規模宅地等の特例による減額が使えませの

で、自宅等の贈与はされないほうがよいと思います。孝子さんにもしものことがあった場合の相続税負担はそんなに大きくないので、相続時精算課税の基礎控除110万円を活用しながら、ゆりさんには現預金を少しずつ贈与されるのがよいのではないでしょうか。

　これらの説明を聞いた孝子さんは、改正された相続時精算課税制度を活用すれば大きな節税はできないけれども、少額ではあるが確実に節税できるのがわかりました。これからもうんと長生きできるなら、暦年課税のまま少しずつ贈与を続ければよいと思うのですが、安全を考えると85歳になったら、7年間確実に基礎控除額が使える相続時精算課税制度のほうがよいのではと考えています。
　そこで、令和5年は相続前贈与の加算期間が3年間で済むラストチャンスなので、思い切って孝子さんは1,000万円をゆりさんに贈与し、暦年課税の申告を勧めようと思っています。
　孝子さんの年齢75歳ならば、厚労省の統計によると相続まであと16年ほどあるとされていますが、もしもの場合に備えて、令和6年に相続時精算課税制度に基礎控除が創設されるので、毎年500万円をゆりさんに贈与し、自分が85歳になったら相続時精算課税制度を選択するよう勧めれば、その後、基礎控除110万円の控除後、特別控除2,500万円までは贈与税がかからず、何年長生きしても110万円部分については相続税も贈与税もかからないので、安心してこの方法を実行していくことを決めました。

事例2 贈与を活用して相続税を節税する対処方法

Question

東京都練馬区に住む畑中仁さんは、練馬に先祖代々の宅地を何か所も相続で取得しており、現在も上場企業で役員として働き、その給料で豊かに暮らしています。そのため、ご両親から相続で取得した不動産の収益はほとんど貯蓄しており、今や相続税評価額が7億円ほどの不動産と金融資産を3億円ほど有している資産家です。畑中さんの現在の相続人としては妻・美緒さんと2人の子（長男・孝介、長女・洋子）がいます。仕事に忙しく、ほとんど自身の相続や相続税のことなどは考えたことはありませんでした。

しかし、インターネットや雑誌で令和6年から相続税や贈与税が大きく変わると聞き、自身の相続や相続税についてきちんと考えなくてはならないと思い始めました。3か月後に70歳の誕生日を迎えて退職することになったので、いよいよ今後どうすべきかを決めようと友人にその話をしたところ、親の相続で世話になって非常にうまく解決できたと紹介してくれた、相続に詳しい聡美弁護士と相続税に精通している晶子税理士に、いろいろと相談することにしました。

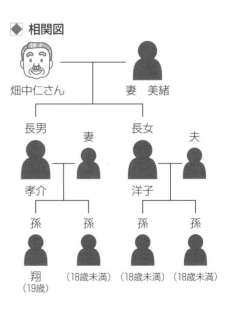

◆ 相関図

畑中仁さん　妻　美緒

長男　妻　長女　夫

孝介　洋子

孫　孫　孫　孫

翔（19歳）　（18歳未満）　（18歳未満）　（18歳未満）

畑中　親友の田中さんから、お父様が生前から晶子税理士と聡美弁護士に相続や相続税の相談に乗ってもらっており、昨年実際にお父様の相続が発生したけれども、お父様が願っていたように遺産分けでもめずに、納税でも困らずに終わり、家族中とても安堵したとお聞きしました。

　もめない相続や困らない相続税は、相続が起こってからいろいろ考えても間に合わないのは当然だと思い、私も今から相続や相続税についてお二人に相談に乗っていただこうと思っております。

　今、特に気になっているのは令和6年1月から贈与税と相続税が大きく改正されることで、今後どうすべきか考えたいと思っております。贈与税には暦年課税と相続時精算課税制度があるのも知っており、相続時精算課税制度に令和6年1月1日以後の贈与から相続時にも加算されない基礎控除が創設されたのも知っています。ただ、その基礎控除分を除いて贈与財産が全て相続財産にされますので、本質的には相続税対策にはならないと聞いています。そこで、まずは暦年課税の押さえるべきポイントを教えてください。

晶子税理士　暦年課税においては、一般的な贈与税の税率構造と、18歳以上の直系卑属への贈与に係る贈与税の税率構造の二本立てになっています。これらは、一般税率と特例税率といわれており、贈与額が410万円を超えると、直系卑属への特例税率のほうが低くなっています。

◆ 贈与税の税率構造

基礎控除後 の課税価格	一般税率	控除額	特例税率 （直系卑属 （18歳以上））	控除額
200万円以下	10%	0万円	10%	0万円
300万円以下	15%	10万円	15%	10万円
400万円以下	20%	25万円		
600万円以下	30%	65万円	20%	30万円
1,000万円以下	40%	125万円	30%	90万円
1,500万円以下	45%	175万円	40%	190万円
3,000万円以下	50%	250万円	45%	265万円
4,500万円以下	55%	400万円	50%	415万円
4,500万円超			55%	640万円

畑中 この特例税率というのが、私が子や孫に贈与した時に少し贈与税がお得になりますといわれているものですね。長女洋子の二人の子はどちらもまだ18歳未満なので一般税率しか適用できませんが、孝介の子一人は18歳未満ですが、もう一人は19歳なので特例税率の適用を受けることができます。1,110万円を贈与した場合において、18歳未満で一般税率の適用による贈与税額と、18歳以上で特例税率の適用による贈与税額はどれくらい違うのでしょうか。

晶子税理士 お渡しした計算式を適用して計算すると、一般税率では275万円、特例税率では210万円と３割近く税金が異なります。このように、18歳以上の直系卑属への多額の贈与は、相続税対策に大きな効果があるのです。

計算例①　1,110万円の一般の贈与を受けた場合の贈与税額
　　　　　（1,110万円－110万円）×40％－125万円＝275万円
計算例②　直系卑属（18歳以上）が1,110万円の贈与を受けた場合の贈与税額
　　　　　（1,110万円－110万円）×30％－90万円＝210万円

聡美弁護士 このお話を聞くと、畑中さんはまだまだお若いので、18歳未満のお孫さんには410万円を超える贈与は少し待たれて、18歳になられてから高額贈与をされた方がいいかもしれませんね。

そういう意味では孫などへの贈与は大きな改正がなかったと思えるのですが、令和6年1月以後の相続税や贈与税はどこが変わるのですか。

富裕層が相続税の負担軽減のために、毎年高額の財産を推定相続人や孫等に贈与を繰り返していることは租税平等の原則に反するとして、「相続税と贈与税の一体化」がここ何年にもわたり、検討されていると聞いていました。いよいよ、令和6年1月から相続税と贈与税の改正が行われるのです。

検討の結果、相続人の贈与財産の相続財産へ加算する期間が相続開始の日前3年間から7年間に延長されます。

つまり、相続又は遺贈により財産を取得した者が相続の開始前7年以内に被相続人から贈与により財産を取得したことがある場合においては、原則として、その贈与により取得した財産（加算対象贈与財産）の価額を相続税の課税価格に加算して相続税額の計算をすることになります。

なお、110万円の基礎控除分も加算されますが、改正前の3年から延長される4年間に受けた贈与については、少額の贈与に考慮して、期間延長された4年間の加算対象額から総額で100万円を控除した残額が、相続税の課税価格に加算されることになります。

つまり、相続時精算課税制度と異なり、7年間の基礎控除分も加算されることになるので、相続等をした者への暦年課税による7年間の贈与は節税効果が非常に薄くなるのですね。

民法においては遺留分の計算をするときは、原則として相続開始前10年以内の特別受益を加算し、法定相続では年数制限なく持ち戻しをするのですが、暦年課税においては７年ですか。民法にはでてこない数字のため思いもかけませんでした。

◆ 暦年課税の相続開始前加算期間を７年に延長

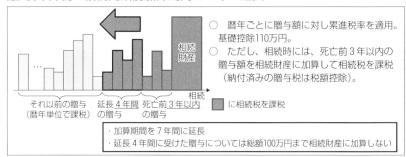

（自民党税制調査会資料を参考に作成）

　　　　　私はまだまだ現役で元気なので相続発生は15年以上先だと思っています。10年間くらいは暦年課税による贈与をするつもりですので、かなりの相続税の節税ができると思います。ただ、もし急に相続が発生した場合は令和６年１月１日以後の贈与については７年分全て相続財産に持ち戻されるということなのですが、それに備えるリスク軽減策はないのでしょうか。

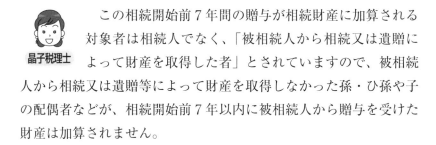
　　　　　この相続開始前７年間の贈与が相続財産に加算される対象者は相続人でなく、「被相続人から相続又は遺贈によって財産を取得した者」とされていますので、被相続人から相続又は遺贈等によって財産を取得しなかった孫・ひ孫や子の配偶者などが、相続開始前７年以内に被相続人から贈与を受けた財産は加算されません。

　畑中さんは、もし万が一のことを考えられるなら、お孫さんや孝介さんの奥様や洋子さんのご主人にも贈与されるとよいでしょう。相続直前であっても持ち戻されないベストな対策です。特にお孫さんは遺言書等で遺産を取得されると、相続税が2割加算されますので、暦年課税による直系尊属からの税率の低い特例贈与をお勧めします。

　畑中さんは、お孫さんへの遺贈により、世代を一代飛ばして相続税が1回で済むという効果を狙っておられますが、相続税の実効税率より低い範囲の贈与を繰り返すことがお孫さんに財産を渡す効果の高い方法ではないでしょうか。

　なるほど、税法の面からは贈与と遺贈は大きく異なりますね。民法では遺留分計算の際は相続前1年間を除き、持戻し対象の特別受益は原則として相続人に限られますが、相続税では相続又は遺贈で財産を取得した人になるのですから、対象が異なるので注意が必要です。

　実はまだ注意点があります。民法と異なり、相続税法にはみなし相続財産というものがあります。例えば、被相続人が保険料を負担していた生命保険金や個人年金がこれに該当します。

　実例として、孫に毎年1,000万円贈与して相続税の節税をしたつもりであったのに、お孫さんを受取人にしていた、昔掛けていたこども保険金が50万円だけ支払われたため、結局相続前3年間の持戻し対象となって、2割増しの相続税がかかったため、贈与の節税効果がなくなってしまいました。

257

私も孫が生まれたとき、郵便局の人に勧誘されて、孫の学資保険に入ったような気がします。これは気をつけないといけないですね。孫への暦年贈与による節税はしたいと思っていますので、保険契約を確認して受取人は洋子に変更しておきます。

　この改正は、令和6年1月1日以後に贈与により取得する財産に係る相続税について適用されますが、経過規定が設けられていますので、あせらなくて大丈夫です。令和9年1月1日までの相続については従来どおり3年以内加算のままで、それ以後の相続から3年以上の期間の贈与分が相続財産に加算されることになるのです。

　おっしゃっていることがよくわかりません。令和6年から相続開始前贈与の加算期間が7年になるのではないのですか。

　私も最初そう思いましたので、勘違いされる方が多いのではないでしょうか。令和6年1月1日以後開始の相続からではなく、令和6年1月1日以後の贈与が対象となるのです。令和5年中に贈与を受けた分は従前どおり3年以内加算の対象ですが、令和6年1月1日から亡くなった日までの贈与はすべて7年以内加算の対象になるという改正です。よって、令和9年1月1日までの相続においては、3年以上前は令和6年1月1日までになるので従前の3年加算と変わらないことになるのです。

畑中 そうか、令和6年からの贈与だから、当面は3年のまとまという訳ですか。

晶子税理士 まさにそのとおりです。令和6年1月1日から3年経った令和9年1月1日以後は、相続開始の日から加算される期間が徐々に延長され、令和6年1月1日から丸7年経過した令和13年1月1日以後は、被相続人の相続開始の日から遡って7年間の贈与財産が相続税の課税価格に加算されることになるのです。

聡美弁護士 図表で説明されれば、畑中さんにもよくご理解いただけるのではないでしょうか。

晶子税理士 そうですね。ではこの図表をご覧ください。
例えば、次のような事例を基に図表を見ていただくと、経過措置がよくわかります。

① 令和8年7月1日に死亡した場合には、令和5年7月1日以後3年以内に贈与を受けた財産が加算されます。

② 令和10年1月1日に死亡した場合には、令和6年1月1日以後4年以内に贈与を受けた財産が加算されます。

③ 令和13年7月1日に死亡した場合には、令和6年7月1日以後7年以内に贈与を受けた財産が加算されます。

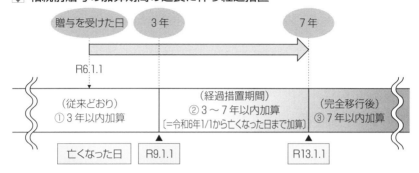

◆ 相続前贈与の加算期間の延長に伴う経過措置

【①の例】令和8年7/1に亡くなった場合、相続前贈与の加算の対象は、令和5年7/1以降に受けた贈与（＝3年間）
【②の例】令和10年1/1に亡くなった場合、相続前贈与の加算の対象は、令和6年1/1以降に受けた贈与（＝4年間）
【③の例】令和13年7/1に亡くなった場合、相続前贈与の加算の対象は、令和6年7/1以降に受けた贈与（＝7年間）

（自民党税制調査会資料を参考に作成）

畑中

　なるほど。実際は急に７年加算であわてることはなく、徐々に７年に近づいていき、令和13年以後に完全に７年間加算されるのがよくわかりました。

聡美弁護士

　畑中さんほどの資産家で、まだまだ15年以上元気でお過ごしであろうと思われる場合には、私が説明を聞いていましても、やはり、暦年課税で複数の人に贈与を続けるのが有利に思えます。

　15年間の比較を数字で説明してもらったらよくわかるのではないでしょうか。

畑中

　そうですね。15年経ったら私も85歳になり、教えていただいた厚労省の完全生命表の統計を見ていますと、85歳の男性の場合は、相続開始まで７年くらいとされてい

ますので、その頃には相続時精算課税制度を選択するのもよいのでしょうね。

晶子税理士、毎年4月1日に1,000万円を長男と長女に15年間贈与した場合の暦年課税と精算課税の税額を比較していただけますか。

晶子税理士

了解しました。早速試算してみましょう（次ページ参照）。

贈与税においては、1月1日から12月31日までに贈与を受けた財産の総額について翌年3月15日までに申告します。1月1日に贈与を受けても7月1日に贈与を受けても、その年の基礎控除額は110万円で税率も同じです。よって、今まで畑中さんはいつも年末に贈与されていました。

しかし、課税価格への3年から7年以内加算は相続開始の日からの期間で判定されますので、同じ年に贈与をするならできるだけ早い方が、相続税に加算されるリスクが低いといえますので、これからは年明けに贈与されてはいかがでしょうか。

聡美弁護士

畑中さんのお子様たちは仲が良いと聞いていますので安心していますが、遺留分侵害額請求額を計算される時に加算される特別受益は、原則として相続開始前10年以内とされていますので、民法においても、贈与は早いに越したことはありません。

畑中

お二人のお話を聞いて、また晶子税理士の15年後の負担すべき税額の比較表を見ても、早期の贈与の効果がよくわかりました。早速、どのように贈与に取り組んでい

くのかを考えたいと思いますので、これからも良き相談相手として
ご指導ください。

◆ 15年比較

財産総額10億円　毎年1,000万円を15回贈与した後に相続が発生した場合

・X1年から毎年4月1日に1,000万円を長男と長女に暦年課税制度／相続時精算課税制度で贈与する。
・X15年12月31日に相続が発生。

暦年課税制度で子2人に贈与した場合

項目	金額	備考
贈与財産価額	30,000万円	1,000万円×2人×15年
贈与税額（A）	4,956万円	177万円×2人×14年
贈与後の相続財産	70,000万円	
相続時精算課税適用財産の加算額	―	
加算される暦年課税分の贈与財産価額	13,800万円	1,000万円×2人×7年－100万円×2人
相続税の課税価格	83,800万円	70,000万円＋13,800万円
相続税額（B）	29,276万円	相続税の総額－贈与税額控除 31,400万円－177万円×2人×6年
税額合計（A）＋（B）	34,232万円	

相続時精算課税制度で子2人に贈与した場合

項目	金額	備考
贈与財産価額	30,000万円	1,000万円×2人×15年
贈与税額（A）	3,984万円	X3年分　170万円×20%×2人＝68万円 X4年分～X14年分 　890万円×20%×2人×11年＝3,916万円
贈与後の相続財産	70,000万円	
相続時精算課税適用財産の加算額	26,700万円	30,000万円－110万円×2人×15年
加算される暦年課税分の贈与財産価額	―	
相続税の課税価格	96,700万円	70,000万円＋26,700万円
相続税額（B）	33,866万円	37,850万円－3,984万円
税額合計（A）＋（B）	37,850万円	

262

暦年課税制度適用時と相続時精算課税制度適用時の比較

相続税・贈与税の合計額は34,232万円＜37,850万円　**暦年課税**が3,618万円有利

　二人の説明を聞いた畑中仁さんは、相続時精算課税制度に基礎控除額110万円が創設され使いやすくなり、暦年課税の相続開始前贈与の加算期間が7年に延長されても、7年以内に自分に相続が発生しないと思うなら暦年課税による贈与を続けるつもりです。相続税率より低い範囲内の贈与税率で贈与を続けることが相続税の節税につながるのがよくわかったからです。

　長男の孝介、そして孫の翔に先祖代々の不動産を相続させ畑中家の承継をしてもらうことに家族中の賛同を得ています。今までは孝介に一度相続させ、その後孝介から翔が相続すると、2回も莫大な相続税を払うことになるので、遺言で直接翔に取得させるつもりでした。ただ、孫への遺贈は2割加算の対象となるのがわかり、今から少しずつ翔に生前贈与し、特例税率による安い贈与税を活用することも考えています。翔が遺贈で財産を取得しない限りは、相続直前の贈与であっても相続財産に加算する必要がないからです。

　贈与について晶子税理士からしっかり指南を受けて、聡美弁護士に相談に乗ってもらい、いつ・誰に贈与し、承継させればもめないかを考慮して方針を決定し実行していくことを決めました。

　東京港区に住む宇野和也さんは、駅前のタワーマンションにある自宅のほか、5億円以上の金融資産を有している資産家です。今まで多額の相続税を2回も払っており、相続税対策には熱心に取り組んできました。なお、宇野さんの現在の相続人としては妻・さゆりさんと3人の子（長男・浩、長女・玲子、次男・誠）がいます。

　しかし、次男の誠には浪費癖があり何度もその尻拭いをしてきたので、誠にはこれ以上遺産を渡すつもりはなく、浩と玲子の2人に公平に遺産を渡したいと思う宇野夫妻は困っています。そこで、宇野夫妻は民法や税法をしっかり踏まえたうえで何か良い解決方法がないかを、相続に詳しい聡美弁護士と相続税に精通している晶子税理士に相談することにしました。

◆ 相関図

私は20年前に父を、10年前に母を亡くし、この2度の相続で莫大な相続税に苦しんだので、子たちにはそんな思いをさせたくないと思っています。また、私も妻も何度も借金の尻拭いをさせられた誠には、もう財産を残してやりたくはありませんので、遺言書を書いて、浩と玲子にだけ財産を残すつもりです。

　いっそのこと、誠を相続人から廃除したいのですが、どうしたらよいでしょうか？

　　　　被相続人であれば家庭裁判所に対し、推定相続人の廃除の申立てを行うことができます。ただし、廃除の申立てが認められるには、その相続人の被相続人に対する虐待や重大な侮辱、著しい非行が必要とされます。これらの事実を証明することは容易ではありませんので、廃除が認められるのは実際はなかなか難しいのです。

　それに、もし廃除が認められたとしてもその相続人に子がいれば孫が代襲相続することになります。

　　　　誠には妻子もいませんので、代襲相続については問題ありません。でも、借金の肩代わりくらいではそう簡単に廃除はできないのですね。そうなると、遺言書を書いても、誠には遺留分があると思いますので、遺留分対策と節税対策を兼ねて、思い切って浩や玲子とその家族にある程度の財産を贈与しようかと思っています。この方法について、遺留分はどうなるのか、相続税や贈与税はどうなるのか、教えてください。

聡美弁護士

　では、まず宇野さんに民法の定める相続について説明します。資産家の方は一般的に贈与や相続といえば、贈与税や相続税のことを思い浮かべることが多いのですが、実は民法上の原則と相続税法上の原則は異なっているのです。

　贈与とは受贈者との贈与契約により贈与者から受贈者に贈与者の財産が移転することです。同様に、相続も被相続人の財産が被相続人の死亡を原因として、民法の定めにより、相続人に財産が移転することです。

　財産とは土地や建物、預金や有価証券等だけでなく、贈与者や被相続人の所有する物のすべてをいいます。例えば、庭や池に泳ぐ鯉などもその対象であり、借金等の債務もその対象ですのでご注意ください。

晶子税理士

　そして、民法により財産が移転したことにより生ずる課税が贈与税・相続税で、こちらは贈与税・相続税に関する相続税法によって規定されています。贈与・相続に対する法制と、贈与税・相続税に対する税制とは密接に関連しますが、その内容は一部異なっています。

　そこで、贈与税や相続税の常識で、贈与や相続を考えると思わぬ勘違いが生ずることがあります。民法上、相続税法上の問題をしっかり理解しておかないと、もらった人が税金負担や財産分けで非常に困ることもあります。

　また、民法では相続財産にあたるにもかかわらず、相続税のかからない財産があります。例えば、仏壇やお墓、祭具などで、そのほかに幼稚園や老人施設等に無償で貸している公益用財産についても、相続税がかかりません。よって、財産を生前にこのような形にして

おけば、税金のかからない財産を残すことができるのです。

　　　　　仏壇やお墓には課税されないならば、今のうちに私たちが気に入ったものを準備しておくのもいいですね。相続税がかからないし、遺された家族も慌てなくてすむでしょうから。

　では反対に、亡くなった人の相続財産ではないけれども、相続税がかかるものはあるのですか？

　　　　　被相続人の固有財産ではなく、経済的利益を受けた受取人固有の財産であるにもかかわらず、相続や贈与により経済的利益が生じたとみなされ、贈与税や相続税が課税されることがあります。

　例えば、生命保険金は指定された受取人、年金受取人は年金契約により指定された受取人のものですが、受取人が保険料や掛け金を払っていない場合には、新たに経済的利益が生じたとして、贈与税・相続税がかかるのです。遺言書に書かなくとも、相続人の合意がなくとも、受取人に残せるプレゼントとなりますので、私のお勧めです。

　また、死亡退職金は会社の規定により支給された受取人のものですが、税法上は受取人が相続したものとみなされ相続税がかかりますのでご注意ください。

　　　　　遺言書を書かずとも相続争いを避けることができ、誠の了承もいらずに浩と玲子にプレゼントできるので、生命保険金や年金契約はよい方法だと思います。ただ、贈

267

与税や相続税の対象になるから税金対策にはならないですね。気を
つけなくては…。

　いっそのこと、誠を呼んで、最後に5,000万円の生命保険金を受
け取れるようにするから、今のうちに相続を放棄してもらっておく
よう説得したらどうでしょうか?

◆ みなし相続財産

項目	内容	根拠条文
相続税法の定めにより相続税がかかるもの	生命保険金など	相続税法第3条第1項第1号
	退職手当金・功労金など	〃　　　　　　第2号
	生命保険契約に関する権利	〃　　　　　　第3号
	定期金に関する権利	〃　　　　　　第4号
	保証期間付定期金に関する権利	〃　　　　　　第5号

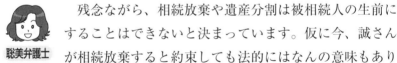

　　　　　残念ながら、相続放棄や遺産分割は被相続人の生前に
　　　　　することはできないと決まっています。仮に今、誠さん
聡美弁護士　が相続放棄すると約束しても法的にはなんの意味もあり
ません。いざ相続が起こったときに誠さんが相続分を主張すればそ
れは認められてしまうのです。

　　　　　それは残念です。私たちの生前になんとか誠を納得さ
さゆり　　せれば、相続時にもめないと思っていたのに。

聡美弁護士 　相続放棄はできなくとも、遺留分の放棄であれば生前に行ってもらうことが可能です。既にかなりの財産を渡しているような場合では、家庭裁判所も遺留分の放棄を認めてくれることもあります。

　ただし、これはあくまでも遺留分についての放棄です。遺産分割協議のような通常の法定相続のときには何の効果もありません。遺留分放棄をしてもらうときは必ず遺言書等財産分けについても決めておく必要があります。

和也 　じゃあ、誠を説得して遺留分の放棄をさせたうえで、遺言書に誠以外の子に全財産を渡すと書いておけば相続時にもめないようにすることもできるのですね。

晶子税理士 　もし説得が上手くいって、誠さんが遺留分を放棄すれば財産を相続しないので、誠さんには相続税がかからないと思っていらっしゃいませんか？　先ほどご説明しましたように、死亡保険金や年金に関する権利の受取人となり保険金等をもらった場合には、相続財産を取得したものとみなされますので、相続を放棄したとしても相続税がかかることになります。この場合、相続を放棄しなかったら適用を受けることのできる生命保険金の非課税枠や債務控除等の有利な取扱いが受けられなくなり、結果として誠さんの税額が増えることもあります。かえってもめることにもなりかねませんので、熟慮の上ご判断ください。

さゆり

なるほどね。相続と相続税って随分違うのですね。今まで考えてきた私たちの節税対策について、ちょっと心配になってきました。例えば、一代飛ばして孫養子に財産を遺せば、遺留分対策と相続税対策になると教えてもらいました。そこで、浩の長男である孫の一郎を私たち夫婦の養子にしたいと思っているのですが、これには問題はないですよね。

晶子税理士

そうですね。養子縁組することによって相続人の数が増えると、相続人の数を使って計算する相続税の基礎控除額や保険金等の非課税限度額が増加しますので、相続税が減少することになります。ただ、そのため何十人もの養子縁組をする人がいて、あまりにも目に余るケースが増えたので、今では相続人の数に算入できる養子の数は「遺産に係る基礎控除及び相続税の総額の計算」「生命保険金・退職手当金の非課税限度額の計算」について、原則として養子の数は実子がいない場合には2人まで、実子がいる場合には1人までに数が制限されています。

よって、宇野さんご夫婦の場合には、税金対策としては養子による効果は1人のみです。ただ、この制限を民法にも当てはめて考える人が多いのですが、民法上は養子の数については制限がありませんので、浩さんや玲子さんのお子様を何人でも養子縁組できます。

聡美弁護士

そうですね。お孫さんたちを養子にして法定相続人を増やせば、誠さんの遺留分は減少することになります。

それなら、思い切って浩の長男の一郎が高校生になったので養子縁組することにします。玲子には星代と月代の二人の娘がいますが、名字が変わるのは嫌だろうから養子縁組はしないでおこうと思います。

和也

　そのかわりに、浩の長女の花代と、星代と月代には贈与をしたり、原則として遺留分の対象とならない生命保険金や年金契約の受取人にしようと思います。孫への贈与は相続税の対策にもなるのではないですか。

　相続税率より低い贈与を繰り返すことは相続税対策となりますから、おっしゃるとおりです。しかし、相続税

晶子税理士

法では、相続等により財産を取得した者が相続開始前3～7年以内に贈与された財産及び相続時精算課税制度の適用を受けた基礎控除後の贈与財産を加算しますので、これらの贈与は原則として相続税対策となりません。

　しかし、それ以外の贈与は相続税の対象外となりますので、上手に贈与することはベストな相続税対策となるのです。例えば、浩さんや玲子さんとその配偶者、お孫さんたちに毎年500万円くらいの贈与を続ければ、年数が経てば経つほど大きな相続税効果が表れます。また、浩さんや玲子さんの配偶者やお孫さんが相続の時に財産をもらわなければ、相続開始前3～7年以内の贈与であっても相続財産に持ち戻しされませんから効果が確定し、非常に有効な対策です。

なるほど、孫などへの贈与は相続税の対策や遺留分対策になる優秀な方法と分かり、安心しました。

いえいえ、宇野さん。確かに生前にお孫さんたちに財産を贈与することで、その財産については相続発生時に誰が相続するかで、もめることはありません。その意味で生前贈与により財産取得者を特定することは効果があります。

しかし、その生前贈与が贈与する方も贈与される方も遺留分を侵害することを知って行われた場合には、民法上の遺留分を減少させることはできません。なぜなら、生前に遺留分侵害を知って行われた贈与を受けた財産は年数制限なく持ち戻されて遺留分が計算されるからです。

たとえば、誠さんの遺留分額を減らそうとしてお孫さんたちに半分以上の財産を贈与したとしても遺留分対策にはならないのです。

そうですか。遺留分を減らすための多額の贈与は効果がないのですか。
ちょっとがっかりです。

お孫さんたちに一気に多額の贈与を行うのではなく、少額の贈与を繰返し行うのであれば遺留分侵害の意図は認められないでしょうから、ご安心ください。

晶子税理士 そうです。それに暦年課税を選択すれば、課税相続財産に加算されず相続税の効果は大きいので、そうがっかりなさらないでください。それに、もっと相続税効果の大きい贈与もありますよ。

　相続税の計算上、相続財産に加算されるのは課税対象となるものだけですので、贈与税の計算において通常必要と認められる範囲のもの、例えば高額であっても教育費や医療費は贈与税の非課税財産となっており、相続税の課税財産に加算されないからです。

　祖父母が孫の教育費や医療費を負担しても、それが社会常識の範囲で行われている限りは、贈与税は非課税と決められています。最高の相続税対策はお孫さんの教育費、例えば医学部の学費や海外への留学費用等を宇野さんが直接負担されれば、税金のかからないベストな方法といえるでしょう。ただし、お孫さんが贈与されたお金を使わずに貯蓄すれば非課税となりませんので、ご注意ください。

◆ 相続税のかからない財産

種類	非課税の範囲
① 扶養義務者からの生活費や教育費のための贈与財産	扶養義務者から必要の都度、直接これらの用に充てるためもらった通常必要と認められる金額
② 公益事業用の財産	宗教、慈善、学術など公益を目的とする事業に供される部分
③ 特定公益信託から交付される金品	学術奨励のため、又は学資支給を目的として支給される金品で所定のもの
④ 心身障害者共済制度に基づく給付金の受給権	全額
⑤ 離婚に際しての財産分与	離婚を手段として贈与税や相続税を不当に免れる場合以外のもの
⑥ 債務超過の場合の債務免除、債務肩代わり、低額譲受け	債務者が債務超過である場合、その額

和也 　孫の教育費って非課税だったのですか。浩や玲子のところの孫の教育費を私が負担してやっても贈与税がかからないのですね。

晶子税理士 　原則はそうですが、直接宇野さんが負担するのではなく、浩さんや玲子さんの口座に振り込むと、何のための贈与か明確には区分できません。浩さんや玲子さんは収入もある上、自身の預貯金もありますので、単に金銭贈与となってしまって贈与税がかかる恐れがあります。

聡美弁護士 　さらに、民法上の相続分の計算では、学費・結婚の際の持参金その他の生活費など贈与税の非課税財産であっても、特別受益として財産分けの際に持ち戻して相続分の計算が行われる場合もあります。よって、それが浩さんや玲子さんへの贈与とされた場合、相続財産に持ち戻されて、法定相続分や遺留分が計算されることになります。

ただし、相続法改正によって現在では、被相続人の生前贈与の遺留分基礎財産への算入は、相続開始前10年間以内のものへ制限されることになりました。例外として、贈与者の全財産や過半数の贈与等の、贈与者と受贈者の双方が遺留分を侵害することを知って行った贈与については、年数制限なく遺留分算定の基礎財産に持ち戻されることになっています。このような原則10年間しか持ち戻さないという扱いは遺留分についてだけのものですから、遺言がなく法定相続で遺産分割協議等をする場合には、これまでどおり特別受益にあたれば年数制限なく持ち戻されることになってしまいます。宇野さんの場合は、このような改正点からしても遺言を作成することが

274

重要になってきますね。

　このように、民法と税法とは考え方が異なるためご注意ください。

　なるほど。数百万円程度であれば孫だけでなく浩や玲子に贈与しても、私がそれから10年以上生きれば、相続税対策だけでなく相続の際の遺留分対策にもなるのですね。がんばって長生きしようと思います。それに贈与をするなら、株や不動産の場合は評価の低い時にした方がいいですよね。

　相続財産に持ち戻す際の価額についてですが、民法では生前に贈与した財産についても、相続時の時価で相続財産に持ち戻した上で法定相続分や遺留分の計算が決まります。よって、遺留分の計算上、相続人への10年以内の贈与等の場合は、生前贈与してもしなくても結果は原則一緒なのです。

　ところが、相続税法においては贈与時の課税価額で相続財産に持ち戻すことになっています。よって、税法では贈与時と相続発生時を比較し、贈与財産が値下がりしていればかえって将来の相続税が増加することになり、贈与財産が値上がりしていれば将来の相続税が減少することになります。まさに、相続税対策としての贈与の最重要ポイントは、値上がりが予想できるものか、収益を生むものを贈与することであり、民法の取扱いとは大きく異なるのです。

　これらの説明を聞いた宇野夫妻は、単に贈与しても、遺言書を書いても、原則として遺留分の問題は片付かないことがわかりました。た

275

だし、相続開始10年以上前の贈与であれば、原則遺留分計算の際に戻さなくともよいのですから、早期の贈与と遺言作成がとても大切であることを認識しました。また、いかに賢く贈与するかで贈与税と相続税を合わせた納税額の合計額が大きく変わることも理解できました。

　宇野夫妻は誠以外の子や孫たちとは仲良くしているのですから、晶子税理士からしっかり指南を受けて賢く贈与するとともに、聡美弁護士に相談して、いつ・誰に贈与するか、誰と養子縁組するかを決め、誠に対する遺留分対策に万全を期し、浩と玲子の2人には公平に財産を承継させる方法を実行していくことを決めました。

事例4 後継者が報われるための対処方法

Question

　京都市に住む竜太郎さんは、妹が二人いる長男で20年以上も両親と同居していました。母親は5年前に認知症を患い介護が必要となったのですが、最後まで自宅で看取り3年前に亡くなりました。また、竜太郎夫婦が必死で支えてきた和菓子屋を経営していた父親も先月亡くなりました。

　ところが、父の通夜の席で二人の妹が「遺産はどれくらいあるの。法定相続分どおりの3分の1とは言わないけれど、ある程度は頂けるでしょうね。」と言い出したのです。法定相続分があるといっても、後継者にとっては被相続人との長年の関係や事業継続の必要性から等分というわけにはいきません。困ってしまった竜太郎さんは後継者が優遇される制度が民法や税法にないかを、相続に詳しい聡美弁護士と相続税に精通している晶子税理士に相談することにしました。

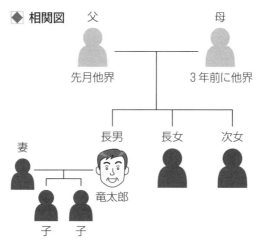

◈ 相関図

父（先月他界）
母（3年前に他界）

長男 竜太郎
妻
長女
次女
子
子

竜太郎 　妹たちは両親の和菓子屋も手伝わず、もちろん介護等もほとんどしていません。父親が亡くなって悲しみも癒えていないのに、通夜の席で、もう早くも妹たちが遺産分けの話をしてきたことに妻は悲しんでいます。両親の和菓子屋を手伝ったり、介護する割合は不平等なのに、両親の財産を相続する割合だけは平等でなければならないのですか？　それは両親が望んでいたこととも違うような気がしてなりません。

聡美弁護士 　たしかに、竜太郎さんのおっしゃるとおり、同じ子であっても両親との長年の関係は随分と異なっているでしょうね。そのときに、親の事業を手伝ったり介護をした子と、そうでない子の相続分が同じなのは不平等だという考え方もあります。そこで、民法においては相続人のうち、被相続人の財産の維持又は増加について特別の寄与をした者には「寄与分」を与え、他の相続人よりも多い割合の相続分を認めるという制度を設けています。

　寄与分は相続人のみに認められているのですが、それ以外の親族の貢献を評価するための制度として「特別寄与料」というものがあります。この特別寄与料という制度は、相続法改正で令和元年から設けられたもので、被相続人の財産形成に協力した親族に対し、相続人全員に対する金銭請求権を認めるものです。

竜太郎 　妻には特別寄与料が認められ、私には寄与分があるということで、妹たちよりも多くの相続分を認めてもらうことができるのでしょうか。

聡美弁護士 ところが、民法で定められている「寄与分」とは、「被相続人の事業に関する労務の提供、又は財産上の給付、被相続人の療養看護その他の方法により被相続人の財産の維持又は増加について特別の寄与」があった相続人に認められるものなのです。

つまり、被相続人の身近に居て、夜遅くまで和菓子作りを手伝ったとか、いつも献身的に世話をして、被相続人の心の支えになったという事情よりも、「被相続人の財産の維持又は増加」に寄与したか否かが要件とされている概念です。

◆ **寄与分・特別寄与料の概念**

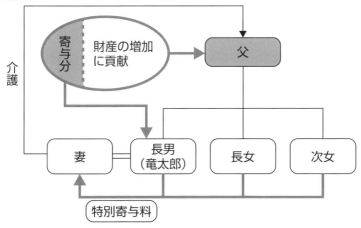

竜太郎 私達夫婦は父の和菓子屋を手伝っていましたし、家で介護も行っており、父母の財産の維持に寄与したと思いますから、当然寄与分等は認めてもらえますよね。

聡美弁護士

　竜太郎さんご夫婦の場合は難しいかもしれません。なぜなら、民法では、寄与分等の要件として「特別の寄与」が必要だとされているからです。夫婦や親子間では、助け合い、相互に扶養していくことが当然と考えられており、親子間で病気のときに看病したことがあるからといって、寄与分等は認められません。

　親子間では相互に扶養していくことが通常の関係であるからこそ、子には当然に親の財産に対する法定相続分が認められているのです。寄与分とは、このような親子として通常期待されるような貢献を超えた特別の貢献があった場合に認められる概念です。

　また、和菓子屋を手伝っていても無給ならば特別の寄与があったとされるでしょうが、竜太郎さんご夫婦のように、青色専従者給与などの役務の対価をもらっている場合には原則として寄与はないとされています。さらに、親子間で同居をする、通院の送り迎えや薬を買いに行く、一緒に食事をする、といった類の事柄は、基本的には全て「通常の寄与」に該当し、寄与分が認められることは稀でしょう。ですから、本来こういう問題は「寄与分」等の問題とするのではなく、被相続人が、遺言で自分に貢献してくれた相続人の相続分を増やしておくという形で考慮すべき問題なのです。

　でも、お父様も自分が急に亡くなるなどと思っていらっしゃらなかったので、今回遺言がないままお亡くなりになったのはやむを得ないことだったのではないでしょうか。

遺言を書かなかった父を恨むつもりは全くありません。でも、遺言がない以上、私の寄与分や妻の特別寄与料を認めてほしいと思うのですが、先生、寄与分等とは、誰が決めるのですか。

 寄与分も特別寄与料も、まず寄与者と相続人全員の協議で決定されることになっています。竜太郎さんの寄与分の場合は、竜太郎さんと二人の妹さんの相続人全員で寄与分があるか、あるとしてどれくらいの割合や金額であるかを協議して決めることになります。竜太郎さんの奥様の特別寄与料は、竜太郎さんと奥様と二人の妹さんの四人で特別寄与料があるか、あるとしてどれくらいの割合や金額であるかを協議して決めることになります。

 ええっ、それだと、妹たちは通夜の席で遺産を請求したのですから、寄与分など認めてくれるはずがないです！

 たしかに、相続人たちとの協議で寄与分等が決定されるということは難しいかもしれません。そもそも、寄与分等の協議が簡単にまとまるような良好な兄弟関係であれば、寄与分や特別寄与料なんて概念を使わなくても、簡単に遺産分割で合意できるはずですからね。

　民法では、相続人等の間で協議が調わない場合には、家庭裁判所が、寄与をした相続人や特別寄与者からの請求によって、一切の事情を考慮して寄与分等を定めることになっています。ただし、特別

寄与料に関する申立については、相続開始と相続人を知ったときから6か月以内（又は、相続開始から1年以内のいずれか短い期間）に行われなければいけませんので、注意が必要です。

　これらの手続では、竜太郎さんたちが、お父様の介護や和菓子屋のサポートに関し、どの程度のことをしたかという事実判断によって、寄与分等の有無に関する法律判断もされるのです。

　ただ、竜太郎さんご夫婦が妹さんたちに比べて、お母様についても、お父様についてもずっと多くの世話をしてきたことは事実なのですから、その点について、妹さんたちと話し合われても決して非常識な話ではないと思います。寄与分等について、妹さんたちと話をしてみてはいかがですか。場合によっては、私が間に入ってお話をしてもかまいませんよ。

　わかりました。自分の気持ちの整理をつけるためにも、まず自分の両親に対する想いを妹たちに話してみます。その上で相続の話をしようと思いますが、もし兄弟間でもめることになれば、その時には私たちの間に入ってくださいませんか。

竜太郎

　ご安心ください。もちろん、お引き受けしますよ。ただ、それでも妹さんたちが納得しなければ、寄与分等の話は家庭裁判所の判断に任せるしかありません。妹さんたちに納得してもらえるよう、私も努力します。

聡美弁護士

　では、奥様が特別寄与料をもらうことが確定した場合には、相続税の取扱いはどうなるのでしょうか。

もし協議等により、特別寄与料が確定した場合には、その請求をした者が被相続人から遺贈により、その金銭を取得したものとみなして相続税が課税されます。よって竜太郎さんの奥様は、特別寄与料の確定を知った日から10か月以内に相続税の申告書を提出しなければなりません。

また、奥様から特別寄与料の請求を受け特別寄与料を支払った相続人については、支払った相続人の課税価格は相続等により取得した財産の価格から、その者の負担に属する部分の特別寄与料の額を控除して、相続税が計算されます。相続税の申告期限を経過した後に確定した場合には、特別寄与料の額の確定後4か月以内に限り更正の請求をすることができます。

なるほど。特別寄与料にも相続税がかかるのですね。それでは、同意が得られなかった場合、せめて相続税だけでも安くならないのかということを考えて対処してはいかがでしょうか？

今まで、遺産分けのことだけを考えていましたが、寄与分や特別寄与料が必ずしも十分に認められないことは、とても悲しく残念です。でもよく考えれば、せめて和菓子屋を継ぐことや、一緒に生活してきたこと等に配慮した相続税の取扱いはないのでしょうか。

そうですね。遺産分割の仕方によって相続人全員の相続税が安くなることもあります。そのことを妹さんたちにお話しすれば、少しは有利な遺産分割に持ち込めるか

もしれません。そういう意味では民法より相続税法の方が親孝行を評価してくれていますよ。

　よければ今のビルについて状況をご説明いただけませんか。

竜太郎

　　亡くなった父は6年前に旧自宅を取り壊し、その730㎡の敷地が駅から5分の好立地な条件だったので、二つに分けて自宅と和菓子店のビルに建て替えました。裏の330㎡に父と私たち一家4人が同居している自宅を、表の400㎡に1階が和菓子販売所、2階が喫茶室、3・4階が製造工場であるビルを建てたのです。

晶子税理士

　　その状況は、相続税の計算をする場合、非常に竜太郎さんにとって有利です。なぜなら、宅地は路線価等による相続税評価額で計算しますが、相続人が事業を継続する、同居中の相続人が自宅に居住し続ける等の場合には、宅地の評価額が大きく減額される特例があるからです。相続後も和菓子屋を継続する竜太郎さんがこの宅地を相続した場合、和菓子屋ビルの敷地に相当する宅地等は特定事業用宅地として400㎡まで80％減額を適用でき、竜太郎さん一家が居住を継続する自宅敷地に相当する宅地等は特定居住用宅地等として330㎡まで80％減額を適用できます。

　また、特定事業用宅地等と特定居住用宅地等の特例は完全に併用できますので、730㎡の宅地が全て80％評価減となり、非常に相続税が安くなるのです。後継者であり、同居していた竜太郎さんご夫婦にとっては一挙に大減税を活用できることになるのです。

とても嬉しい話です。この特例は相続人の中で私だけが適用できるのですか。そうならば、後継者として誇らしい話です。

まさにそうです。この特例は、原則として亡くなった方が3年以上事業の用に供していた宅地等で、その宅地等を取得した相続人等が被相続人の事業を引き継いでいく場合にのみ、特定事業用宅地として適用を受けることができるのです。また、被相続人と生計を一にしている家族が事業をするために利用している宅地についても同様です。まさにこの要件に和菓子屋のビルが当てはまり、竜太郎さんが事業を続けるための最高の応援策といえます。

父の事業を二人でしっかり引き継いでいくつもりの私たちにとっては、店を継ぐことを父が応援してくれているような気がして、すっかり嬉しくなってきました。

さらに、自宅敷地はお父様の居住の用に供されていた宅地等であり、もし竜太郎さんが相続したならば、生前に同居しており、かつ引き続き居住するので、特定居住用宅地等として適用を受けることができます。配偶者が取得した場合には無条件で適用されますが、妹さんたちは同居していないので、原則として適用は受けられないのです。竜太郎さんが相続するからこそ、和菓子店のビルと自宅の敷地がどちらも80%減額されるのです。

285

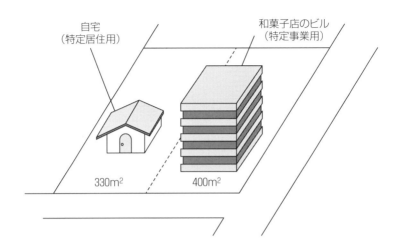

自宅
（特定居住用）

和菓子店のビル
（特定事業用）

330m²

400m²

竜太郎

　同居していることで税金が安くなる「親孝行応援税制」を知り、国もわかってくれているのだなと嬉しく思います。

晶子税理士

　一緒に生活する、事業を承継する、こういった生前の信頼関係や支え合う気持ちが、相続税の最大の減税策である「小規模宅地等の特例」を最大限に活用する方法です。

　家族が一団となってお互いに信頼し合い、助け合う円満な親子の関係こそが、これらの特例を活かす秘訣といえるでしょう。まさに竜太郎さんこそが、それを実践されてきたのです。

実は私たちはあのままの昔からの家でいいといったのに、父はこういったのです。「竜太郎。頑張って自宅とビルを建て替えようよ。同居している家族がいる場合には、随分相続税が安くなりますよって、銀行の人も建築屋さんもいっていた。お金はお父さんが今まで貯めてきたものがあるから、大丈夫。安心していてくれ。竜太郎の家族がこんなに大事にしてくれ、代々の和菓子屋も引き継いでくれるのだから、少しはお返しをさせてくれよ。」

いま、その時の父を思い出すと、涙があふれてきました。父と母を大事にして、最後まで見送ることができて、本当によかったです。何のことはない。一番幸せで大事にしてもらっていたのは私だったのに、今気が付きました。要は自分の考え方次第だと、妹たちへのわだかまりが解けたような気がしています。

そう思っていただけるなら、私も嬉しいです。でも、相続税の納税資金はどうされるおつもりですか？

ええ、実はビルの建築資金に使ってしまったため、父にはほとんど現預金が残っていません。だから、妹たちに渡すお金がなくて困っていたのです。ただ、私たちには事業が上手くいかなかったときのために母が遺してくれたお金が3,000万円ありますので、何とか相続税は払えそうです。

また、父の遺品を整理していると、仏壇で私が受取人の生命保険証書が見つかりました。保険会社に連絡すると、何と6,000万円もの死亡保険金が支給されるとのことです。びっくりするとともに、

父は最後まで私たちのことを案じてくれていたのだと嬉しかったです。

聡美弁護士

よかったですね。その保険金があるなら、遺産分割が上手くいく良い方法があります。生命保険金は法律上の相続財産ではないので、原則として遺産分割や遺留分計算の対象とはなりません。そこで、小規模宅地等の特例を活用できる竜太郎さんが自宅や和菓子屋ビルを相続するのが一番有利であることを妹さんたちにしっかり説明して、竜太郎さんがもらった保険金額を原資として、代償財産として2人に3,000万円ずつ渡すということで、寄与分等を絡めながら話を進めていったら、すんなりまとまるかもしれません。

◆ 代償金を支払う遺産分割には資金の確保が重要

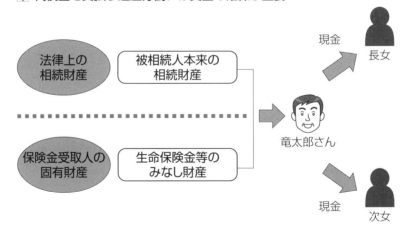

竜太郎

なるほど。ぜひ話合いの席で先生の提案をお話しくださるようお願いします。

　妹たちとの話合いは上手くいかないかもしれません。でも、お互いが感情的にならないよう自分の気持ちを第三者である専門家の聡美弁護士を通じて、きちんと妹たちにわかってもらえれば納得できると竜太郎さんは思っています。

　また、相続税の特例をどう活用するかで相続税が大きく変わることもわかりました。相続税の申告については、晶子税理士に最適な方法を教えてもらうことを条件に、しっかりとした申告書を作成してくれるよう正式な依頼をしました。竜太郎さんはこれからも妹たちと仲良くできることを願っています。

事例5 親に多額の借金がある場合の対処方法

Question

　結婚して別世帯となったかおりさんには、母親と大家族で仲良く暮らしている兄がいます。大地主である母は婿養子であった父を亡くした後、相続税対策のために多額の借金をして賃貸物件等を何棟も建築しています。母親は兄の哲さんに不動産とともに借金を引き継がせ、かおりさんには預貯金を相続させるといっています。

　ところが、最近相続を経験した友人から、母親の相続に際しては、借金は相続人全員が法定相続分を引き継ぐと聞き、借金は哲さんのみが相続すると思っていたかおりさんは、急に不安になり困っています。そこで、相続に詳しい聡美弁護士と相続税に精通している晶子税理士に遺産と債務の相続について相談することにしました。

◆ 相関図

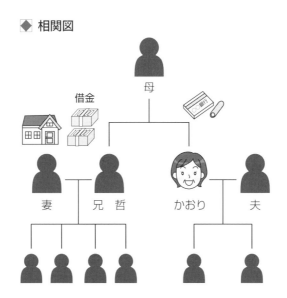

かおり

　母の借金は賃貸マンションやアパートなどを建築するためのものであり、母の所有する賃貸マンションやアパートには借入先の金融機関の抵当権も設定されているため、当然、賃貸マンションやアパートを相続する兄が、その借金も相続するものと思っています。

　友人から、借金は相続人全員で相続するとの話を聞いてもすぐには信じられません。私としては、母の銀行からの借入金はアパート等から上がる家賃で返済しているわけだし、その借入金の担保としてアパート等に抵当権がついているのですから、アパート等を所有することになった人がアパートローンを返済するのが、どう見ても合理的なはずです。アパート等と無関係な者は、たとえ相続人といったって、関係ないのではないかと思います。

　でも万一、借金は相続人が全員で各自の法定相続分で相続するのだったら、どうしましょう。そんなことになったら、私が母から相続する財産よりも、引き継ぐ借金のほうが多いことにもなりかねず、困ってしまいます。

聡美弁護士

　なるほど、確かに相続といえば、ついつい土地・建物や現金、預貯金などの財産を引き継ぐことに目が行きがちですが、借金も相続の対象となるのです。同じ相続の対象になるといっても、土地・建物や現金、預貯金などのプラスの財産、これを「積極財産」、借金などのいわばマイナスの財産、これを「消極財産」といいますが、この積極財産と消極財産の相続とでは、ルールが少し異なるのです。

　積極財産を誰がどのように相続するかは、法定相続の場合は相続人が遺産分割協議を行うことによって自由に決められるのです。つ

まり、お母様の土地・建物、預貯金や現金を誰がどれくらい相続するかは、かおりさんと哲さんの2人で自由に決められるということです。

かおり 相続人が遺産分割協議で自由に相続財産を誰が引き継ぐかを決められるのであれば、借金だって立派な相続財産なのだから、遺産分割協議を成立させれば、兄と私の2人で誰が引き継ぐかを決められるのではないのですか。

聡美弁護士 普通はそう考えるでしょうが、借金はそうはいかないのです。なぜかというと、借金の場合はお金を貸した債権者がいるので、債権者の立場を無視して借金の相続を考えることができないからです。

具体的に説明しますと、たとえば、財産が2億円、借金が1億円ある田中さんが亡くなり、相続人は一郎と二郎という2人の子であったとします。一郎は資産家、二郎は無職で破産寸前であるとして、二人が遺産分割協議をし、資産家の一郎が2億円の積極財産を全部相続する、破産寸前の二郎が借金1億円を全部相続すると決めた場合、この遺産分割協議を有効だとすると、田中さんに1億円を貸し付けた金融機関の立場はどうなると思われますか。

かおり えっ、そうすると、借金は破産寸前の二郎だけが相続するとなると、銀行は1億円をまったく回収できなくなってしまう……? 財産がたくさんある田中さんだからお金を貸したのに、お金持ちの一郎からは1円も回収できず、破産寸前の二郎に対してだけしか1億円の返還を請求できなくなって

しまう。そう考えると、借金は自分のことだけではなく、相手方の債権者のことも考えなければならないのがわかります。

聡美弁護士

そうなのです。積極財産と消極財産とでは相続のルールが異なっており、借金などの消極財産についてのルールは相続人の間では借金を引き受ける人を自由に決められるのですが、金融機関等の債権者に対しては相続人が法定相続分に従って相続するとなっているのです。このルールによると、お母様の借金は、金融機関との関係では、相続人であるかおりさんと哲さんが法定相続分、つまり各々2分の1の割合で相続するということになるのです。

かおり

先生、私は母の財産を2分の1も受け取るつもりはなく、財産の大半を占める不動産は兄が相続すればよいと思っています。私は母の預貯金だけを相続できればよいので、何とか借金を相続しないですむ方法はないのでしょうか。

聡美弁護士

ご説明したようにお母様から遺産を相続した場合には、お母様の銀行に対する借入金は、かおりさんが2分の1、哲さんが2分の1ずつ相続することになります。その上で、かおりさんが相続した2分の1の借金を返済する債務を、哲さんに引き受けてもらうという方法があります。

　例えば、仮にお母様の借金が2億円あるとすると、相続によりかおりさんと哲さんは1億円ずつ借金を返済する債務を相続しています。このときに、哲さんが自分で相続した1億円を返済する債務はそのままにして、かおりさんが銀行に返済する1億円の債務を肩代

わりして哲さんが引き受ける方法です。そして、かおりさんが1億円を返済する債務を銀行に免責（借金を返済する責任が免除されること）してもらうのです。これを「免責的債務引受」といいます。

 先生、それだと、たしかに私は母の相続人として遺産をもらった上で、借金を返済する必要はなくなると思いますが、銀行はそのようなことを了解してくれるものなのでしょうか。

 不動産が2分の1ずつ相続され、一人のみの収入では借入金を返せるかどうか不安であるとか、借入金の担保が不足するという場合には、金融機関は免責をしてくれないこともあります。

しかし、哲さんがお母様の不動産の大半を相続するため、資力の点で格別に問題がなく、家賃収入の大半を承継するという場合には、一般的には金融機関が応じてくれるでしょう。銀行も何人もの相続人を相手にするより負担が軽いので、「免責的債務引受」のひな型を持って自ら免責を進めてくれることすらあります。

なお、現在の民法には、この免責的債務引受制度が法律の中に明記されています。

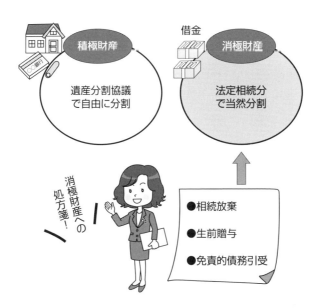

かおり

　兄と2人で相続して、兄に私の法定相続分に当たる債務を引き受けてもらえた場合には、相続税ではどう取り扱われるのですか。

晶子税理士

　相続税は実質課税が原則なので、債務については誰が相続したのかというより、誰が引き受けたのかということで課税されます。よって、金融機関から免責されてもされなくとも、お兄様が借金を全部引き受けてくださった場合は、お兄様の相続税の計算上、全額を債務控除することになりますので、ご留意ください。

かおり

　相続税の計算は、借金は法定相続するということと無関係なのですね。でも、相続税の申告上は兄が借金を全部引き受けてくれたので私は関係ないと思っていても、銀行から免責されていない場合、もし兄が払えなくなれば私が返さなくてはならないのでしょう。それは困るわ。

　もし免責してもらえなかった場合に、何かよい方法はありますか。

聡美弁護士

　よい方法がありますよ。免責に応じてくれない銀行からの借入金を返済するために、哲さんに新しい取引先の銀行からお金を借りてもらうのです。借換えを行えば、お母様の借金は返済したことになりますので、かおりさんが借金の法定相続分を返す必要はなくなります。

　また、借金を法定相続分で相続するのはその人が相続人だからで、相続人でなければ借金を相続することはありません。よって、相続後に借換えができない不安があるならば、お母様からの相続を放棄するという方法があります。そのためには、お母様の相続が開始したことを知った時から３か月以内に家庭裁判所に相続放棄の申述を行う必要があります。もし３か月では決められそうにない場合は、期限内に予め期間延長の申立てをしておきましょう。

かおり

　でも、それだと、私は借金を相続しないかわりに、母の財産も相続することができなくなるので困ります。

確かに相続人ではないのだからお母様の財産を相続で取得することはできませんが、生前に贈与を受けておくことができます。生前に贈与してもらって、お母様が亡くなった後は相続放棄をすれば、借金を相続することなく、お母様の財産の一部を受け取ることができます。

母の財産の大半を占める不動産を、家を引き継いでくれる兄が相続することに納得していますし、相続税対策のために母が兄と相談しながら借金をして収益物件を取得することにも反対しておりません。今の相続税の計算の場合では、それによって私の相続税負担も軽くなると聞いています。

ただ、借金は遺産分割の対象にはならず平等に2等分といわれると非常に困るため、生前に母から預金や有価証券を贈与してもらい、相続時には相続放棄するという方法を提案してもらいましたが、その方法を選択した場合、税金はどうなるのでしょうか。相続税よりこの贈与税の方がずっと大きければ、税負担上は不利になるので、よい方法であったとしても選択できません。その場合、贈与税の負担を抑えるよい方法はないのでしょうか。

贈与税は、その年の1月1日から12月31日までに受けた贈与財産の合計額をもとにして、税額が計算されます。贈与税額は、贈与された財産の価格から基礎控除額110万円を差し引いた残りの額に、贈与税の税率をかけて速算表を用いて計算します。かおりさんがお母様に預貯金を生前に贈与してもらって贈与税を納めるか、又は相続まで待って相続税を納めるか、どちらが税金の負担が軽くてすむかは、簡単にいうと、実効税率の

297

低い相続税といえるでしょう。

　ただし、相続は一時に全財産が移転しますが、生前贈与ではお互いの意思で行うのですから、好きな時に、好きな人に、好きなだけ贈与できます。相続税の税率より低い税率の範囲内で、自由に贈与することができるのですから、低い税率の範囲内で贈与するならば、相続でもらうよりも確実に低い税負担でもらうことができます。

かおり

じゃあ、私も上手に贈与してもらえば、税金負担も相続税より軽くてすむのですね。

晶子税理士

　そうです。この方法の場合、お母様の全財産を調べて相続税を試算し、毎年いくらくらい贈与するのがよいのかを検討して実行されるといいですね。また、贈与された場合の贈与税の計算上、もう１つ「相続時精算課税制度」という計算方法があり、贈与を受けた人が、「暦年課税」か「精算課税」かを選択することになります。

　精算課税を選択した場合には、その他の財産と区分して、父母又は祖父母からの各々の贈与財産の価額の合計額をもとに計算した贈与税の申告を行い、納税をします。まず、課税財産から110万円の基礎控除額を差し引き（令和６年１月１日以後の贈与から）、更に特別控除として2,500万円を差し引き、2,500万円を超えた部分の金額に対しては20％の贈与税を払います。

　その後、相続が発生した時に、その贈与を受けた財産から毎年の基礎控除を差し引いた額と相続した財産とを合計した価額をもとに相続税額を計算します。つまり、精算課税を選択した人は、父母又

は祖父母の相続時にそれまでの基礎控除を控除した贈与財産を集計し、相続財産とあわせて相続税額を計算するのです。

そうして計算した相続税額から、二重課税とならないように、すでに支払った贈与税額を控除します。そして、もし相続税額から控除しきれない贈与税相当額があれば、還付を受けることができます。

つまり、かおりさんがお母様から現預金を生前にもらっても、相続の時もらっても、この相続時精算課税制度を選択すれば、贈与税で払っても、相続税で払っても、最終的には支払う税金の合計額は基礎控除分は無税で有利になる部分を除き、まったく同じなのです。

60歳以上の父母又は祖父母から18歳以上の子及び孫へ

相続時精算課税制度

●基礎控除110万円控除後2,500万円に達するまで特別控除
●上記を超える部分は一律20%の税率で贈与税
●令和5年12月末までの住宅取得等資金贈与に限り、贈与者の年齢制限はなし
※ただし、一度選択適用すると、その贈与者からの贈与は暦年課税に戻れない

※受贈者が選択

相　続　発　生

適用後の基礎控除後の贈与財産をすべて相続財産に加算

相続税を計算し、すでに支払った贈与税があれば差し引く（又は還付）

納　税　完　了

かおり

この精算課税制度は誰でも選択できるのですか。いろいろな要件があるのですか。

精算課税制度を選択する場合においては、「贈与をする人（贈与者）」と「贈与を受ける人（受贈者）」は限られています。贈与者は贈与を行う年の１月１日において満60歳以上の父母又は祖父母です。受贈者は満18歳以上の推定相続人である子又は孫です。また、養子縁組した人も対象になります。

精算課税制度は何回でも利用でき、贈与する財産は不動産や有価証券又は現預金その他何でも構いませんが、非課税でもらえる金額は毎年の基礎控除額110万円と累積による特別控除額2,500万円の範囲内の制限があります。特別控除額は毎年あるのでなく累積しての合計額です。この合計額の範囲内であれば何年にわたっても、何回に分けても贈与税はかかりません。

預貯金の贈与ならば、精算課税制度を選択しても相続まで待っても、精算課税制度を選択した場合の毎年の基礎控除分は有利であり、それを超えると税制上の有利・不利がなく贈与できるのはわかりました。これは他の財産でも同様ですか。

そうではありません。預貯金の場合には評価は変わらないので有利・不利はないのですが、時点により評価が変わる土地や有価証券等の場合は異なります。なぜなら、精算課税制度により相続時に持ち戻すときの価額は民法とは異なり、相続時の価額ではなく贈与時の価額だからです。贈与時より相続時の評価額が上がっていれば、有利な贈与といえますが、贈与時より相続時の評価額が下がっていれば、不利な贈与となります。

預貯金以外の場合、現在のような激変の環境では、贈与するもの

や贈与の時期、贈与財産の価額と相続が発生すると思われる時期、その時の財産の価額とによって、どちらが有利であるか、精算課税制度を選択すべきかどうか、よく考えてみる必要があります。

かおり 説明を受けて、贈与を受けた場合にどの制度を選択して税金を払うかは、よく考えなければならないなと実感しました。では、贈与税を払うことを避けるために、相続を放棄しても贈与以外に財産を受け取る方法はないのでしょうか。

聡美弁護士 相続を放棄すれば、原則として遺産を受け取ることはできませんが、受取人固有の財産ならば、相続を放棄しても受け取ることができます。例えば、生命保険金や年金を受け取ることのできる権利です。受取人がかおりさんであるお母様の死亡生命保険金については、相続を放棄していたとしても、かおりさんが誰の合意も要らず死亡保険金を受け取ることができます。

また、年金受取人であるお母様の死亡と同時に、契約により次の年金受取人としてかおりさんが定められていた場合に、かおりさんが自動的に年金を受け取ることができるようになります。

これらは、遺産分割の煩わしさから解放された上で、安心して簡単に現金を受け取ることができる方法です。

かおり そのような生命保険金や年金を受け取った場合、相続税や贈与税はどうなるのですか。

晶子税理士

　この死亡保険金や年金をもらう権利は、お母様からかおりさんが直接受け取った遺産ではありませんので、遺産分割の対象とならないのですが、相続税法ではお母様が保険料を払われていた場合、お母様の相続財産とみなして相続税が課税されることになっています。よって、遺産分割で預貯金をもらっても、保険金や年金をもらう権利を受け取っても、かおりさんが払う相続税は同じなのです。

　ただ、相続税法では生命保険金については、500万円×法定相続人の数までの金額については、保険金の受取人が相続人である場合には非課税となっていますが、相続を放棄すればこの非課税枠を使えませんので相続税が増えることに、注意してくださいね。

かおり

　どちらもなかなか良い方法だと思いますが、母が贈与してくれるか、多額の生命保険契約に加入してくれるかは自分では決められないので、先生方、母と兄によくわかるよう説明してくださるようお願いします。

　2人の話を聞いたかおりさんは、母の借金に対する不安がとても薄まったのを感じました。どの方法を選ぶべきか、母と兄に聡美弁護士からしっかり説明してもらい、皆できちんと理解したうえで納得いくまでよく話し合い、どうすべきか決めていこうと考えています。また、税金の納税についても困らぬようにするために、晶子税理士に相談に乗ってもらって万全を期し、母亡き後も兄がしっかり守ってくれている実家に足しげく通い、子孫代々円満な親族関係でいられると嬉しいなと思いました。

事例6 会社活用による納税資金確保のための対処方法

Question

　福岡市に住む吉田医師は50歳で、今年父親から自身の経営するクリニックの建物とその敷地、及び賃貸不動産を母と共有で相続しました。父の相続に際しては、その他に母は自宅マンション、姉は有価証券と現預金を相続しました。なんとか自分の貯めてきたお金で相続税は払ったものの、次の母の相続の時には相続税が払えそうにありません。先日出席した医師会主催のセミナーで、同族会社を設立し、その会社に相続財産を譲渡すれば税金上の特例を活用することができ、この悩みが解決する上に、吉田医師の所得税対策や将来の相続税対策になるという情報を教えてもらいました。そこで、吉田医師は法律や税金を踏まえた上でどうすればよいかを、相続に強い聡美弁護士と相続税にくわしい晶子税理士に相談することにしました。

◆ 相関図

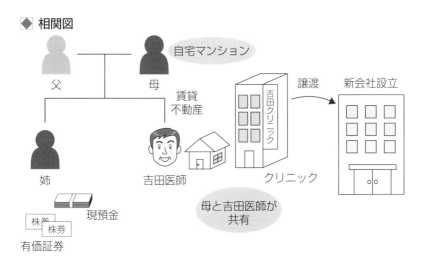

303

父の相続に際しては、お二人の先生にはお世話になり、とても感謝しています。あの時、随分焦っていろいろなことを決めたので、母の相続に際しては今のうちから準備をしておかないと、到底相続税が払えないと思いますので、どうしていくかの方法をお二人には相談したいと思っています。

　そうですね。お母様も80歳を過ぎていらっしゃいますし、吉田医師の貯蓄のほとんどがお父様の相続税で消えてしまいましたし、ちょっと戦略を練らないといけないですね。

　遠方に住んでおられるお姉様もお母様の面倒を見てくださっている吉田医師夫妻に感謝しておられ仲の良い姉弟ですが、お母様の相続の時は取分なしというわけにもいきませんからね。

　そうなんですよね。母の預貯金もホームへの入所金と必要経費でほとんど残っていません。共有の不動産は私が相続するつもりですが、姉にもある程度の代償金を払う必要があるでしょうし、相続税もかかります。頭の痛い話ですが、どうすればよいでしょうね。

　この間お話したように、会社を活用して資金を調達するのがよいのではないでしょうか。つまり、吉田医師が新会社を設立し、その会社に吉田医師がお父様から相続されたクリニックや賃貸している不動産を譲渡するのです。

　この手法の大きなメリットは、代償金や相続税の納税資金について
は融資に積極的でない金融機関も、不動産の購入資金なら返済可能
であることを条件に、融資をしてくれる可能性が高いことです。さら
に、相続税や代償金のための借入金利子については必要経費となり
ませんが、会社が不動産を取得するための借入金の利子は業務上直
接要した費用として損金に算入できますので、税法上有利となります。

　　　　　なるほど、その方法なら事前に私が資金を用意するこ
　　　　　とができますから、私にとって有利な方法といえます
　　　　　ね。実行する際に、気をつけなければならないことはあ
りませんか。

　　　　　ええ、まず譲渡所得税の負担に気を付けなければなり
　　　　　ません。
　　　　　不動産を会社に移転した場合、譲渡、現物出資等、ど
のような形を取ろうと譲渡所得税がかかることになります。不動産
を譲渡した場合の長期譲渡に係る税率は20.315％の定率ですが、外
部からお金が入りませんので、自分で何とか捻出する必要があります。

　　　　　相続した不動産についても同様の取扱いですか。相続
　　　　　の時は父が取得した価額でなく、時価で課税されている
　　　　　ではありませんか。

　　　　　残念ながら税法上の取扱いは、相続した財産の取得費
　　　　　は被相続人の取得費を引き継ぎますので、いくらで相続
　　　　　したかは譲渡所得上、関係ないのです。よって、お父様

の帳簿価額を引き継ぐことになりますが、吉田医師の場合、お父様が10年前に建てられたクリニックと５年前に建てられたアパートは残存の帳簿価額と時価がほぼ一緒と思われますので、譲渡にかかる税金の支払いの心配はいりません。

　ただし、土地は要注意です。吉田医師の場合も、お父様が先祖代々引き継がれてきた土地を相続され、取得費は不明でしょうから、譲渡価額の５％とすることになるでしょう。そうすると、ほとんどは譲渡利益となり、譲渡所得税の負担は非常に重くなります。しかし、相続税の申告期限から３年以内に相続した財産を譲渡した場合に限り、譲渡した資産に係る相続税を取得費に加算するという特例があります。

　この特例は相続した財産の売却に係る譲渡所得税を計算するときに、売却した財産に係る相続税を取得費に加算して譲渡利益を算出し、税金を計算する制度です。

　この特例は同族会社に譲渡しても適用できますので、会社に相続した土地を譲渡し、その譲渡益から譲渡した土地にかかる相続税額を控除することにより、軽い税負担で相続した土地を会社に移転することができるチャンスといえるのです。

　　不動産には借入金もないので、是非実行したいと思います。ただ、不動産は母が60％、私が40％の割合で相続していますので、母の不動産も一緒に会社に譲渡したらよいのではないでしょうか。母は配偶者軽減の適用を受け相続税は払っていないので、もちろんこの特例の対象外でしょうから、クリニックとアパートの建物のみの譲渡を考えています。

吉田医師

たしかに、建物の譲渡だけだったら譲渡所得税はかからないと思われます。ただ、お母様の建物を会社に譲渡する手法は相続税が増えるリスクもありますので、十分にご注意くださいね。

晶子税理士

どうして相続税が増えるのですか。

吉田医師

お母様の財産が建物から譲渡代金に変わるからです。建物の相続税評価額は固定資産税評価額となっており、賃貸しているとさらに貸家として借家権割合30％が控除されますので、お母様の場合は時価としての譲渡代金は相続税評価額よりも高額になることが予想されるからです。

晶子税理士

　ただし、現物出資という方法で建物を会社に移転すると、お母様の財産は同族会社の株式に変換することになり、この方法だと3年経過すると、元の相続税評価額まで圧縮することができます。

姉にも遺産分けがしやすいので、母の財産はなるべく現金化したいと思っているのですが、それは短期的には相続税を増やすことになるから避けないといけないのがわかりました。反対に個人の建物を会社に移転した時のメリットを教えてください。

吉田医師

晶子税理士

　個人が高収益の賃貸物件を所有している場合、その収益が個人の財産として累積していくことになり、結果として将来の相続税が増加していくことになります。会社を設立して、これらの不動産を吉田医師やお母様から移転すると、それ以後の賃貸収入は会社のものとなり財産移転対策が始まり、お二人の相続財産が増加することはなくなり、会社に収益が累積することになります。

　賃料等は本来所有者自身に帰属し、高額所得者の場合、所得税負担が重いのですが、不動産を会社に移転し、所得の少ない親族が会社の役員や従業員として不動産管理の仕事をして報酬・給与を受け取ると、結果的に資金を親族に移転するとともに、所得税負担が減少することになります。

　ただし、会社の事業に従事していなければ課税上の取扱いとして、役員報酬や給与等は損金算入できず、法人税と所得税の二重課税になってしまうことに注意してください。

吉田医師

　なるほど、不動産を会社に移転することは、長期的な展望に立つと所得税対策と相続税対策の二つの効果があるのですね。母はまだまだ10年以上長生きしてくれそうなので、母の建物も会社に移転するよう、母に提案したいと思いますが、移すことによる相続財産増加のリスクを軽減するため、現物出資の方法を採りたいと思います。でも、なぜこの方法については3年経過すると、相続税が増えないのですか。

晶子税理士 会社の株式評価額の計算上、不動産等を取得した場合は土地・建物は相続税評価額で評価し、借入金を負債として債務控除します。土地は貸家建付地、建物は貸家評価となり、取得価額と比べると大きく下がることになります。

ただし、会社が新規取得した土地・建物の評価は個人と相違して、まだ3年規制が残ったままですので、取得して3年以内は取引価額（一般的には取得価額）により評価することになり効果がありません。取得して3年経過後、相続税評価により評価することとなり、株式評価額の減少効果が現れ、個人で所有していた時と同様の評価に戻ることになるのです。

吉田医師 なるほど！　では、早速私も資金を出して会社を設立し、母の建物は現物出資による方法で、私の不動産は金融機関からの借入金で、会社に移転したいと思います。この方法の実行に際しては、どういうことに気をつければよいのでしょうか。

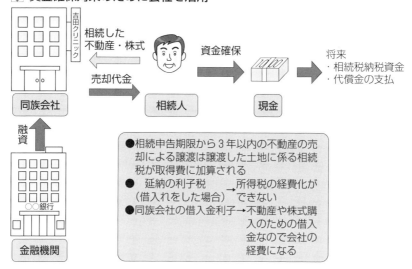

◆ 資金確保対策のために会社を活用

吉田クリニック

相続した
不動産・株式

売却代金

同族会社

融資

○○銀行

金融機関

資金確保

相続人

現金

将来
・相続税納税資金
・代償金の支払

●相続申告期限から3年以内の不動産の売却による譲渡は譲渡した土地に係る相続税が取得費に加算される
●延納の利子税 →所得税の経費化が
　（借入れをした場合）　　できない
●同族会社の借入金利子→不動産や株式購入のための借入金なので会社の経費になる

晶子税理士

　何よりも注意すべき点は、会社が借入金で不動産を購入した場合には、その会社がきちんと借入金を返済できる利益を出している必要があることです。

　吉田医師のクリニックビルの場合は、吉田医師が賃借人として家賃を払いますので、クリニックが繁盛している限りは診療報酬から家賃がきちんと入ってくるので安心です。本質は事業所得から将来の相続税や代償金を分割払いしているにもかかわらず、形式上はクリニックが家賃を支払い、家賃をもらった会社が取得資金を返済していることになるのです。クリニックビルの減価償却費が減少してきており、会社に家賃を支払うことにより吉田医師の高い所得税が減少するので資金収支上も非常に有利です。

　また、アパートについても60％はお母様の現物出資で、40％部分が借入金なので、60％も空室が出ないでしょうから心配はいらない

でしょう。また、重い相続税負担の不動産を一気に会社に移転することができるので、吉田医師にとっては、次代の相続税対策にバリエーションを持たせることができますね。

吉田医師 私のクリニック経営もまだまだ繁盛させるつもりですし、父の遺してくれたアパートも人気が高いので、この方法は問題がないと思います。次世代の私の相続のことも考えると、会社って本当にいろいろなことができるのですね。

晶子税理士 さらにいいことは、会社には相続がないのです。だって、会社は亡くならないからです。株式として相続税の課税対象とされますが、その対策は長期間かければ、土地や建物などより容易に費用も少なく贈与することで解決できるからです。

ただ、会社設立の場合には様々な費用がかかりますし、個人の場合以上に経理をしっかりしなければなりません。その点は覚悟しておいてくださいよ。

◆ 会社設立のメリット

相続税対策	本来不動産所有者に入る収入が会社に入り、個人財産の蓄積を防ぐことができる
	出資や贈与等により、株主を将来の被相続人以外にしておけば、会社に相続税はない
	不動産を贈与するより出資持分を贈与する方が、コストもかからず容易にできる
	会社に収益力をつけることができれば、会社を通して相続税の納税資金の準備ができる
	会社で生命保険に加入し、その生命保険金を原資に退職金を支給して相続税の納税資金にできる

所得税対策	不動産所得者が高所得のときには、分散することで税率が低くなる
	業務従事の実態さえあれば所得を数人に分散することができる
	生命保険の掛金、土地取得借入金利息、その他経営上必要な出資は会社で費用にできる
	個人の場合は欠損金の繰越しや損益通算にはさまざまな制限があるが、会社の場合は欠損金を最長10年間（平成30年4月1日前に開始した事業年度については9年間）繰り越すことができ、損益通算も可能である

吉田医師

　この話も今なら母も理解できると思うのですが、母も時折いろんなことを忘れてしまうときがあるのです。母が60％と過半数を所有していますので、今でも母の意見で不動産経営を行っています。よく物忘れして管理会社ともめているのですが、会社組織にしておくと、万一、母が認知症になった場合でも問題なく不動産の経営を行うことができるでしょうか。

聡美弁護士

　認知症といっても様々なレベルがあります。もし、認知症になり、物事の是非を判断する能力までが失われたと見られるような状態になれば、その人は「意思能力」を喪失したものとして、有効な法律行為をすることができなくなります。つまり、不動産を売却したり、大規模な改築をしたり、不動産を担保にしてお金を借りたりということ等、様々な契約をすることができなくなってしまうのです。

吉田医師

　契約が一切できなくなるといっても、実際にその人が不動産を担保に入れる契約書に署名捺印をしてしまったときにはどうなるのですか。

聡美弁護士 たしかに、意思能力のない人であっても契約を締結することはあります。ただし、仮に意思能力のない人が契約書に署名捺印したとしても、その契約は無効とされてしまいます。これは意思能力のない人を保護するための措置です。

晶子税理士 例えば意思能力のない人が贈与したとします。贈与も契約ですから無効だったということになり、成立しません。親から預金の管理を任されていた子が、親の意思能力がなくなっているにもかかわらず、孫の口座に毎年振り込みを続け、孫が贈与税を払っていたとしても贈与は成立していないのですから、相続財産に戻され相続税が課税されますのでご注意ください。

聡美弁護士 ところで、お聞きになりたかったのは、認知症に備えて、判断能力のあるうちに会社を設立しておけば大丈夫かということでしたね。

判断能力のあるうちに、現在所有しておられる不動産を、新しく設立した会社に現物出資すると、会社に所有権を移転した不動産の価値に相当するその会社の株式を得ることになります。不動産は個人の所有から会社の所有に切り替わるわけです。

その後の不動産の管理・運用等の取引を行うのは、元の所有者であった現物出資者ではなく、会社です。ですから、現物出資後に株主であるお母様が認知症になり意思能力を喪失したとしても、会社は取引が制限されるわけではありません。会社が利益を上げた場合には、配当金として現物出資をした人の銀行口座等に振り込まれますので、万一の場合にも会社組織であれば、その点は安心ということになりますね。

なるほど、それは助かります。会社を設立し不動産を移すことまではよくわかりましたが、不動産移転の手続やその後の会社運営はどうしたらよいのでしょうか。

吉田医師

個人が同族会社に不動産を売却する上での留意点を表にまとめました。参考にしてください。

晶子税理士

◆ 同族会社に不動産を売却する際の留意点

(1) 税務上適正な土地・建物の取引価額でなければならない
(2) 売買の場合にはきちんとした手続が重要 　① テナントとの賃貸借契約のスムーズな移行 　② 敷金や保証金などの引き継ぎ 　③ 適正な売買契約書の作成 　④ 土地・建物の所有権移転登記の実行
(3) 不動産所有会社独自の書類整備 　① 清掃チェック表 　② 入居者一覧表 　③ 家賃・地代入金管理表 　④ 入居者募集・案内記録簿

これらの留意点は税務上否認されないようにする上で欠かせません。

私の場合の注意点はよくわかりました。母は現物出資なのですが、私が譲渡する場合の手続と同様に考えればよいのですね。

吉田医師

譲渡ではなく現物出資なので、少し手続が違いますが、それは私たち税理士と弁護士がいますから、ご心配には及びません。ただ、お母様の場合は建物だけの移転です

晶子税理士

から、その敷地については少し留意が必要です。

個人所有の土地を会社が借りて建物を建てているとなると、借地権課税の問題と地代の問題が発生します。権利金を支払わず会社が建物を購入する場合には、原則として会社に地主が借地権を贈与したことになり、多額の法人税がかかってきます。

権利金を支払わず、かつ借地権の認定を受けないためには、賃貸借契約では契約期間の終了時に土地を無償で返還することとし、所轄税務署長に「土地の無償返還に関する届出」を提出するとともに、支払地代も通常地代を支払っておけば税務上も問題ありません。

無償返還による賃貸借契約により、土地を会社に賃貸借した場合には、土地の相続税評価額は自用地価額より20％減額されます。ただし、その20％の評価部分は同族会社の株式評価をする際には、資産に計上されることになります。

このように、会社を活用することにより吉田医師の悩みが解決する方法もありますので、一度一緒にじっくり検討しましょう。

晶子税理士と聡美弁護士の説明を聞いて、吉田医師はきちんとメリット、デメリットを理解することができ、母や姉の同意を得た上で会社を設立し、活用することにより、母が三年以上元気でいてくれるならば三人がそれぞれ不安もなく資金繰りにも困らず、安心して暮らせることがわかりました。家族の意見がまとまり次第、早速三人で二人の先生に様々な手続の相談に行こうと思いました。

社長の交代による自社株式移転の対処方法

　75歳の田村一郎さんは、神戸市でファブリック商品を全国に製造販売している㈱神戸キルトの創業社長で、自社株式については今も約75％を所有しています。家族は病気療養中の妻と長男・良介、長女・絢子、次女・鈴子の5人であり、後継者に予定している良介は、従業員に評判のいい取締役営業本部長となっています。来期に長男の良介を後継者に指名し、代表権を譲るつもりです。

　中期経営計画において、工場の新設とともに自身の退職時期等も発表するつもりですが、後継者の良介が困ることのないように、自社株式の評価がどうなるか理解してベストなタイミングで株式を移転し、会社法上の承継の手続もしっかり行っておきたいと考えています。そこで、田村社長は会社法や税法をしっかり踏まえたうえでどうすればよいかを、会社法に詳しい聡美弁護士と相続税に精通している晶子税理士に相談することにしました。

◆ 相関図

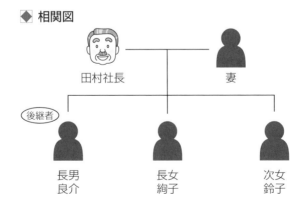

私も75歳になったので、そろそろ会社の承継に取りかからなければと思っています。まだまだ未熟ですが、良介には経営者教育をしっかりしてきたつもりですが、今まであまり税金と法律については考えてきませんでした。私がいなくなった後にこれらの問題が生じるのは困りますので、事前に条件整備をしてから承継を実現するつもりです。最初に良介が困ることは、株の承継に伴う贈与税や相続税等の税金の問題だと思うのですが、晶子税理士、わが社の株式の評価額はどうなっているのでしょうか。

　自社株式の評価額を算出するために必要な書類を前回いただきましたので、㈱神戸キルトの株式評価はあらまし終わっております。それを参考に、田村社長のお考えを伺いながら株式の評価を下げる方法を考えていきたいと思います。

　晶子税理士、わが社は毎年確実に一定の利益を上げ続けており、過大な借入金もなく内部留保も積み上がり、従業員の退職金については外部に積み立てていますので、財務的には今後も大きな心配はいらないと思います。ただ、先生が計算してくださったようにわが社の株式の相続税評価額は非常に高く、経営計画を立てるに際しても、いつ良介に株式を譲るかということに悩んでいるのです。

　非上場株式がどんなときに評価が下がるのか理解できれば、退職の時期や株式の贈与するタイミングを確実に把握でき、経営計画の推進と重ね合わせることができると思いますのでよろしくご指導ください。

晶子税理士　もっともなご意見です。了解しました。評価が上がったり下がったりするタイミングがわからないと贈与の時期を逸したり、経営判断が株式評価に与える影響がわからず、思わぬ税負担に困ってしまうことがありますからね。

田村社長　妻の容態は芳しくなく、医師からは覚悟するようにいわれております。妻が先に亡くなった場合、私の相続時には配偶者がいないことになり、遺産の全てに相続税がかかるので、子たちが払いきれない税額になるのではと心配しております。

　私が万一死亡した場合、多額の死亡保険金をもらえることになっていますし、また、退職前に死亡した場合には会社からそれなりの死亡退職金が支給される規定になっていますので、それらの資金が相続税を払う原資になるはずです。これらは相続財産でなく、受取人固有の財産であるから、民法上は相続財産にならないと聡美弁護士に教えていただいたので安心しています。

晶子税理士　たしかに民法上は相続財産ではないのですが、課税上の取扱いは異なっているのでご注意ください。被相続人の死亡に伴って支払われる退職金や生命保険金も相続財産とみなされ、相続税の課税対象となるのです。ただし、一定額までの生命保険金や退職手当金等については、相続税がかからない場合もあります。また、被相続人名義の財産だけに相続税がかかるわけではありません。㈱神戸キルトの場合もそうですが、設立の時に名義を借りた従業員さんやお知り合いの方の名義となっている㈱神戸キルトの株式も、名義借株式として社長の相続財産となりますが、

ご存知でしたか。

　　　　いやいや、私はお金を出したけれど、他人名義の株式
なので相続税はかからないと思っていました。これらの
名義借株式については困ったことになるかもしれません
ね。従業員はすでに退職しているし、引っ越した友人ともこの頃
会っていないため、良介はどちらの顔も知らないからな。
　株式の名義が私でないから相続税がかからないと思っていたし、
今まで問題も起こらなかったのでほったらかしてきたのですが、聡
美弁護士、私がいなくなってしまうともめごとの起こる可能性はあ
るのでしょうか。

　　　　田村社長や名義を貸してくれた従業員さんやご友人が
どちらもご健在中は、お互い経緯がよくわかっているの
で大きな問題は起こらないと思います。しかし、当事者
の双方とも亡くなってしまった場合、経緯のわからない者同士の話
し合いとなり、名義株主の相続人が自分が真なる株主であると主張
した場合、会社からすると、法律上は名義人の株式と見ざるを得な
い場合があります。
　すると、名義株主の相続人から会社に対し、株を買い取ってくれ
とか、配当を出してほしい等、思いもかけぬ要望が出されることも
あります。

　　　　そんなことになると困るので、彼らの相続が起こる前
にきちんと手を打っておきたいと思うのですが、一体、
どんな手を打ったらよいのですか？

そのためには、会社に対し、真の株主と名義人が揃っ
て本来の株主は田村社長であるため、株主名簿の書換え
をしてほしいという申出書を提出すればよいでしょう。
その申出書には田村社長と名義人の双方が署名・捺印をしておくべ
きです。そのためにも、名義人が元気なうちに早く手続を進めてお
くとよいでしょう。

会社法上は利害関係者全員が納得すれば名義書換えは
問題なく認められるのでしょうが、課税上はそういうわ
けにはいきません。例えば、真実は名義人本人が資金を
出していたけれども、今更同族会社の株式などいらないからもうあ
げるよという気持ちで、「私のものではありません。」と署名したと
判断される場合があるからです。

このような課税上の判断がされると、思いもかけぬ高額の贈与税
がかかってくることもありますので、実際に社長が会社にお金を渡
した振込書や銀行預金の引出明細を用意しておきたいものです。ま
た、株式申込書や設立書の署名が社長のものであることや、その後
の議決権行使は全て社長が行っていたことなどがその証拠ともなる
でしょう。やっぱりこれからの会社はきちんと株主総会を開いてお
くことが重要ですよね。

会社の基本は株主総会で決議することになっています
ので、総会決議のない重要事項は、原則として無効にな
ります。もし、名義株主がいる場合には、株主総会の招
集通知が自分に送られていないとして後から名義株主によって、株
主総会決議の無効や不存在を主張される可能性があります。もし、

その主張が認められれば、今までの会社の決定がなかったことになりかねません。例えば田村社長の退職金も支払の根拠がなくなってしまうため、会社に返せと言われてしまうのです。

相続税より大事なのは、きちんとした株主による会社運営であるということがよくわかりましたが、名義株式の全てに相続税が課税されると大変なことになります。なぜなら、晶子税理士の評価してくださった評価額に基づくと、私の財産の3分の2以上が㈱神戸キルトの株式が占めることになり、多額の相続税がかかることになるからです。相続税をなんとか少なくして現預金で払えるようにしておくには、自社株式の評価引下げがとても大事だと思います。

もし私に何かあった場合、相続税で困らぬように、今のうちに自社株式の評価を引き下げて、株式も代表権も譲って内外に後継者を示す時期が来ていると思います。ぜひ、自社株式の評価を引き下げる方法を教えてください。

㈱神戸キルトの相続税評価額は類似業種比準価額が2,000円、純資産価額は10,000円と、純資産価額の方がはるかに高くなっています。この場合、自社株式の評価額を下げる基本は会社規模を大きくすることです。そのためには、従業員数の増加、総資産価額の増加、取引金額の増加が必要です。合併や営業譲受などすれば達成することになりますが、それ以外の場合はそう簡単なことではありません。

容易に実行できる方法として、借入れをして新規投資や資産の有効活用をすれば総資産の額が大きくなりますので、会社規模も大き

くなることが考えられます。会社規模の判定をする場合には、以下の表にあてはめて行ってください。

◆ ㈱神戸キルトの自社株式の会社規模の判定

> 株式会社　神戸キルト
> 製造業／従業員数33人、**総資産２億円**、売上高３億円
> ⇒中会社の中

【会社規模の判定表】

会社規模		従業員数	総資産価額（帳簿価額）			取引金額		
			卸売業	小売・サービス業	左記以外	卸売業	小売・サービス業	左記以外
大会社		70人以上						
		35人超 70人未満	20億円以上	15億円以上		30億円以上	20億円以上	15億円以上
中会社	大		4億円以上	5億円以上		7億円以上	5億円以上	4億円以上
	中	20人超 35人以下	2億円以上	2.5億円以上		3.5億円以上	2.5億円以上	2億円以上
	小	5人超 20人以下	7,000万円以上	4,000万円以上	5,000万円以上	2億円以上	6,000万円以上	8,000万円以上
小会社		5人以下	7,000万円未満	4,000万円未満	5,000万円未満	2億円未満	6,000万円未満	8,000万円未満

第１次判定　①どちらか下の区分

第２次判定　②どちらか上の区分

　㈱神戸キルトは従業員数33人、総資産価額２億円、取引金額３億円の製造業ですので、会社規模は表のとおり「中会社の中」となります。類似業種比準価額（2,000円）の割合が0.75、純資産価額（10,000円）の割合が0.25の併用方式で株式評価額が4,000円となっています。

322

　「中会社の中」を維持するためには、取引金額2億円以上であれば問題ありませんが、売上が2億円を切ってしまうと問題です。「中会社の小」となってしまい、類似業種比準価額の割合が0.6となり、株式評価額が5,200円と一気に上がることになるからです。

　　　具体的にわが社の数字で説明してもらうと、売上げが株式評価額に与える影響が非常によくわかります。これから、良介と一緒に売上げ増大を目指すのに、よりやる気が湧いてきました。

　　　そうですよ。もし頑張られて売上金額が4億円以上になりますと「中会社の大」になり、類似業種比準価額の割合が0.9となり評価額が2,800円と、今の70％位になる可能性もあるのですよ。

　　　すごいですね。それはますます経営の励みになります。

　　　どうしても売上高が2億円を切りそうなときは、従業員数20人超を維持し、かつ、借入れをしてでも総資産を増やし、総資産価額を2億5,000万円以上にすれば、「中会社の中」を維持することができます。ただ、業種によって会社規模の判定基準が変わりますので、事業形態を変えるときにはご注意ください。

会社が調子を落としたときのこともよく考えておかな
　　いといけないな。売上高や従業員数をしっかりと確保す
田村社長　るだけでも、自社株式の評価額は大きく異なるのがわか
りました。株式を承継させるときには、細心の注意がいりますね。
その他にも株式の評価額の引下げができる方法はありますか。

　　　では、まず類似業種比準価額を引き下げる方法からご
　　説明します。
晶子税理士　類似業種比準方式では、業種の類似した上場会社の平
均株価をもとにして、その会社の実績（1株当たりの配当金額・利
益金額・純資産価額）を上場会社の平均値と比較して評価額を調整
します。この3要素の調整割合は1：1：1となっています。
　類似業種比準価額を下げるには各要素を下げればいいのですから、
1株当たりの配当金額や純資産価額、利益金額を引き下げる対策を
立てることになります。

　　　利益調整に苦労して多額の法人税を払ってきました。
　　晶子税理士、利益調整なんていうのはそんなに簡単にで
田村社長　きないと思います。

　　　おっしゃったように利益調整はそんなに簡単ではあり
　　ません。そこで、高値掴みした不動産や株式の下落によ
晶子税理士　る含み損を思いきって実現することを考えます。なぜな
らいくら時価が下がっても、類似業種比準価額の1株当たりの利益
や純資産価額は税務上の数値を使いますので、どれだけ含み損が
あっても株価は下がらないからです。よって、含み損を実現させる

と利益が下がるだけでなく、簿価純資産価額も引き下げることができるのです。その他に資産の特別償却をする等の経費を発生させることも利益の引下げになりますが、将来に収益を生むものに投資しなければ、ただの出費になることに注意してください。

なるほど、株式評価が経営判断にこんなに密接な関係があるとは思いませんでした。非常に興味深く、勉強になります。含み損の実現について前向きに検討したいと思います。株式の評価を引き下げるために、もっとできることはありませんか。

田村社長

類似業種比準価額の計算では、配当金額は直前期末以前2年間の平均を用いるのですが、一時的な記念配当や創立10周年記念配当といった特別配当など、毎期継続性のないものは配当金額には含みません。創立10周年記念配当はしたものの、儲かっていないから定期的な配当は無配にするということもあり得ます。このようにすれば、特別配当は計算に含まれないので、配当金額はゼロということになります。配当については法人税では経費とはなりませんので、通常の配当は最小限に抑えて、何かの記念の時などに特別配当として支払う方法が相続税の節税にも法人税の節税にもなるでしょう。

晶子税理士

何も考えずに配当をしてきたのでちょっとびっくりしました。でも、賢く類似業種比準価額を引き下げる対策をすれば、会社を筋肉質にして将来性のあるものに変えられるのですね。

田村社長

晶子税理士 まさに、おっしゃるとおりです。自社株式の評価減対策なんて経営にマイナスだよという人もおられますが、それこそ経営手腕のひとつとでもいえるでしょう。

　例えば、今回検討されている田村社長の退職が株式評価額を下げる最大の鍵となります。田村社長の退職に伴い多額の退職金を払った場合、利益が下がり、純資産価額も下がりますので、㈱神戸キルトの株式評価額は大きく下がることになります。

◆ 代表者の退職金

退職金としての数億円の支出（特別損失）

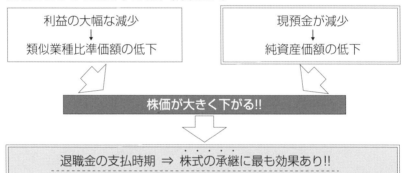

| 利益の大幅な減少 ↓ 類似業種比準価額の低下 | 現預金が減少 ↓ 純資産価額の低下 |

株価が大きく下がる!!

退職金の支払時期 ⇒ 株式の承継に最も効果あり!!
中期経営計画に承継プランを加えて計画的に実行!!

★類似業種比準価額を下げるには、相続開始前に「生前退職金」を支給することが効果的!!

田村社長 なるほど、役員退職金の支給により自社株式の評価額が大きく下がることは確かなことですね。それでは私がいつ退職し、退職金をもらうかを決めなくてはいけません。私が作った会社ですので、退職金の割り増しや払い方については、文句を言う人間はいないと思っています。

いえ、社長がお手盛りで決めてはだめですよ。会社法では退職金を含めた取締役の報酬には株主総会の決議が必要です。株主総会をしないまま勝手に社長が退職金をもらった場合、会社へ返還せよという請求がされた例もあります。

　会社が取締役に対して役員退職金を支払うには、会社法上も注意することがいくつもあるのですね。この点について教えてください。

　中小企業において役員退職金を支給する際に注意すべき点は、株主総会で退職金の額を明示して支給の決議をするか、額を明示しない場合には合理的な役員退職金規程をあらかじめ整備しておいて、その規程に従って役員退職金の額を確定して支給するので、その旨を取締役会に一任してもらうかの、いずれかの決議をきちんと行うことです。要するにお手盛りで、勝手な退職金額を決定したといわれないように、きちんと手続を実行しておくことですね。

　いい方法をお聞きしました。ぜひ、しっかり確認して、円満な会社の承継に成功するために、代表者の退職と良介の代表取締役就任は誰にもクレームを付けられることのないように、確実に行いたいと思います。
　こうやって考えると、会社にとっての将来発生する一番大きな支出は、創業者として長年がんばってきた私の退職金だったのですね。課税当局に文句を付けられると困りますので、私の退職金の支給に際し、課税上注意すべき点を教えてください。

晶子税理士

　税務上、課税当局に退職金の損金算入を否認されないためには、留意すべき点がいくつかあります。支払った退職金が法人の損金として認められるには次のような条件があり、これを満たさないと、退職金を支給しても損金算入が否認され、法人税も自社株式の評価額も安くなりません。何よりも、実質的に引退したとの立証が必要なのです。

①　常勤役員が非常勤役員になるときや取締役を退任し監査役になったときで、退職金を支払った後の報酬が従来の半額以下になること。

②　実際に引退し、実質的に経営上重要な地位を占めていないこと。

③　決して代表権を持たないこと。

　役員退職金規程に基づいて計算することになりますが、一般的には「最終月額報酬×役員勤続年数×功績倍率」と決めていることが多いようです。ただ、実態にあわないとして過大になると認定されると、法人税法上過大部分の損金算入が否認されます。

田村社長

　私の退職金については、しっかりと課税上の要件をクリアするために、綿密な承継スケジュールが必要ですね。早速、信頼できる役員と良介と一緒に、事業承継のプロジェクトチームを立ち上げようと思います。

晶子税理士

　ただ、気をつけてくださいね。自社株式の評価は原則として、前事業年度末を基準として評価します。これらの事由があったり、対策をしたのにほったらかしたままでは評価減の効果がなくなってしまいます。

　特に、類似業種比準価額は2年間の平均値を使いますので、必ず

退職金支給後2事業年度内に、できれば、翌期に贈与をすることをお勧めします。さもないと株式の評価額が再び上がってしまい、せっかくのチャンスを逃すことになってしまうからです。

田村社長　今日のお二人の先生との会議は認識を新たにすることばかりです。自社株式引下げ対策や相続税対策は後ろ向きで会社によくないのかと思っていたら、大きな勘違いでしたね。会社の事業計画と自社株式の評価をしっかり理解しておけば、自社株式の承継も会社経営もうまくいくのがよくわかり、目から鱗が落ちた気がしました。

　会社の承継や自社株式対策は賢く信念を持って行うと、非常に会社の将来に役立つものだし、反対に、自利自利で自分たち家族のためだけに考えると、会社の将来のみならず、家族の将来にも歪が出るのだなと実感しました。今日は本当にためになりました。こんなことなら、是非良介が同席すべきだったなあ。先生方、次回は二人で来ますのでよろしくお願いします。

　田村社長は、これからも会社の将来を見据えながら、会社法について聡美弁護士から指南を受け、取締役全員で理解したうえで様々な手続をきちんと行い、法人税や相続税の納税についても困らぬようにするために、晶子税理士に相談に乗ってもらい万全を期し、会社と田村家の繁栄が両立できる方法を実行することを決意しました。

事例8 特例納税猶予を活用した会社承継の対処方法

Question

　藤野昌孝さんは、工作機械の製造販売を営む東京機械工業㈱を創業し、代表取締役社長を務めています。妻を2年前に亡くし、現在では長男の正和さんが専務取締役を務めています。長女の彩さんは結婚して他家へ嫁ぎ、次男の健次さんは証券会社で働いています。

　会社の株式は、現在、藤野社長が90%、長男で専務の正和さんが10%を保有しています。藤野社長の財産は、自社株と会社に賃貸している社屋等の事業用資産と預貯金その他の財産となっていますが、自社株と事業用資産で財産の相続税評価額の過半を占める状態です。長男が事業承継する予定で、長女や次男は藤野社長の会社には関心を持っていませんが、藤野社長の相続の際には、相当の財産分けがあると期待をしているようです。

　藤野社長としては自分に相続が発生した場合、財産分けと相続税の納税で長男が会社を安定的に経営していけるのか不安を覚え、後継者が優遇される法律がないかを、相続法と会社法に詳しい聡美弁護士と相続税に精通している晶子税理士に相談することにしました。

◆ 相関図

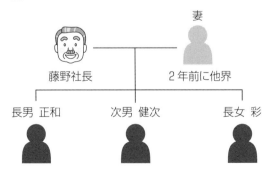

330

藤野社長 　私は創業以来、幾多の経営上の危機を乗り越え、長年苦労した末にここまで会社を大きくしてきました。苦楽を共にした従業員の将来のためにも、何としても次世代にこの会社を残したいという思いを人一倍強く持っています。

　先生方はよくご存知だと思いますが、私は仕事一筋でやってきて、これまでの利益を会社に注ぎ込んできました。私の財産と言ったら、自社株式と会社に賃貸している社屋用の土地建物などの事業用資産が大半を占めており、それ以外には自宅マンションと預貯金、有価証券等の合計で1億円にもならないでしょう。できれば、自社株式と会社の事業用資産については長男の正和に相続させて、円滑に事業承継させたいのですがこれは可能ですか。

晶子税理士 　藤野社長の自社株式評価の相続税評価額については、毎年決算報告と同時に行っており、藤野社長からのご依頼で財産の棚卸をし、相続税法上の財産評価額がいくらくらいで、相続税がどれくらいかかるかを試算しています。それによると、結論から言えば、今のままだと自社株の評価が高いので、相続税評価額を基準とした場合、株式と会社に賃貸している不動産を加えると藤野社長の全遺産の70％を超えてしまっています。

聡美弁護士 　なるほど。藤野社長には相続人である子が3人いるため、後継者であるご長男の法定相続分は全遺産の3分の1となっています。ご長男に継がせる予定の自社株と事業用資産だけで藤野社長の総財産の70％を超えているとなると、法定相続分が3分の1しかない長男の正和さんは、自社株式の全てどころか事業用不動産を相続することすら覚束ない状況です。

藤野社長　長女も次男も遺産は欲しそうですから、長男の正和が自社株式と事業用資産を全部相続するという遺産分割は、子たちだけの話し合いではまとまりそうにありません。その場合、遺言書を書くしかないと聞いたのですが、私が自社株と事業用資産を全て長男に相続させるという遺言書を作成しておけば解決しますか。

聡美弁護士　藤野社長、遺言は大変有益なものではありますが、限界がないわけではありません。国によって遺言に関する制度は異なりますが、わが国では、遺言によって被相続人が各相続人の相続分を指定したり、具体的な遺産分割の方法を指定したりすることができます。ただ、兄弟姉妹以外の各相続人には、遺言でも奪うことのできない最低限の取り分ともいうべき『遺留分』が認められています。

　藤野社長がご長男の正和さんに遺産の大部分となる、自社株と事業用資産を相続させる旨の遺言書を作成した場合、他の2人のお子様の遺留分を侵害することになってしまいます。他の2人のお子様がそれに不満を感じた場合には、正和さんに対し遺留分侵害額請求を行うことができます。遺留分侵害額請求は他の2人のお子様の遺留分を侵害することになる遺贈や特別受益としての贈与、遺言による被相続人の相続分の指定等に対して遺留分を侵害する範囲で、侵害額相当の金銭請求権を与えるものです。よって、遺産の半分を超える自社株と事業用資産をご長男に相続させる旨の遺言を作成すると、遺贈か遺言による相続分の指定に該当し、侵害額請求の対象となり、ご長男が遺留分を請求されることがあり得ます。

　もっとも、遺留分侵害額請求をするか、しないかは他の2人のお

子様の意思次第であり、他のお2人のお子様がその権利があるのを知ってから1年以内に遺留分侵害額請求をしなければ遺言どおりの結果になります。

　もし、遺留分侵害額請求が実際に行われたとすると、正和さんは遺留分相当額の財産を2人の兄弟姉妹に交付しなければならなくなります。正和さんとしては、これに追われ、会社の経営どころではなくなってしまうことが懸念されます。

遺留分侵害額請求の対象	① 遺贈 ② 相続開始前1年以内の贈与等 ③ 特別受益としての贈与 　（遺留分を侵害することを知って行ったのでない場合には10年以内に限定） ④ 不相当な対価による有償行為 ⑤ 遺言による被相続人の相続分の指定

藤野社長　遺言書を書かないと株式は相続人全員が法定相続分の割合で準共有することとなり経営に支障が生ずるのみならず、たとえ遺言書を書いたとしても遺留分の問題が生じた場合には、充分な対策にはならないのが残念です。この遺留分の制度があると、いくら正和に自社株を相続させると遺言書を書いても、結局はもめてしまうことになりますか。

聡美弁護士　そんな中小企業を支援するため、中小企業の経営の承継の円滑化に関する法律（以下「円滑化法」といいます。）が施行され、①遺留分に関する民法の特例、②経営承継のための金融支援制度、③非上場株式等・個人事業用資産に係る相続税・贈与税の納税猶予制度、④所在不明株主に関する会社

法の特例の4つの支援措置が設けられています。

　藤野社長はこの措置のうち、「遺留分に関する民法の特例」と「非上場株式等に係る相続税・贈与税の特例納税猶予制度」を活用されてはいかがでしょうか。

〈円滑化法による支援措置〉

民法の特例	旧代表者の推定相続人及び後継者全員の合意と一定の手続を経て、 次の2つの民法上の特例 ① 贈与株式等を遺留分算定基礎財産から除外できる ② 贈与株式等の評価額をあらかじめ固定できる
金融支援	経営の円滑な承継のための資金融資制度 ① 中小企業信用保険法の特例 ② 日本政策金融公庫法の特例
課税の特例	租税特別措置法 ① 非上場株式等に係る相続税・贈与税の納税猶予制度 ② 個人の事業用資産に係る相続税・贈与税の納税猶予制度
会社法の特例	所在不明株主からの株式買取り等に要する期間を1年に短縮する特例

藤野社長

　それは嬉しいお知らせです。それでは『遺留分に関する民法の特例』制度を活用すれば、遺留分の問題は解決するのですか。

聡美弁護士

　完全に解決するわけではありませんが、ある程度は解決すると思われますので、まずはこの制度の概要についてお話しましょう。

　財産承継について民法の相続法に従った場合、遺留分制度が大きな制約となって頭を悩ませることになります。特に事業承継に際し、

相続後の会社経営及び事業の安定化を優先する場合、後継者が自社株式の３分の２以上を取得できることや個人事業用資産を取得できることが望ましいのですが、これらの資産を生前贈与したとしても、遺言で後継者に取得させたとしても、原則として贈与から10年以内の相続であれば、相続人は、後継者が贈与を受け、又は相続したこれらの資産につき遺留分侵害額請求をすることができます。

　この場合、後継者が遺留分に相当する額を金銭で賠償できればよいのですが、そのような原資がない場合は、後継者は侵害額請求権を行使した他の共同相続人と遺留分の割合で自社株式・事業用資産を共有することになりかねず、後継者が安心して事業を継続・発展させることができるとは限りません。

　民法の規定では、後継者が相続開始前10年以内に贈与された自社株式等の事業用資産及び遺留分を侵害することを知って贈与された自社株式等の事業用資産（年数制限なし）についても、相続財産に持ち戻した上で遺留分算定の基礎財産とします。相続税法とは異なり、民法上は贈与された資産は相続開始時の時価で持ち戻しますので、後継者が努力して会社が成長し自社株式評価額が上がれば上がるほど、後継者が侵害額請求される遺留分の価額が大きくなってしまうという、後継者にとって納得できない問題が生じることになります。これが民法の規定が事業承継には向かないと言われる決定的な理由の１つなのです。

藤野社長

　本当ですね。私が生きている間なら、長女や次男も何にも言わないかもしれませんが、私が亡くなってからの遺産分割になると、どうなるやら心許ないですね。

聡美弁護士
　そこで、円滑化法はこれらの問題点を克服するため、遺留分に関して２つの制度を設けています。まず、贈与された自社株式・事業用資産を遺留分算定の基礎財産から除外する制度、一般的に除外合意と呼ばれている制度を説明します。

　先代経営者の生前に後継者が自社株式・事業用資産の生前贈与を受け、経済産業大臣の確認を受けた後に遺留分権利者全員との合意内容について家庭裁判所の許可を受けることを条件に、先代経営者から後継者へ贈与された自社株式・事業用資産及び一定の財産について、遺留分算定の基礎財産から除外することができるという制度です。この制度により、事業承継に不可欠な自社株式・事業用資産の贈与については遺留分侵害額請求を未然に防止できるのです。

　今までの民法にも、後継者以外の相続人が被相続人の生前に遺留分を放棄するという制度はあったのですが、この制度は、後継者以外の相続人各自が家庭裁判所に許可の申立をしなければならないため、確実に実行されるか否かについての懸念がありました。ところが、円滑化法では、合意こそ必要ですが、後継者が単独で家庭裁判所に申し立てることができるため、非後継者が自ら遺留分の生前放棄を家庭裁判所に対して申し立てなければならないという遺留分放棄制度に比べて手続が簡素化され、確実性が格段に高まるものとされたのです。

藤野社長
　それはいい制度ですね。もう一つの制度はどのようなものですか？

聡美弁護士

　　　　贈与株式の評価額を予め固定する制度、一般的に固定合意と呼ばれている制度です。先程ご説明したように、民法では、贈与後に後継者の奮闘により自社株式の評価額が上昇した場合でも、遺留分の算定に際しては贈与時点ではなく、相続開始時点の上昇後の評価で計算されます。これを避けるため、民法特例により、経済産業大臣の確認を受けた後継者が、遺留分権利者全員との合意内容につき家庭裁判所の許可を受けた場合、遺留分の算定に際して、贈与された自社株式の価額を合意時点の評価額（贈与時の評価額）で予め固定できることになりました。この特例により、後継者にとって株式価値上昇分は遺留分侵害額請求の対象外となりますので、経営意欲を阻害する要因が排除されたのです。

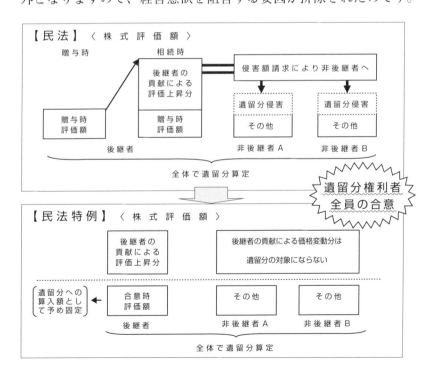

◆ 円滑化法における旧代表者・後継者の要件

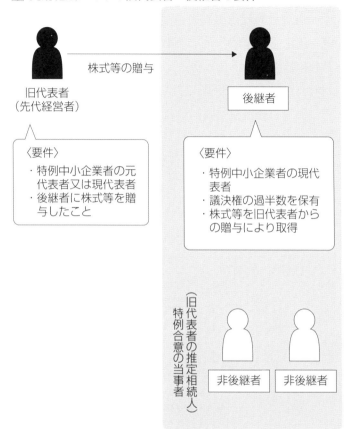

株式等の贈与

旧代表者
（先代経営者）

後継者

〈要件〉
・特例中小企業者の元
　代表者又は現代表者
・後継者に株式等を贈
　与したこと

〈要件〉
・特例中小企業者の現代
　表者
・議決権の過半数を保有
・株式等を旧代表者から
　の贈与により取得

（旧代表者の推定相続人）
特例合意の当事者

非後継者

非後継者

藤野社長

　固定合意は結局自社株式の遺留分自体については問題が残るので、相続時に自社株式の遺留分でもめない除外合意の方がいいですね。

聡美弁護士　私もそう思います。これらの方法は、遺言の場合には使うことができず、生前贈与の場合にだけ円滑化法の除外合意と固定合意を使うことができることに注意してください。この方法は生前贈与を活用するので、税金の問題と密接に結びついていますから、その問題を抜きに検討することはできません。この制度の税制について晶子税理士にご説明いただきましょう。

晶子税理士　円滑化法に基づき、都道府県知事の認定を受けた非上場株式（自社株式）等に係る相続税の納税猶予制度及び贈与税の納税猶予制度（一般措置）が設けられています。しかし、事業承継はあまり進んでいないため、平成30年１月１日以後の相続等又は贈与から、事業承継税制（非上場株式等の納税猶予制度）が抜本的に改正され、原則として自社株式の評価額がゼロになる後継者にとって非常に有利な特例措置が創設されたのです。

藤野社長　すごい税制ですね。税金がゼロになるなんて、正和が喜ぶでしょうね。でも、条件が厳しいんじゃないですか。

晶子税理士　まずは、円滑化法に基づく一定の要件を満たす中小企業である非上場会社等が、事業承継に関する計画書（以下「特例承継計画」といいます。）を策定し、都道府県庁に提出し、知事の確認を受けた場合には、非上場株式等に係る贈与税又は相続税の納税猶予の特例措置（以下「特例納税猶予」といいます。）の適用を受けることができるのです。

　その概要は、非上場会社の先代経営者が後継者に代表権を譲った

後、先代経営者が代表権を有している後継者に非上場株式等を原則として一括贈与し、その贈与後、会社が円滑化法に基づく都道府県知事の認定を受けて特例認定承継会社となった場合、後継者である受贈者は贈与された特例非上場株式等について贈与税の特例納税猶予の適用を受けることができるというものです。この場合、非上場株式等に係る贈与税全額の納税が猶予され、税金を払う必要がありません。

藤野社長

　贈与税が猶予されて、まず無税で正和に株式を贈与できるのはわかりましたが、私の相続の時にはどうなるのですか？

晶子税理士

　先代経営者である藤野社長が死亡した場合には、特例非上場株式等について猶予された贈与税額は全額免除となりますが、贈与された東京機械工業㈱の株式の贈与時点の評価額が新たに相続税の課税対象とされます。

　相続税法上においては、贈与税の特例納税猶予制度の適用を受けていた株式が相続財産に持ち戻される場合、民法とは異なり、後継者が贈与を受けた時の価額で持ち戻されます。よって、株式の生前贈与後、後継者が圧倒的な努力をして会社を発展させ、結果として株式の評価額が上がった場合でも、実際に後継者が贈与を受けた時点での価額で加算されることになり、相続税の問題においては後継者にとっては後顧の憂いがありません。

　また、この相続時においても、都道府県知事の切替確認を受けることにより、相続税の特例納税猶予制度の適用を受けることができます。この場合、後継者が取得した財産が特例措置の適用を受ける非上場株式等のみであるとして計算した相続税額が全額猶予される

のです。

藤野社長 　相続税が100％も猶予されたり、贈与税がかからなかったり、本当にすごい税金の特例ですね。

晶子税理士 　ただ、この特例事業承継税制は期間が限定されており、令和6年3月31日までに中小企業である非上場会社が都道府県知事に特例承継計画を出しておかなければならないこと、また、令和9年12月31日までの相続や贈与に限られていることとなっていますので、早めに検討されることをお勧めします。ただ、藤野社長が代表者を退任すれば非常勤の取締役に残っていても適用を受けることができますので、ご安心ください。

　また、この特例事業承継税制には延長・拡充も検討されていますので、今後の動向に注意したいと思っております。

非上場株式等の相続税・贈与税の特例納税猶予の全体像

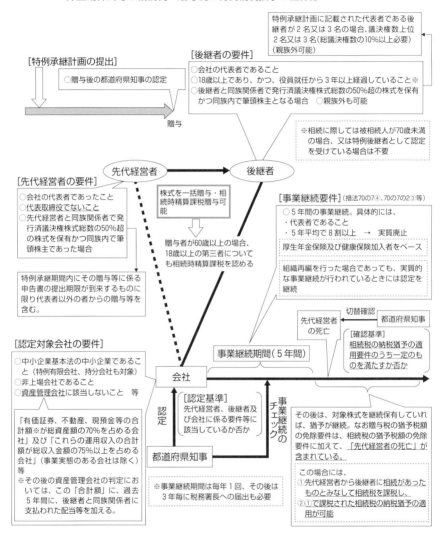

[特例承継計画の提出]

○贈与後の都道府県知事の認定

贈与

特例承継計画に記載された代表者である後継者が2名又は3名の場合、議決権数上位2名又は3名(総議決権数の10%以上必要)(親族外可能)

[後継者の要件]

○会社の代表者であること
○18歳以上であり、かつ、役員就任から3年以上経過していること※
○後継者と同族関係者で発行済議決権株式総数の50%超の株式を保有かつ同族内で筆頭株主となる場合 ○親族外も可能

※相続に際しては被相続人が70歳未満の場合、又は特例後継者として認定を受けている場合は不要

先代経営者 → 後継者

[先代経営者の要件]

○会社の代表者であったこと
○代表取締役でないこと
○先代経営者と同族関係者で発行済議決権株式総数の50%超の株式を保有かつ同族内で筆頭株主であった場合

特例承継期間内にその贈与等に係る申告書の提出期限が到来するものに限り代表者以外の者からの贈与等を含む。

株式を一括贈与・相続時精算課税贈与可能

贈与者が60歳以上の場合、18歳以上の第三者についても相続時精算課税を認める

[事業継続要件](措法70の7④、70の7の2②③等)

○5年間の事業継続。具体的には、
・代表者であること
・5年平均で8割以上 → 実質廃止

厚生年金保険及び健康保険加入者をベース

組織再編を行った場合であっても、実質的な事業継続が行われているときには認定を継続

切替確認　都道府県知事

先代経営者の死亡

[確認基準]
相続税の納税猶予の適用要件のうち一定のものを満たすか否か

事業継続期間(5年間)

事業継続のチェック

[認定対象会社の要件]

○中小企業基本法の中小企業であること(特例有限会社、持分会社も対象)
○非上場会社であること
○資産管理会社に該当しないこと 等

「有価証券、不動産、現預金等の合計額※が総資産額の70%を占める会社」及び「これらの運用収入の合計額が総収入金額の75%以上を占める会社」(事業実態のある会社は除く)等
※その後の資産管理会社の判定においては、この「合計額」に、過去5年間に、後継者と同族関係者に支払われた配当等を加える。

会社

認定

[認定基準]
先代経営者、後継者及び会社に係る要件等に該当しているか否か

都道府県知事

※事業継続期間は毎年1回、その後は3年毎に税務署長への届出も必要

その後は、対象株式を継続保有していれば、猶予が継続。なお贈与税の猶予税額の免除要件は、相続税の猶予税額の免除要件に加えて、「先代経営者の死亡」が含まれている。

この場合には、
①先代経営者から後継者に相続があったものとみなして相続税を課税し、
②①で課税された相続税の納税猶予の適用が可能

藤野社長　取締役に残ってサポートできるなら、安心ですね。やあ、よく聞いていると、時代劇の武士の隠居に伴うお役目の交代劇みたいだな。

晶子税理士　藤野社長って、実は時代劇ファンなんですね。でも、どちらかというと、この制度は戦前の商家の家督相続のようなイメージです。

　つまり、二代目経営者である子が相続税の特例納税猶予を受け、その後二代目経営者が高齢化し、三代目経営者である孫に経営承継する際に自社株式を贈与したとします。その時、贈与税の特例納税猶予の適用要件を満たしていることを条件に、二代目経営者の猶予されている相続税が免除され、新たに三代目経営者が贈与税の特例納税猶予を受けることができるのです。

　また、自社株式に係る贈与税の特例納税猶予制度を選択せずとも、一定要件を満たしていれば単独で、自社株式に係る相続税の特例納税猶予制度を選択することもできます。ただし、贈与税の特例納税猶予後に相続税の特例納税猶予を受ける場合と、単独で相続税の特例納税猶予を受ける場合では、その適用要件が異なりますので、ご留意ください。

藤野社長　いいことだらけのようだけど、複雑な制度なので何か落とし穴がないか不安です。納税猶予は認められたけど、後でとんでもないことになるなんてことはありませんか。

晶子税理士 ありますよ。実はこの制度、適用を受けた後、きちんと要件を守り続けなければ取り消されるので要注意です。その要件とは、非上場株式等の特例納税猶予を適用した場合、申告期限から５年間、又は後継者の死亡の日のいずれか早い日までを『特例経営承継期間』とし、一定の『事業継続』と『全株保有』をしなければならないのです。

　そのため、きちんと要件が継続されているか確認するため、贈与税又は相続税の申告期限後の５年間は毎年１回、申告期限の翌日から１年を経過する日を基準日とし、基準日から３か月以内に会社は地方経済産業局に報告書を提出し、基準日から５か月以内に後継者は、一定の事項を記載した継続届出書を税務署長に届け出なければなりません。

藤野社長 適用を受けたからにはきちんとしないと猶予が打ち切られるのだから、本当に要注意ですね。

晶子税理士 なお、先代経営者（贈与者）の死亡に伴い、贈与税の特例納税猶予から相続税の特例納税猶予に切り替わった場合に限り、贈与税の申告期限から５年間特例経営承継要件をクリアしている場合には、先代経営者の相続税の特例納税猶予への切替に際して、相続税の申告期限から５年間の『事業継続』と『全株保有』要件は求められません。自社株式の特例納税猶予の適用を受ける後継者にとっては、相続時か贈与時のいずれか１回、５年間頑張って経営承継要件を充足すればよいのです。

藤野社長

　5年間、ともかく頑張ってもらうしかないな。もし、納税猶予が取り消され、莫大な税金を払わなければならないリスクはどんな要件ですか。

晶子税理士

　後継者が代表者でなくなった場合や、後継者が同族間で筆頭株主でなくなった場合などいろいろあります。ただ、一般措置において最大のリスクと言われていた常時使用従業員数が5年間通算で基準日の8割を下回った場合の取消し要件が、特例措置においては経営革新等支援機関の意見が記載された、下回った理由等を記載した報告書を都道府県知事に提出し、確認を受けることができれば実質撤廃となっていますので、ご安心ください。

　もちろん、非上場株式等の特例納税猶予の適用を受けたからには、納税猶予取消しが最大のリスクですので、『特例経営承継期間』中は取消事由に該当しないように細心の注意を払ってください。

　藤野社長は晶子税理士の話を聞いて、期間限定の特例納税猶予を是非検討しなければと思いました。聡美弁護士の勧める『遺留分に関する民法の特例』と併せて活用すれば、自分の目の黒いうちに相続と相続税の二つの問題が一気に解決できるかもしれないと嬉しくなり、後継者の専務である正和と一緒に会社の将来をしっかり見据え、晶子税理士と聡美弁護士の二人に事業承継の相談をしようと思いました。いろいろな民法上の特例や税法上の支援があるのだから、賢く活用して、会社の将来と家族全員の幸せが実現できるように頑張ることが、自分の最後の一世一代の仕事だなと認識し、藤野社長は元気いっぱいになりました。

事例9 種類株式の発行による会社承継の対処方法

Question

　レストラン経営と食材販売をする㈱高山キッチンの2代目の高山社長は、会社を承継する3代目次女夫婦には相続争いや納税で自分のような苦労をさせず、会社を大きくすることに専念させたいと思っています。

　今までは、会社を軌道に乗せることで手一杯で、自社株式や広大なレストラン敷地は社長個人の財産のままです。相続人は長女と次女の2人ですが、このままでは相続争いが起こり、権利主張の激しい長女に太刀打ちできず、次女夫婦がこの会社を引き継ぐことができないのではと心配になっています。

　最近、東京の同窓会に行ったときに、種類株式を活用して経営権の確保と相続税の問題を一気に解決したという話を聞きました。そこで、高山社長は会社法や税法をしっかり踏まえたそのような解決方法について精通している聡美弁護士と晶子税理士に相談することにしました。

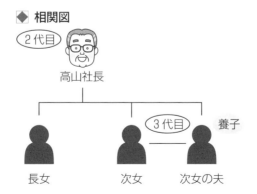

◆ 相関図

2代目 高山社長

長女　　次女　3代目　次女の夫　養子

私は地域に根差すレストランを中心とする㈱高山キッチンを経営しています。父親の相続のとき、遺産の半分以上が自社株式と会社が使用している不動産であったにもかかわらず、妹や弟が法定相続分を要求したため、㈱高山キッチンを承継するのに随分苦労しました。また、多額の相続税と妹や弟への代償財産の支払いのため手元にほとんど現預金がなく、資金繰りにもずいぶん苦労しました。

次女夫婦がこの㈱高山キッチンを承継するつもりで、次女の夫も養子縁組してくれ実子と同様に相続人となっています。次女も婿も非常に頑張り屋で、お客様や従業員の受けも良く、未来はとても明るいと思っています。

なお、私には長女がおりアメリカで成功し独立した生計を立てており、今のところお金に困ることもなくたまに里帰りするくらいです。しかし、すっかりアメリカナイズされ権利意識が非常に強いので、私の兄弟のように、私亡き後は手のひらを返したように、法定相続分を要求してくるリスクもあるのではと心配しております。

そうですね、お父様やお母様が亡くなった後、今までもめることのなかった兄弟が突然もめだすことがよくあります。

相続税の申告書で財産総額を知り急に態度が変わり、お金を要求してくるケースを私も何回か経験しております。

高山社長 長女には法定相続分を渡すつもりはありませんので、もちろん遺言書を書く予定ですが、遺留分の問題が残りますよね。婿を養子縁組したことにより、遺留分も6分の1（法定相続分3分の1×2分の1）に減ったのですが、自社株式の評価が高く、なかなか預金でその額を用意することができません。

この話を同窓会で友人に話したところ、経営権の確保と相続税の問題を一挙に解決できる「種類株式」という秘策があると話してくれました。弁護士と税理士で先生方の力を合わせて、どうかその方法を実行してください。

聡美弁護士 会社法の施行により、様々な種類の株式を作れるようになったというのがこの対策のポイントです。これらの株式を「種類株式」といい、この種類株式の説明から始めましょう。

出資者にその証として発行されるものが、株式会社の社員である地位を表わす株式です。よって、各株式の権利内容は平等であるのが原則で、出資の対象となる株式は、本来的にはその権利内容は同一とされています。これを「株主平等の原則」と呼んでいます。

高山社長 同族会社の株式なんて売ることもできないし、持っていても価値がよくわからないのですが、株式の権利ってなんでしょうか。

聡美弁護士 株主に認められる主な権利は、1つ目には剰余金配当を請求できる権利、2つ目には清算に伴い残余財産の分配を請求できる権利、3つ目には議決権があります。各

株式に認められているこれらの権利は通常平等とされており、一般的に株式の内容について格別の定めを設けていない株式を「普通株式」と呼んでいます。

高山社長　　そうすると、㈱高山キッチンの株式は全部普通株式ですね。

聡美弁護士　　そうです。原則として、一般的な会社は株式の内容は普通株式となっていますが、会社法により例外的に、普通株式とは異なる内容の株式を発行することができます。株式の内容の異なる2つ以上の種類の株式を発行する場合には、一般的にそれぞれの株式を「種類株式」と呼びます。種類株式を発行している会社なんて、今まではほとんどありませんでした。わかりやすいように、株式の種類を参考資料としてまとめてまいりましたので、次の表を見ていただいた方がよくわかると思います。

◆ **株式の内容を異にすることができる種類**

①	剰余金の配当（配当優先株式、配当劣後株式等）
②	残余財産の分配（残余財産優先分配株式等）
③	株主総会において議決権を行使することのできる事項（議決権制限株式）
④	譲渡につき会社の承認を要すること（譲渡制限株式）
⑤	その種類株式について株主が会社にその取得を請求できること（取得請求権付株式）
⑥	その種類株式について会社が一定の事由を生じたことを条件としてこれを取得できること（取得条項付株式）
⑦	その種類株式について会社が株主総会の決議によってその全部を取得すること（全部取得条項付種類株式）
⑧	株主総会（取締役会設置会社においては株主総会又は取締役会）において決議すべき事項のうち、その決議のほか、種類株主総会の決議があることを必要とするもの（拒否権付株式、黄金株とも呼ばれている）
⑨	種類株主総会において取締役又は監査役を選任すること（取締役・監査役の選解任権付株式）

種類株式というのはこの9種類の株式のことをいうのですか。

いえいえ、これらを組み合わせればどんな種類株式を発行してもよいのです。ただ、先ほどお話しした株式の3つの権利のうち、剰余金配当請求権も残余財産分配請求権も、ともに認められない財産価値のない種類株式は発行できません。そんな株式は資産としては無意味なものになるからです。ただ、どちらかの権利があればよいので、種類株式として、剰余金配当請求権を認めない株式や、又は残余財産分配の権利を認めない株式というものも発行することができます。

なるほど！　ただ、財産のある会社が解散しても分配を受けられない株式は、配当権や議決権を除いては何の価値もありませんよね。でも反対に、非上場株式で簡単に現金化できないわが社の株式の場合は残余財産分配請求権なんかいらず、議決権と配当権さえあればいいのかな～など、確かにいろいろ考えられますね。
　一体、種類株式をどのように活用したら、㈱高山キッチンの経営権をしっかり確保できるのでしょうか？

議決権制限株式と配当優先株式を活用するのがまず基本です。
　株主総会の全部又は一部の事項についてのみ議決権を制限することができる株式を「議決権制限株式」といいます。議決

権の制限に関しては、先ほどお渡しした参考資料に書いてあるさまざまな要素を混合した種類株式が発行できます。例えば、次のような株式が考えられます。

① 配当優先無議決権株式（次のどちらも OK である。）
・無配当の場合に議決権を復活させるもの
・無配当の場合でも議決権が復活しないもの
② 配当優先のない無議決権株式
③ 剰余金の配当額等、一部の議案のみ議決権を有する株式
④ 残余財産の分配について、優先権のある無議決権株式

議決権を制限する株式といっても、議決権が完全にない株式しかないと思っていたのですが、一部だけ議決権を制限することができるなんて、初めて知りました。

法律上は可能でも議決権制限株式については今でも議決権の全くない株式がほとんどですよ。この、総会の全ての事項について議決権を有しない株式を「完全無議決権株式」といい、株主総会における議決権がありませんので、株主は株主総会で権利行使することができません。相続に当たって、承継者以外の相続人にこの種類株式を相続させれば、支配権に影響を与えることなく財産分けをすることができますよ。

もちろん、議決権がないのですから、不公平のないように残余財産分配や配当優先と組み合わせるなどの工夫が必要でしょう。

わが社で種類株式を発行するにはどうすればよいのですか？

総議決権数の３分の２以上の賛成が必要とされる株主総会の特別決議によって決めることができます。議決権の制限については、完全無議決権株式とするのか、特定事項のみの議決権制限とする場合にはどの事項につき制限すべきかを決めます。

特定事項の一つずつに制限すべきかどうか、細かく決めるのですね。どのくらいの数まで、議決権制限株式とできるのですか。

公開会社においては、議決権制限株式は発行済株式の２分の１を超えて発行することができませんが、㈱高山キッチンのような非公開会社においては、議決権制限株式の発行限度に関する規制はなく、無制限に発行できるのです。

例えば、発行株式の99％が完全無議決権株式であったとしたら、残りの１％の普通株式を所有しているだけで、株主総会では原則として安定議決権を確保できることになります。非公開会社の場合、このように議決権制限株式を活用することにより、非常に少数の自社株式の所有で、安定した議決権数を確保することもできるのです。

1株だけの議決権株式ということもできるのですか。いや、本当に驚きです。でも、議決権を制限された株式には何かプレミアムを付けないと、株主としては納得できないですよね。

高山社長

　　　　　このごろは社債のような感覚でプレミアムもつけず議決権だけ制限した種類株式を発行する会社もあります。でも、配当優先株式と組み合わせると株主に喜んでもらえるので、配当優先株式を発行する会社もあります。

聡美弁護士

　配当優先株式を発行するには、まず1株当たりの配当について優先権を確定するため、いくらの範囲で優先権を認めるかを決めます。この額は株主が認識できればいいので、金額でなくとも計算式でもかまいません。剰余金配当優先種類株式の株主は、このようにして決められた額について、配当可能利益がある場合には、普通の株主よりも順番を優先して配当を受けることができます。順番の優先ですから、普通株式よりも配当額が多いと決まっているわけではありませんし、会社に債権者がいる場合には債権者が優先します。

　　　　　配当を受けることのできる順番だけでなく、配当を普通株主より多額にもらえたり、利益の出た年に過去にもらえなかった配当をもらえたりする種類株式を発行することはできないのですか。

高山社長

もちろんできます。優先順位に基づく配当がなされた後に、優先株主が引き続き普通株主とともに配当を受けることができるものを「参加的配当優先株式」といい、受けられないものを「非参加的配当優先株式」といいます。参加型の場合には、順位だけでなく、配当金額も優先された額だけ多いことになります。

参加・非参加型のほかに、累積的・非累積的の種別もあります。「累積的配当優先株式」とは、当期に優先順位に基づく配当ができなかった場合に、翌期の配当に際してこれまでの不足分もまとめて優先順位に基づき配当されるものです。また、「非累積的配当優先株式」とは、当期の配当優先額の不足分については、翌期以降に持ち越されることなく、優先額の保障のないものをいいます。

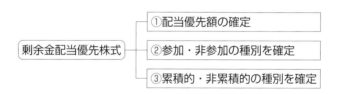

どのような種類株式を誰に持ってもらうかが、勝負の分かれ目ですね。おすすめの方法を教えてください。

親族以外であっても、長年共に働いてきた役員等の信頼できる人に持ってもらうときには、配当に上限があり、かつ累積的に優先額の保障される「非参加的・累積的配当優先株式」がおすすめです。株主としても特定の事業年度の会社の経営状況に一喜一憂することなく、社債のような感覚で長期的に

所有できるからです。

　他方で、後継者以外の相続人には、議決権を制限する代わりに配当優先とし、上限はないけれど、業績の悪い場合には配当不足分を翌期補填しない「参加的・非累積的配当優先株式」が有効ではないでしょうか。業績が良ければ配当も多い、業績が悪ければ、創業者一族として翌期まで不足分は持ち越さないことになるからです。それぞれの株主の必要度に応じて、どの種類株式を用いるかを検討していくことになります。

　　　　　議決権制限株式には非常に興味があります。賢く活用して次女夫婦の会社承継に役立てようと思います。わが社の場合はどうしていけばよいのか、手順をお聞かせください。

高山社長

　　　　　まず、相続に先立って、株主総会の特別決議により議決権制限株式を発行しておく必要があります。そして、遺言又は遺贈により、次女ご夫婦には普通株式を、ご長女には議決権制限株式を取得させてはいかがでしょうか。ご長女の遺留分等の権利に配慮しつつ、次女ご夫婦に経営権を集中させる対策となるのではないでしょうか。

聡美弁護士

　ご長女に取得させる株式は㈱高山キッチンの会社承継の局面で利用できる、完全無議決権株式とするのがいいと思います。ただし、会社のさまざまなニーズに対応するため、配当・残余財産分配請求権に差異を設けることや、剰余金配当についてのみ議決権を設ける等の内容も考えられます。これらの手法の活用により、なんとか次女ご夫婦に議決権を集中させることができればと思っております。

高山社長　色々な種類株式の活用方法をお聞きし、私は目から鱗が落ちたような気がします。しかし、よく考えると経営にタッチしない長女に議決権のない株式を持たせた場合、本人にとってはあまり価値がないとは思うのですが、相続税の負担はどうなるのでしょう。

晶子税理士　実は、同族株主が無議決権株式を相続等により取得した場合には、原則として、議決権の有無を考慮せずに評価するのです。ただし、納税者の選択により次の３つの条件を満たす場合に限り、原則的な評価額から５％減額することを選択できます。ただし、その場合、減額した金額を、他の同族株主が取得した議決権のある株式の評価額に加算して申告しなければなりません。

その３つの条件とは、以下のとおりとなっています。

①　相続税の申告期限までに遺産分割協議が確定していること

②　同族株式を取得した全ての同族株主がこの特例評価を選択して申告することに同意した届出書が、申告期限までに所轄税務署長に提出されていること

③　「取引相場のない株式の評価明細書」に評価額の算定根拠を記載し、添付していること

しかし、評価が下がるとしても、大きくは減額しませんので、ご長女にとっては非常に税金負担の重い財産といえるでしょう。

高山社長　せっかく議決権を次女夫婦に集約したとしても、そんな相続税負担では長女の気持ちはおさまらずに、かえって姉妹仲が悪くなるのではと心配になってきました。他の会社では、こんな場合どのように対処しているのですか?

晶子税理士　遺留分を確保することより相続税の負担のことを考える場合には、議決権のない株式は親族でない従業員等で信頼できる関係者に取得させることをお勧めします。親族以外の第三者の場合は、配当還元価額という非常に安い評価額となるからです。

　また、議決権のない株式を生前に第三者に贈与しておけば遺産総額が大きく減少しますので、ご長女の遺留分も随分減るのではないでしょうか。

高山社長　そうですよね。この会社に無関係な長女が株主になるより、会社を一緒に大きくしたいという共通の目標を持つ従業員に持ってもらう方が私も嬉しいし、相続税の面でも有利ですからね。

晶子税理士　このように会社の承継対策として、議決権を制限した種類株式を従業員に取得させる方法ですが、個人単位で行った場合は後でトラブルになるケースも多いとして、従業員持株会を設立し運営していく方法に人気があります。この従業員持株会についての、注意すべき点とメリット・デメリットを社長に教えていただけませんか?

357

聡美弁護士　従業員個人を株主にした場合には、退職の際の高額な買取要求、株主としての権利の乱用的な行使、第三者への譲渡という不安もあります。そこで、これらの不安があるなら従業員持株会自体が株主になり、従業員が持株会に対し持分を持つにすぎない民法上の組合形式の持株会がいいでしょう。特に、民法上の組合による従業員持株会で、自社株式の引出しができないようにしておくとよいでしょう。

高山社長　なるほど、個人が株主になるのではなく、民法上の組合にするのか。その方式による従業員持株会の作り方や運営方法について、詳しく教えていただけますか？

聡美弁護士　まず、従業員持株会に配当優先・完全無議決権種類株式を取得させます。そして、従業員持株会の規約を整備し、退職時、持株会へ強制的に譲渡する等を決定するとともに、買取価格の算定方法を明記した上で、従業員持株制度を導入するとよいでしょう。

　同族会社にはさまざまな特徴があり、上場会社で採用されているような従業員持株会を作る必要はありません。㈱高山キッチンの社内環境の特色に合わせて「引出しができない」「買取価格を定める」「従業員持株会へ譲渡する」等、一定の縛りをつけて規約を作成するようにしてください。

　この従業員持株会の運営がスムーズに行われることこそが、最大の会社承継のポイントとなるのです。

　高山社長は、会社の株式というものの大切さを改めて認識しました。そして、種類株式をどう賢く活用するかが、経営権の確保と相続税の2つの問題を解決するキーポイントであると思いました。まずは、種類株式について聡美弁護士からしっかり指南を受け、皆で理解したうえで、様々な手続をきちんとしようと考えています。

　また、相続税の納税についても困らぬようにするために、晶子税理士に相談に乗ってもらって万全を期すつもりです。よく考えれば、会社は個人のものではない。株主、従業員、お客様と三位一体のものだと思い、経営者として身の引き締まる思いで、次女夫妻への会社承継が成功する方法を実行していくことを決めました。

著者プロフィール

代表社員　税理士　坪多晶子（つぼた　あきこ）

≪略歴≫
京都市出身。大阪府立茨木高校卒業。神戸商科大学卒業。1990年坪多税理士事務所設立。
1990年　有限会社　トータルマネジメントブレーン設立、代表取締役に就任。
2012年　税理士法人　トータルマネジメントブレーン設立、代表社員に就任。
上場会社の非常勤監査役やNPO法人の理事及び監事等を歴任、現在TKC全国会中央研修所副所長、TKC全国会資産対策研究会副代表幹事。上場会社や中小企業の資本政策、資産家や企業オーナーの資産承継や事業承継、さらに税務や相続対策などのコンサルティングには、顧客の満足度が高いと定評がある。また、全国で講演活動を行っており、各種税務に関する書籍も多数執筆。

≪著書≫
『成功する事業承継Q&A150〜遺言書・遺留分の民法改正から自社株対策、法人・個人の納税猶予まで徹底解説〜』（清文社）
『なるほど！そうなのか！　図解でわかる　不動産オーナーの相続対策』（清文社）共著
『資産家のための　かしこい遺言書─幸せを呼ぶ20の法則─』（清文社）
『賢い生前贈与と税務Q&A』（ぎょうせい）
『相続税を考慮した遺言書作成マニュアル　弁護士×税理士がアドバイス！』（日本法令）
『事例でわかる　生前贈与の税務と法務』（日本加除出版）
『これで解決！困った老朽貸家・貸地問題』（清文社）
『Q&A115　新時代の生前贈与と税務』（ぎょうせい）
『資産家のための　民法大改正　徹底活用─相続法・債権法&税金─』（清文社）共著
『すぐわかる　よくわかる　税制改正のポイント』（TKC出版）共著
『改正相続法完全対応　弁護士×税理士と学ぶ"争族"にならないための法務&税務』（ぎょうせい）　他多数

≪主宰会社≫
税理士法人　トータルマネジメントブレーン
有限会社　トータルマネジメントブレーン
　　　　　〒530-0045　大阪市北区天神西町5-17　アクティ南森町6階
　　　　　TEL　06-6361-8301　　FAX　06-6361-8302
メールアドレス　tmb@tkcnf.or.jp
ホームページ　　https://www.tsubota-tmb.co.jp

著者プロフィール

弁護士 坪多聡美 (つばた とし み)

≪略歴≫
2008年　3月同志社大学法学部卒業。
2010年　3月京都大学法科大学院修了。
2010年　9月司法試験合格。
2012年　1月大阪弁護士会登録。
2016年　6月坪多法律事務所設立。
現在、遺産相続や不動産トラブルの分野を得意とし、弁護士としては数少ない租税法の分野でも活躍している。このように税に絡んだ幅広い知識で相談案件を解決するとともに、これらの分野に関する講演活動も種々行っており、各種法務に関する書籍や論文も多数執筆。

≪著書≫
『資産家のための　かしこい遺言書—幸せを呼ぶ20の法則—』（清文社）共著
『事例でわかる　生前贈与の税務と法務』（日本加除出版）共著
『相続税を考慮した遺言書作成マニュアル　弁護士×税理士がアドバイス！』（日本法令）共著
『改正相続法完全対応　弁護士×税理士と学ぶ"争族"にならないための法務＆税務』（ぎょうせい）共著
『資産家タイプ別　相続税節税マニュアル』（ぎょうせい）共著
『生前から備える財産承継・遺言書作成マニュアル』（ぎょうせい）共著
『遺言相続の落とし穴』（大阪弁護士協同組合）共著　他多数執筆

≪事務所≫
坪多法律事務所　〒530-0045　大阪市北区天神西町5-17　アクティ南森町301
　　　　　　　　TEL　06-6131-2365　　FAX　06-6131-2366
ホームページ　　https://www.tsubota-tmb.co.jp

六訂版 もめない相続 困らない相続税　事例で学ぶ幸せへのパスポート

2023年10月20日　発行

著　者　　坪多 晶子／坪多 聡美 ©

発行者　　小泉 定裕

発行所　　株式会社 清文社

東京都文京区小石川1丁目3−25（小石川大国ビル）
〒112-0002　電話 03（4332）1375　FAX 03（4332）1376
大阪市北区天神橋2丁目北2−6（大和南森町ビル）
〒530-0041　電話 06（6135）4050　FAX 06（6135）4059
URL https://www.skattsei.co.jp/

印刷：亜細亜印刷㈱

ISBN978-4-433-72383-5

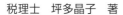